电力实时需求响应

DIANLI SHISHI XUQIU XIANGYING

谈竹奎 等 著

中国电力出版社
CHINA ELECTRIC POWER PRESS

内 容 提 要

本书提出一种在能源互联网下的基于实时电价的新型电力需求响应——电力实时需求响应。实时电价是一种能够反映电力实时供需关系的电价，以这种实时电价为信号的需求响应将有着其他需求响应无法比拟的优势。随着售电侧放开、电力体制改革、综合能源管理和能源互联网的发展，电力实时需求响应必然成为未来主要的需求响应方式之一。本书从经济学基本原理出发，深入分析了在能源互联网下电价和需求响应的发展轨迹以及实时需求响应的系统架构和交易流程，提出了实时电价和实时需求响应的具体概念、模型和具体理论，在此基础上衍生出的商业模式值得电网运营企业、配售电公司、负荷聚集商、负荷零售商以及综合能源公司认真研究。

本书分为 9 章。第 1 章是电力需求响应概述，第 2 章介绍了能源互联网与需求响应的发展，第 3 章介绍了实时需求响应的具体概念和其特征，第 4 章介绍电力负荷分类和需求响应特性分析，第 5 章介绍了电力需求响应的市场机制，第 6 章介绍了基于负荷调节能力模型的实时需求响应，第 7 章介绍了基于价格弹性模型的实时需求响应，第 8 章介绍实时需求响应的技术支持系统，第 9 章是电力需求响应的未来展望。

本书适合电力运营单位、电力监管部门、市场交易机构、配售电公司、负荷聚集商、负荷零售商以及综合能源公司的专业人员阅读和参考，也可以作为电力经济和电力系统专业研究生的教学参考书。

图书在版编目（CIP）数据

电力实时需求响应 / 谈竹奎等著 . —北京：中国电力出版社，2021.3（2022.4重印）
ISBN 978-7-5198-5323-5

Ⅰ .①电…　Ⅱ .①谈…　Ⅲ .①电力市场－市场需求分析－研究－中国　Ⅳ .① F426.61

中国版本图书馆 CIP 数据核字（2021）第 022833 号

出版发行：中国电力出版社
地　　址：北京市东城区北京站西街 19 号（邮政编码 100005）
网　　址：http://www.cepp.sgcc.com.cn
责任编辑：王　南（010-63412876）
责任校对：黄　蓓　郝军燕
装帧设计：王红柳
责任印制：石　雷

印　　刷：北京九州迅驰传媒文化有限公司
版　　次：2021 年 3 月第一版
印　　次：2022 年 4 月北京第二次印刷
开　　本：787 毫米 ×1092 毫米　16 开本
印　　张：20.25
字　　数：302 千字
印　　数：1501—1800 册
定　　价：80.00 元

序

　　一直以来，在电力系统中，普遍将用电需求作为一种刚性需求。我国电力发展也基本遵循"扩张保供"的思路，单纯增加发电装机和输配电容量来满足日益增长的用电需求。当电力供求矛盾突出时，更多的是靠实施有序用电、负荷控制等行政手段来减少高峰用电负荷。因此，必须要实现从无限满足电力需求走向有限（合理）满足电力需求思维的转变。随着全面深化体制改革的推进，还原电力产品的商品属性，发挥市场在资源配置中的决定性作用，将成为电力系统的新常态。电力需求响应就是"市场化手段＋智能技术＋互联网"在大系统范围内将电力供应与电力需求优化平衡、综合应用的一个新领域，采用市场化的方式给用户更多的权力，让其自主决定何时用电、用多少电。把需求侧响应资源作为一种与供应侧对等的系统资源，不断开拓创新，将需求响应思维渗透到市场的每一个环节和每一个市场参与者，从而倒逼能源供给侧变革，倒逼能源部门转变发展方式，倒逼企业提升能源管理水平。

　　需求响应产生于美国，它不是产生于理论家的灵感，而是产生于电力市场的需求和实践经验的总结，并且需求响应的诸多实施措施在美国等发达国家都得到了广泛应用，也取得了显著的技术和经济效益。需求响应经过多年的发展，逐渐形成系统导向型需求响应和市场导向型需求响应，手段上也有基于价格的需求响应和基于激励的需求响应两大类型。但由于电力需求响应技术成本高，实时性不足，推广困难，覆盖面和用户参与程度不足，限制了需求响应作用的进一步发挥。随着可再生能源在能源领域的渗透率不断提高，如何平抑新能源的间歇性和波动性，进一步发挥需求响应的作用，促进能源的高效利用将成为行业可持续发展的大趋势，这种趋势将推动着需求响应理论的进一步发展。

　　众多需求响应中，基于实时电价的需求响应是其中最为完美的一种。这是因为商品的价格最能反应一个商品的供需关系，电作为一种供应侧和需求侧瞬间平衡的特殊商品，实时电价是一种能够反映电力实时供需关系的电价，以这种实时电价为信号的需求响应将有着其他需求响应无法比拟的优势。但由于在电力系统中受到技术条件的限制，现研究的实时电价理论，要么是准实时电价理论，要么很难运用于实际。如今，随着信息、通信、自动化和计量等技术发展，特别是能源互联网的发展，限制基于实时电价的需求响应发展的技术壁垒即将破除，需求响应将更加的实时化、自动化和智能化。

《电力实时需求响应》这本书的诞生是适时和有重要意义的，顺应需求响应发展形势的。该书在实时电价及其需求响应上做的积极探索，明确提出了一种基于实时电价的需求响应理论。书中没有空谈概念，而是从未来能源互联网的角度出发，对实时需求响应的发展及思路进行了梳理，提出了实时电价作为未来实施实时需求响应的核心，是体现电力价值链的重要环节，合理的实时电价不仅关系到电力行业的健康发展，而且也关系到能源的优化配置。书中就实时需求响应在落地过程中，特别是在终端用电市场的落地过程中可能会出现的不同场景进行了分析，并对实时电价的制定提出了具体的模型，研究了不同场景下实时需求响应的应用流程，有较强的可操作性和现实指导意义。

为了推动理论的落地和实现，本书作者还进行了大量的技术研究和实践工作，对能源互联网接入设备和电力指纹技术开展了研究，为实时需求响应从概念转化为切实可行的模式奠定了技术基础，搭建了技术支撑平台。

这本书的出版一定能为电力行业的从业人员、电力监管部门以及相应的从事电力研究的人员提供有益的参考，为未来我国的能源转型和可持续发展起到积极的推动作用。

（曾鸣）

2020 年 12 月

前　言

　　2015 年 3 月《关于进一步深化电力体制改革的若干意见》（中发〔2015〕9 号）（简称"9 号文"）的颁布，标志着我国新一轮电力市场改革正式启动，从而推动电力供应从传统方式向现代交易模式转变。"9 号文"强调：遵循市场经济的基本规律和电力行业运行的客观规律，引入市场竞争，打破市场垄断，优化电力资源分配，提高电力市场效率是引导新一轮电力市场改革的方向。具备条件的地区逐步建立以中长期交易为基础，以现货交易为辅的市场化电力平衡机制，逐步建立以中长期交易规避风险，以现货市场发现价格，交易品种齐全、功能完善的电力市场，从而在全国范围内逐步形成竞争充分、开放有序、健康发展的市场。

　　进入 21 世纪，现代能源系统已发展为以电力系统为核心，同时融合了天然气、热力、交通等多系统的能源互联网。多种能源网络的相互作用和影响，使得系统调度运行更加困难。随着电力市场改革推进，需求响应需要更积极灵活地参与到调度运行中来，并为系统经济、安全、稳定运行提供新的调控手段。国家主席习近平在第七十五届联合国大会一般性辩论上提出，中国将采取更加有力的政策和措施，二氧化碳排放力争于 2030 年前达到峰值，努力争取 2060 年前实现碳中和，使得需求响应作为电力系统调控手段的作用更加凸显。本书从经济学基本原理出发，论述了需求响应基本原理、实施内容及未来展望，分析了需求响应常用的激励机制和市场交易模式；同时还进一步分析了我国新电改后基于能源互联网下需求响应在电力市场中的系统构架和交易流程，针对能源互联网建设与电力市场改革，对未来电力需求响应发展提出展望。旨在使读者更好地理解与掌握能源互联网下的需求响应知识理论。

本书分为9章。第1章是对电力需求响应的概述，介绍电力需求响应产生背景、定义、分类、目的、意义以及国内外需求响应的现状、发展趋势及其需求响应研究的内容、特点和存在的问题等。第2章介绍了能源互联网与需求响应的发展，分别从能源互联网、综合需求响应、自动需求响应的基本概念及特征入手分析未来需求响应的发展及展望。第3章介绍了实时需求响应，分析了实时需求响应的基本特征及其与其他需求响应的区别，并分析了实时需求响应在未来可能的应用场景等。第4章介绍电力负荷分类和需求响应特性分析，对不同类别负荷特性及其需求响应潜力进行分析。第5章首先介绍了不同的电能交易市场，详细介绍开放式电能市场、集中现货市场以及辅助服务市场，接着阐述了需求响应的参与主体与职能，再分别对基于电价的需求响应机制、基于激励的需求响应机制以及其他需求响应互动激励机制进行分析，最后介绍了需求响应的市场交易和市场业务构架。第6章介绍了基于负荷调节能力模型的实时需求响应基本理论，建立实时电力需求响应的负荷调节能力模型，提出不同场景下实时电力需求响应的应用流程。第7章介绍了另一种基于价格弹性模型的实时需求响应，同样对不同场景下实时电力需求响应的应用进行了分析。第8章主要介绍实时需求响应的技术支持系统，包括可用于实时需求响应的一款能源互联网接入设备——能源USB的研制，以及能源互联网接入设备中的核心技术——电力指纹识别技术，提出一种实时需求响应技术支持系统架构。第9章对未来需求响应还需要完善和改进的部分进行了分析和展望。

本书构想和整体结构设计由谈竹奎提出，在编写的过程中得到来自贵州大学刘敏教授团队和华南理工大学余涛教授团队很大的支持。其中第1章由刘斌和谈竹奎编写；第2章、第3章和第6章由谈竹奎编写；第4章、第5章和第7章由刘敏和赵菁编写；第8章由余涛、刘易锟和陈乐峰编写；刘斌、汪元芹、石倩、丁超和胡厚鹏为本书提供了大量的支撑材料和数据；赵菁对本书的所有算例进行了验算；最后本书由谈竹奎和刘敏统稿；另外，刘斌作为本书编写组的秘书，投入了大量的工作。在此向所有参与本书编写的人员表示感谢。

本书可供电力运营和管理部门的专业人员阅读和参考，也可以作为电力系统专业研究生的教学参考书。书中的大部分内容来自编写组成员近年的科研及实践，同时在编写过程中参考了部分其他文献和技术资料，在此向有关作者表示感谢。由于作者知识水平有限，书中难免有不妥或错误之处，恳请读者批评指正。

编　者

2020 年 12 月

目录
CONTENTS

序

前言

❶ **电力需求响应概述** —————————— 1

    1.1　电力需求响应的基本概念　_2

    1.2　国内外电力需求响应的现状及发展　_14

    1.3　电力需求响应研究内容和特点　_28

    1.4　传统需求响应存在的问题　_31

❷ **能源互联网与需求响应的发展** ———— 35

    2.1　能源互联网概述　_36

    2.2　综合需求响应　_54

    2.3　自动需求响应　_64

❸ **实时需求响应** —————————————— 77

    3.1　实时电价　_78

    3.2　实时需求响应基本概念　_93

❹ 电力负荷分类和需求响应特性分析 ── 111

4.1 电力负荷分类及需求响应潜力评估方法 _112

4.2 不同类别负荷的用电特性及需求响应潜力 _115

❺ 电力需求响应的市场机制 ─────── 143

5.1 电能交易市场简介 _144

5.2 参与需求响应的主体分析 _148

5.3 基于电价的需求响应机制 _155

5.4 基于激励的需求响应机制 _158

5.5 其他需求响应的互动激励机制 _162

5.6 电力需求响应的市场交易 _171

5.7 电力需求响应市场业务架构 _182

❻ 基于负荷调节能力模型的实时需求响应 185

6.1 实时需求响应理论的相关问题 _186

6.2 基本模型 _188

6.3 模式一的实时需求响应 _194

6.4 模式二的实时需求响应 _203

6.5 模式三的实时需求响应 _209

6.6 模式四的实时需求响应 _217

6.7 需求响应过程中模型参数的修正 _222

❼ 基于价格弹性模型的实时需求响应 ── 225

7.1 基于需求价格弹性的需求响应模型 _226

7.2 模式一的实时需求响应 _231

7.3 模式二的实时需求响应 _236

7.4 模式三的实时需求响应 _242

7.5 模式四的实时需求响应 _248

7.6 需求价格弹性系数的自适应调整 _249

7.7 两种模型的比较讨论 _251

❽ 实时需求响应的技术支持系统 ─── 255

8.1 能源互联网接入设备及其研制 _256

8.2 电力指纹识别技术 _273

8.3 基于能源互联网的实时需求响应的技术支持系统架构 _288

❾ 电力需求响应的未来展望 ──── 295

参考文献 _300

1.

电力需求
响应概述

　　能源是人类赖以生存的基础，改革开放以来，我国的经济增长十分迅速，在众多建设方面都取得了巨大成就。但是，随着大规模化石能源开采利用而导致的能源枯竭及环境问题日益突出，人类的发展面临严峻的挑战，这将迫使人们要迅速过渡到一个全新的能源体制和工业模式。该问题在世界上最大的发展中国家显得尤为突出。为了加快推动绿色低碳发展，国家主席习近平在第七十五届联合国大会一般性辩论上的讲话中表示，中国将提高国家自主贡献力度，采取更加有力的政策和措施，二氧化碳排放力争于 2030 年前达到峰值，努力争取 2060 年前实现碳中和。电能是全球使用最为广泛、最为重要的二次能源，现代社会的方方面面都需要电能的支持。电力需求响应概念的提出，改变了过去单纯依靠电力供应侧的发展来满足不断增长的电力需求的固定思维，将需求侧作为供应侧电能的补充资源加以利用。这一理念的运用是电力工业的一场效率革命，它不仅可缓解电力供需平衡困窘局面，还能促进环境保护和能源节约，因此电力需求响应很快在国际上得到广泛的认同和推行。

1.1 电力需求响应的基本概念

1.1.1 需求响应的产生背景

化石能源的不可再生性及其生产消费导致的环境污染问题已经成为悬在高速发展的人类经济社会上的达摩克利斯之剑。如今化石能源减少，气候变化问题也日益凸显。2019 年我国非化石能源占一次能源消费总量比重为 15.3%，煤炭、石油和天然气分别为 57.5%、19% 和 8%。在发电方面，作为世界上第一位的发电大国，我国超过 70% 的电力为火力发电。而火力发电每天消耗大量的煤和石油，产生大量有害气体，污染环境，近年来我国对加强节能减排工作愈加重视。我国《能源发展"十三五"规划》（简称规划）提出："到 2020 年把能源消费总量控制在 50 亿 t 标准煤以内"。目前我国国民经济和社会发展与《规划》是保持一致的，从年均增速看，"十三五"能源消费总量年均增长 2.5% 左右，比"十二五"低 1.1 个百分点，符合新常态下能源消费变化新趋势；从能源强度看，按照规划目标测算，"十三五"期间，单位 GDP 能耗下降 15% 以上，可以完成规划提出的约束性要求。但是与国际先进水平相比，我国现在的电能利用效率还比较低，仅为 33%，比发达国家低 10% 左右，万元 GDP 能耗是世界平均水平的 9.7 倍。这就造成了巨大资源的浪费和环境的污染，其中，我国工业能耗占能源消费的 70%，而一般发达国家仅占三分之一左右。所以，积极发展风光等新能源发电技术已经成为世界各国的共识。据官方统计，我国的新能源发电装机规模稳步扩大，截至 2019 年底，我国新能源发电累计装机容量达到 4.1 亿 kW，同比增长 16%，占全国总装机容量的比重达到 20.6%。2019 年，我国新能源发电量达到 6302 亿 kWh，同比增长 16%，占全国总发电量的 8.6%。为了推动绿色低碳发展，2020 年 9 月，我国提出"力争 2030 年前二氧化碳排放达到峰值，努力争取 2060 年前实现碳中和——

减碳"的目标。2020年12月12日在气候雄心峰会上，国家主席习近平宣布了关于应对气候变化的最新目标：到2030年，中国单位国内生产总值二氧化碳排放将比2005年下降65%以上，非化石能源占一次能源消费比重将达到25%左右，森林蓄积量将比2005年增加60亿m³，风电、太阳能发电总装机容量将达到12亿kW以上。按照这个大趋势，当前作为补充性能源的新能源电力必将迅速发展并最终成为能源结构中不可或缺的组成部分。2021年3月十三届全国人大四次会议审议通过的《国民经济和社会发展第十四个五年规划和2035年远景目标纲要草案》提出，要构建现代能源体系，推进能源革命，建设清洁低碳、安全高效的能源体系，提高能源供给保障能力。加快发展非化石能源，坚持集中式和分布式并举，大力提升风电、光伏发电规模，加快发展东中部分布式能源，有序发展海上风电，加快西南水电基地建设，安全稳妥推动沿海核电建设，建设一批多能互补的清洁能源基地，非化石能源占能源消费总量比重提高到20%左右。然而，新能源电力受环境变化影响大，随机过程不可控而且难以预测，因此新能源电力系统的特征：①双侧随机性；②不可控性；③整体性；④智能性。由于上述特征，特别是前两个特征的存在，单纯依赖电力供应侧调节的模式要满足新能源电力系统运行可靠、安全、经济、高效的要求是十分困难的，因此必须挖掘电力需求响应模式的潜力，结合市场化运作，达到与供应侧资源相匹配的效果。

除了单纯地增加装机容量、传输容量和发电量以满足不断增长且日益复杂的电力需求，电力供应商和政府也在积极地寻求一种长期有效的方法以应对电力不足。20世纪80年代，美国电力科学研究院提出了电力需求侧管理（demand side management，DSM）概念，随着电力市场化改革的深入，DSM在向着更能反映市场竞争和需求弹性的需求响应（demand response，DR）发展，DR强调电网中供应侧和需求侧的双向互动，需求侧根据电力市场价格和电网要求改变其负荷需求以获取一定的利益回报。通过各个国家的相关探索和试验表明，电力需求响应可以在协助维持电力系统的稳定性、提高电网对可再生能源的消纳能力、降低电力系统峰谷差、延缓电网的建设投资等方面发挥重要的作用。

近年来，为提高总体用能效率，能源领域的重要发展趋势之一是综合能源系统的构建。2005 年，瑞士苏黎世联邦理工学院在"未来能源网络愿景"项目研究中提出了由电、热、冷、天然气等多种相互耦合的供能网络组成的未来能源网络与可容纳多种形式能源输入输出的能量枢纽（energy hub，EH）。我国也提出"互联网＋智慧能源"行动计划，以电力系统为核心，构建多能互联网络，利用不同能源间相互转换能力，实现能源协同互补。面对可再生能源利用技术以及互联网技术的飞速发展，美国著名学者杰里米里夫金在其著作《第三次工业革命》一书中首先提出了能源互联网的愿景。能源互联网由若干个能源局域网相互连接构成。能源局域网由能量路由器、发电设备、储能设备、交直流负载组成，可并网工作，也可脱网独立运行。能量路由器由固态变压器和智能能量管理组成；智能能量管理根据收集的能源局域网中发电设备，储能设备和负载等信息做出能量控制决策，然后将控制指令发送给固态变压器执行，即智能能量管理控制信息流，固态变压器控制能量流。为保证能源互联网的可靠安全工作，能源局域网的上一级母线具有智能故障管理功能，提供能源互联网故障的实时检测，快速隔离等功能。为了实现能源互联网的架构下需求侧的负载设备的信息采集和控制，能源局域网还要包含能源互联网接入设备，能源互联网接入设备是面向终端用户的，是将各类用能设备接入能源互联网的设备。它将成为电力需求响应的重要执行端，智能能量管理将负载控制指令发送给能源互联网接入设备执行，才能真正实现电力需求响应。

在能源互联网的架构下，不同形式的能源在生产、传输和消费环节的耦合性越来越强。例如冷热电联产设备（combined cooling heating and power，CCHP）有 3 种运行方式：以热定电、以电定热和以冷定电，其生产的冷、热、电能均有耦合关系；电制氢（power to gas，P2G）设备可在风电过剩时电解制氢并进行存储，在电力供应不足时再发电供能；在终端消费时，用户也能通过选择不同种类的能源达到同样的效果。能源间相互耦合与相互替代的特点为需求侧提供了在不同能流间改变用能方法的能力，也为需求响应提供了研究背景。需求响应为实现能源互联网中供需双方的双向互动，为能源消费者转换为生产者提供了重要的切入方向。欧洲和北美处在需求响应领域的研究前沿，其中丹麦、英国、德国、加拿大等国家已经进行了社区层面的小范围试验。

可见，需求响应是能源互联网下的电网核心功能之一，需求响应作为智能用电中最能体现灵活互动特征的重要业务，目前正向自动需求响应的技术方向发展，但是对于自动需求响应及其在能源互联网中的重要作用，国内外在学术研究、工业实践等方面都存在巨大的差距。自动需求响应不依赖于任何的人工操作，可以极大提高需求响应的时效性、可靠性、灵活性和成本效益。自动需求响应颠覆了对传统需求响应的认识，将需求响应的主要功能从优化电能配置拓展到了向系统提供实时辅助服务，真正将需求响应纳入实时调度的范畴，充分利用了负荷的实时可调节潜力，极大地提高系统间歇性能源接入能力和安全稳定运行能力。自动需求响应的主要特征是实现信息交互标准化、决策智能化和执行自动化。并且需求响应能够借助于市场模式、价格机制和补偿机制等手段，促使终端用户主动积极参与系统所需的负荷削减项目，获得响应的补贴或折扣。因此，如何设计市场模式、确定补偿，尤其是如何计算能够促使终端用户主动积极参与需求响应的电价，是需求响应的核心问题。而对需求响应行为进行准确建模是实现灵活互动智能用电、需求侧管理和科学合理定价的前提和基础，同时也是为了更好地匹配可再生能源和分布式发电，有效提高能源管理效率。

在碳达峰、碳中和进程中，我国能源电力供需格局将发生深刻变化。专家预测，"十四五"期间，我国负荷尖峰化趋势将越发显著，供需双侧均亟需电力需求侧管理充分发挥在促进可再生能源消纳、提升电力系统灵活调节能力方面的作用。到 2025 年，我国电力需求响应规模有望达到 7000 万 kW 同时，占最大负荷的 4% 左右。电力需求侧管理也应进一步推进节能提效，引导全社会形成节约能源和使用绿色能源的生产生活方式，推动能源消费方式加速升级。

1.1.2　需求响应的定义与分类

1. 需求响应的定义

DR 的概念是美国在进行电力市场化改革后，针对 DSM 如何在竞争市场中发挥作用以维持系统可靠性和市场运行效率而提出的。DR 可以定义为：电力市场中的用户针对市场价格信号或者激励机制而做出反应，参与电力系统的调控，并改变传统电力消费模式的市场参与行为。美国电力科学研究院提出的需求响应实际也称电力需求响应。本书中所提到的需求响应与电力需求响应视为同一概念。

2. 需求响应的分类

需求响应的实施需要为电力用户提供一系列激励机制和措施。激励机制和措施可以划分为两种主要类型：基于价格的需求响应（price - based DR）和基于激励的需求响应（incentive - based DR）。通过实施不同激励措施，电力用户能够更加合理安排他们的用电方式，从而提高电力系统的运行效率，减少运行成本。

基于价格的需求响应是指以价格作为激励措施，促使用户根据电价的变化调整用电量和用电时间。常常采用的电价包括分时电价、实时电价和尖峰电价等。基于激励的需求响应是指通过实施一些经济激励或补偿措施，来促使用户在电价较高或者系统可靠性受到影响时参与负荷削减计划，包括直接负荷控制、可中断负荷、需求侧竞价、紧急需求响应和容量辅助服务计划等。需求响应的主要措施如图 1 - 1 所示。

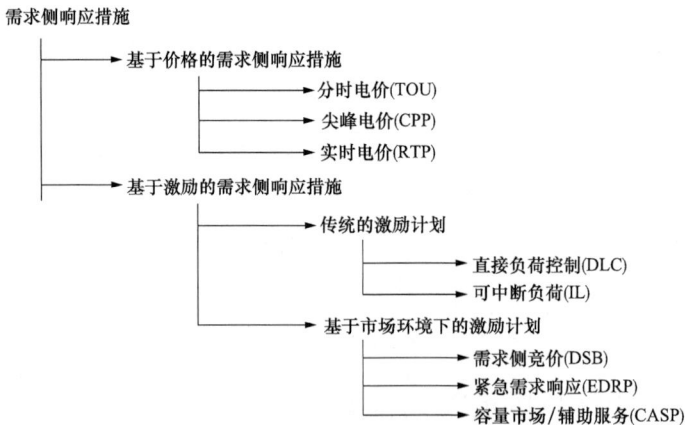

图 1 - 1　需求响应的主要措施

（1）基于价格的需求响应。价格型需求响应项目通过引入价格信号改变用户的用电习惯，尤其是在系统高峰时期。电价是基础性的电力资源调配指挥棒，合理的电价机制对于负荷的调节作用将起到事半功倍的效果，同时也是电力需求响应最直接的市场化实施手段，能够有效挖掘用户侧的需求响应潜力，促使用户自发进行削峰填谷，改善系统负荷特性。基于价格的需求响应执行过程如图 1-2 所示。

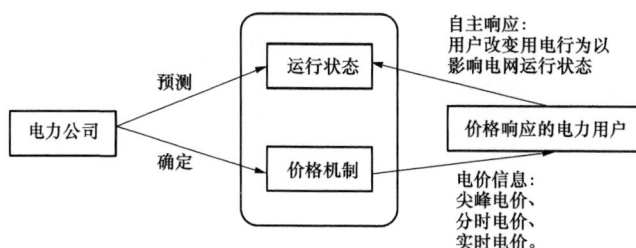

图 1-2 基于价格的需求响应执行过程

图 1-2 中，电力公司根据检测到的系统运行状态（比如电网阻塞、负荷高峰时刻）和已有的定价机制，得到不同时间尺度的电价信息并将其发送给不同类型的用户，用户接收到电价信息后会自主响应以改变自身的用电方式，从而反过来影响系统的运行状态，如此循环运行，将极大提高系统的运行可靠性。需求响应中常采用有分时电价、尖峰电价和实时电价等价格机制。

1）分时电价（Time of Use Pricing，TOU）。分时电价是一种可以有效反映电力系统不同时段供电成本差别的电价机制，电价随用电所处时段、日期、季节不同而不同，常见的几种形式有峰谷电价、季节电价和丰枯电价。为了满足峰荷时段的负荷需求，系统必须备有相应的调峰容量。如果从系统的运行成本进行分析，峰荷供电的边际成本是要成倍地高于低谷时段的供电边际成本的，因此高峰时段的电价就应该要高于平时和低谷时段的电价。低谷时段供电时，由于不能充分利用机组容量和其他系统设备，设备利用效率低下，造成资源的浪费。当峰谷负荷差越大，单位电能的平均生产成本也就越高，并影响供电的质量和系统的安全。为了提高供电质量和系统的安全系数，有必要抑制高峰时段的负荷需求，鼓励低谷时段的用电，这就导致了峰谷分时电价的产生。

分时电价的一种改进形式是负荷选择，参与负荷选择措施的用户，可以根据不同的负荷时段的电价水平选择负荷削减量、削减时间、提前通知时间等参数。而电价水平与提前通知时间有关，提前通知时间越短，电价越高。现阶段，我国部分地区已实行分时电价政策，通过价格直接影响用户的用电行为。江苏、上海和浙江对居民群体实行峰谷分时电价。上海、广东、江苏实行工业峰谷电价，其比例达到 5:1。湖南实行差别电价，如湖南 470 家高耗能企业，在原销售电价基础上，平均提高 0.01 元/kWh。

2）尖峰电价（Critical Peak Pricing，CPP）。尖峰电价是在分时电价和实时电价的基础上发展起来的一种动态电价机制，其主要思想是在分时电价上叠加尖峰费，尖峰电价是对负荷尖峰的一种额外的电价安排。规定在一定天数或小时内收取高电价，以引导用户在较高的电力批发价格时减少用电或转移用电。尖峰电价的思想是实施机构预先公布尖峰事件的时段设定标准（如系统紧急情况或者电价高峰时期）及对应的尖峰费率，在非尖峰时段执行分时电价（用户还可以获得相应的电价折扣），在尖峰时段执行尖峰费率，并提前一定的时间通知用户（通常为 1 天以内），用户既可做出相应的用电计划调整，也可通过高级电表来自动响应尖峰电价。

如美国加州太平洋电力与天然气公司实施的尖峰电价项目，是加州公共事业委员会在全州范围要求的削减方案之一。该项目是在分时电价的基础上，尖峰时段（14：00~18：00）增加额外的电价。每年 9~15 天为尖峰需求响应事件日。用户需要提前一天收到通知，参加此项目的用户在 5 月 1 日~10 月 31 日可享受电费优惠。目前参与的用户为大中小型工商业用户。

3）实时电价（Real Time Pricing，RTP）。实时电价方案主要是为用户提供反映电力系统实际情况的电价，是指价格在一个小时（或更短时间间隔内）变动，能够直接反映批发市场的电力供需情况。实时电价有利于加强批发市场与零售市场的联系。参与实时电价项目的用户，需要安装相应的通信和控制装置，方便将批发市场的电价实时传导给用户，用户收到电价信息后，根据自身情况和用电成本来判断是否调整其用电需求。

关于设计实时电价方案的一个重要环节就是设置向用户公布的电力价格和实际使用时的时间差。若采用较长的时间差，如使用日前价格，则很难准确反映当前电力系统的负荷状态。如果在未来一天市场没有考虑其负荷可能的增加量，将会导致所需平衡功率的增加。若采用较短的时间差，如基于当日电力市场，这种方式虽然能更好地反应供需，但会增加用户对电力消耗的规划难度。

上述实时电价的定义，主要从电价的时间精细度来说的，一般是提前一天或提前几个小时确定一个小时内的电价。对于间歇性很强的新能源来说，往往无法准确预知几个小时后新能源的发电情况，因此这种实时电价已经难以适应能源互联网和新能源的发展。未来的实时电价不仅在一个小时内变动，更多地将在更短时间间隔内变动，是未来一小时、半小时乃至几分钟后的电价，甚至是一分钟后的电价，这已经成为即时电价。实行实时电价的电力市场，由于其价格取决于电力生产和消费，电价可能会随着间歇性能源的实时变动而波动，这种方式虽然能更好地反应供需，但以前受到技术发展的限制而难以实现。随着能源互联网和信息通信技术、人工智能等技术的发展，实时电价必然会逐步走向用户，这种实时电价将成为未来研究的重要课题。

（2）基于激励的需求响应。激励型需求响应项目是指当系统出现紧急状态或者批发市场电价高时对其负荷进行削减，并加以补偿。需求响应中常常采用的激励措施有直接负荷控制、可中断负荷控制、需求侧投标竞价、紧急需求响应、容量市场项目和辅助服务市场项目等。

1）直接负荷控制（Direct Load Control，DLC）。这种方式是用户在系统用电高峰期间或紧急情况下向电网公司提供可中断的负荷，允许电网公司远程中断该负荷并给予用户一定的经济补偿。近年来，随着智能技术的发展，智能空调、智能热水器、智能冰箱和电动汽车的广泛普及，直接负荷控制项目越来越受居民用户的欢迎。如家中的空调或热水器。虽然这种方式实行起来比较容易，但是这种方式也存在一些缺陷。这种方式需要先进的计量系统。如果没有进行测量，参与需求响应的用户即使在中断负荷时使用该设备，也不会得到电网公司的补偿。此外，当负荷中断重新连接时，电力需求可能增加。如正在使用的热水器，中断使用会使水温下降，增加电力消耗。直接负荷控制虽然有利于电力系统的运行，减少增加发电量的投资，但是对正常运行下的电力系统性能没有提升。

2）可中断负荷（Interruptible Load，IL）。和直接负荷控制类似，可中断负荷的目的是减少电力负荷对电力系统的压力。和直接负荷控制不同的是，参与可中断电力供应的负荷不被远程控制，而是参与者同意在约定情况下削减负荷并获得一定经济补偿，否则将接受惩罚。这些负荷大多是工业负荷。供电公司或是负荷聚合商给这些负荷的电力用户一定的折扣，并与他们签订负荷减少的补偿合同，如不能完成负荷减少将受到处罚。签订的可中断负荷合同中通常会明确提前通知时间、停电持续时间、中断容量和补偿方式等因素，用户根据合同削减相应的负荷量。和直接负荷控制类似，这种方式也不能对正常运行的电力系统性能有所提升。

3）需求侧投标竞价（Demand Side Bidding，DSB）。需求侧投标竞价是需求侧资源参与电力市场竞争的一种实施机制，需求侧参与到批发市场竞价，充分挖掘用户的响应能力和积极性，参与者在获得回报的同时可以提高系统的安全性和备用能力。需求侧投标竞价使用户能够通过改变自己的用电方式，以投标的形式主动参与市场竞争并获得相应的经济利益，而不再单纯是价格的接受者。供电公司、大用户可以直接参与需求侧投标，而小型的分散用户可以通过第三方的综合负荷代理机构间接参与需求侧投标。

4）紧急需求响应（Emergency Demand Response program，EDRP）。紧急需求响应是指用户为应对突发情况下的紧急事件，根据电网负荷调整要求和电价水平发生响应而中断电力需求的一种方式。它是由系统运营商在系统紧急情况下，向电力用户发出请求，用户削减负荷可获得奖金，当然用户也可以忽略该请求而不会遭受惩罚。奖金是事先设定的，在美国一般是 350~500 美元/MWh。它结合历史数据、价格数据、短期负荷预测进行削减高峰负荷，避免发生尖峰价格。

5）容量市场/辅助服务（Capacity Market Program/Ancillary Service Program，

CASP)。容量市场/辅助服务是指用户提供削减负荷作为系统备用，替代传统发电机组或提供资源的一种形式。

容量市场项目是指运营商提前支付一定补偿给用户侧，以获得系统紧急情况下的稳定资源。当用户未按照要求进行负荷削减时，将处以罚款。参与者的可削减负荷必须具有随时可获得性和可持续性。美国容量市场采用可靠性定价模型（Reliability pricing market，RPM）竞价方式，该竞价方式有3个时间尺度，即基准剩余竞价、附加竞价和条件附加竞价，从交易年前的第三年开始组织竞价，在基准剩余竞价中交易失败的容量仍可选择是否在后续的重复竞价中进行交易，竞价成功的则需要在交易年内进行规定的负荷削减。

辅助服务市场项目实施方为电网系统运营商。当系统出现安全稳定问题时，运营商将对参与竞价并按要求削减的负荷提供补偿，以保障电网的稳定性。参与该项目的用户需要满足的条件：响应时间快（按分钟计）；最小容量要求更高；先进的实时遥信计量控制装置。

目前，对需求响应措施的研究，主要关注两方面：一是在既定需求响应措施下，电力用户的响应行为如何，研究目的是把握电力用户在需求响应措施下用电行为变化的规律；二是需求响应措施的制定，即如何考虑相关条件合理，并确定需求响应措施的实施细节以实现其目标。

3. 两种需求响应的比较

需求响应是市场驱动的，更强调电力用户直接根据市场情况（价格信号）主动作出调整负荷需求的反应，包括所有为了改变消费时间、瞬时需求水平或总电力消费而有意去改变用户电力消费方式的方法。从本质上讲，两种需求响应项目存在本质上的联系，基于价格的需求响应本质是通过电价来激励用户，而基于激励的需求响应项目的各类计算方法也必然离不开电价，但是两者还是存在一定的差异的。

基于价格的需求响应的执行主要由用户的主观性决定，是一种间接调度方式。在该类型下，用户不需要被调度中心调度，也不需要在批发市场中参与竞价，而是直接响应零售电价，自主改变自身的用电行为。同时，该类型的控制周期目前是以"小时级"为主，电力负荷对批发市场的价格波动或电网紧急情况的响应能力较为滞后，适用于对价格比较敏感的工商业用户或居民用户。

基于激励的需求响应项目则是一种直接调度方式，参与者需要被调度中心调度而不受外部市场环境的影响，对系统发出的信号具有快、准、可靠的响应能力，及时适应批发市场的电价情况和系统紧急运行状态的变化，适用于大型工商业用户。两种需求响应项目的比较见表1-1。

表1-1 两种需求响应项目的比较

比较内容	价格型	激励型
推动因素	价格	可靠性
描述	对电价做出响应	对电网紧急情况做出响应
类型	分时电价、尖峰电价、实时电价	直接负荷控制、可中断负荷控制、需求侧投标竞价、紧急需求响应、容量市场项目、辅助服务市场项目
对参与者的要求	自愿执行，不具有调度性，提前通知	强制执行，具有调度性，通知时间短
激励/处罚	较低的奖励，无惩罚	较高的资金奖励或电价折扣，有惩罚

1.1.3 需求响应目的及意义

世界各国对于电力实现市场化的进程均有所不同，但其共同点均为首先在发电领域引入竞争、打破垄断。随着市场的不断完善，一些欧洲国家的电力市场首先开放了需求侧竞争，如德国电力市场等。需求响应作为一种促进供电和用电系统互动的策略，通过对电能用户的主动负荷调整来有效提高整体系统资源的使用效率，保证电力系统的供需平衡，是实现能源系统开放协同的重要途径。对于引入竞争后的电力市场来说，需求响应更成为保证系统可靠性、促进市场有效运作的必要手段。无论是对国民经济发展还是对电力工业以及环境保护方面，都有着十分重要的战略作用。

（1）需求响应有利于保证电力系统的稳定和可靠运行。在电力系统运行的高峰时段，负荷侧的几个百分点的变化就会导致系统不可靠运行，同时可再生能源的接入又会大大增加系统运行的随机性和不可控性。如果能依托于相应的技术支撑平台，将需求侧资源作为与供应侧资源同等价值的调节手段参与系统整体的调控，就可以利用其瞬时改变需求水平的优势，为系统提供一个具有成本竞争力的可调度资源，从而帮助调度中心及供电企业有效地解决输电阻塞、备用容量短缺及区域内输配电能力不足和有效平抑可再生能源出力波动等问题，同时也可大大降低由系统容量短缺而造成的停电损失成本，为系统可靠运行提供保障。

（2）需求响应是实现电力工业市场良性运转的必要条件。竞争市场中，市场中买者和卖者相互作用并共同决定商品或劳务价格和数量，使资源配置最有效。加州电力危机的主要原因之一就是市场中缺乏需求响应，发电公司利用这一点操作市场，哄抬电价，获得不合理的高额利润，从而损害了消费者和其他市场参与者的利益。因此，只有将需求响应引入竞争市场，通过价格信号和激励机制，增加需求价格弹性在市场中的作用，才能使市场竞争更为有效，价格更加合理。

（3）需求响应有利于降低系统运行成本，优化社会资源配置。供电商通过需求响应的调节，有效引导用户在系统用电低谷期多用电，在系统高峰或电力供应紧张时少用电，提高系统负荷率，实现削峰填谷。从综合资源规划的角度来看，当需求响应可以产生固定、持久的负荷削减能力时，可以将其作为一种发电侧的替代资源来进行综合规划，这样就把需求响应资源转化为供应方的替代资源，从而减少发电、输电和配电基础设施的建设投资，提高各种供电设备的利用率及使用寿命，实现对现有生产能力的有效、充分而又合理的利用，进而促进环境保护。另外，由于电力系统的基础设施属资金密集型，所以相对来说需求响应资源是个可得的、相对低价的系统运营资源。对于用户来说，用户可以根据自己预计的用电成本，通过更改自身用电方式或用电时间来对市场中的电价和各种经济激励做出响应，在满足电力需求的同时，就能以较少的投入换取降低电能消耗、减少电费支出、降低生产成本的效益。

（4）需求响应有利于保证电力市场稳定，降低市场风险。需求响应是保证电力市场稳定性的一个有效措施。在电力市场中，寡头发电厂商有操纵市场价格的能力，即其市场力，如果该厂商的市场均衡份额越大，其市场影响力也就越大，所以，要维持电力市场的稳定，就要抑制发电商的市场力。抑制发电商的市场力的途径有两条，一是减少其市场份额，但这难免会损害发电的规模经济性；二是提高需求侧价格弹性，也就是增加需求响应的能力。很明显，将供应侧的集中度减少一半和将需求侧的价格弹性增加一倍，对维持电力市场稳定性的效果是一样的，但后者更容易做到，其实施成本和效率损失也是最小的。需求响应运用市场手段给予用户更多的选择权，可以帮助用户或供电公司防范系统紧急事故或价格波动带来的风险。而且，具有需求弹性的供需曲线会带来渐进的价格上升，而不是像缺乏需求弹性的供需曲线那样造成价格的突然抬升，这样就给投资建设新电厂一个缓冲时间，不会出现因巨大的破坏性的电力缺额而给社会生产带来损失。

（5）售电公司用电增值服务的重要切入点。随着我国售电侧市场的逐渐放开，需求响应将成为未来售电公司用电增值服务的重要切入点，逐步形成的需求响应集成商，对于未来我国电力市场的建设完善具有十分重要的意义。将需求响应引入电力市场并有效刺激电力市场的竞争，通过不同的价格信号和激励机制，增加负荷需求侧价格弹性在电力市场中起到的作用，可以减少电力竞价市场中的市场操纵力，使市场竞争更加有效，价格更加合理。因此需求响应可以有效保证电力系统整体可靠性，促进市场有效而合理的运作。

1.2 国内外电力需求响应的现状及发展

目前，需求响应已经引起了许多国家的广泛关注，虽然各国根据不同的国情，为其赋予了不同的含义，但都是为了实现电力系统安全、可靠、经济、高效、互动的目标。同时，随着智能电网、能源互联网等新概念、新技术的提出和建设，为各类需求响应项目的成功实施提供强有力的技术支持，并促使需求响应的发展提升到新的层次。随着竞争市场的发展与完善,电力系统的利益主体逐步多元化,需求侧资源在竞争市场中的作用正在被重新认识。在电力市场竞争中引入需求响应,通过价格信号和激励机制来增加需求侧在市场中的作用,并将供应侧和需求侧的资源进行综合资源规划,是适应电力市场发展的必然要求。

1.2.1 国外电力需求响应现状

1. 美国

美国是实施电力市场改革最早,同时也是世界上实施需求响应项目最多、种类最齐全的国家。早在20世纪70年代,美国率先启动需求侧管理来应对日益增长的电力需求,同时制定了电力市场中的相关政策法规,开展了需求响应中各种各样的理论研究并付诸实施。美国需求响应的实践经验和理论经验都处于世界领先的水平,在标准制定方面,美国劳伦斯伯克利国家实验室早在2002年便开始进行需求响应通信协议的研究工作,主要针对电力市场需求响应中信息的传递制定了最早开放式自动需求响应 OpenADR (Open Automated Demand Response) 2.0 标准。在技术设备方面,高校、科研院所与企业纷纷研发需求侧能源管理系统(Energy Management System,EMS)来帮助零售商和用户合理规划电力行为,霍尼韦尔研究所研究的自动需求响应(Automatic Demand Response,ADR)系统,是将需求响应自动化服务器(Demand Response Automation Server,DRAS)作为驱动,系统采用 OpenADR2.0 标准通信协议实现 DRAS、控制器和 EMS 之间的信息交互,旨在帮助电力用户降低用电费和提高用电效用,使得传输电网在用电高峰时段的电力负荷得到降低,达到削峰填谷的目的。同时美国十分重视需求响应的宣传与教育,从政府到零售商都大力宣传需求响应的好处,使得更多的用户了解并加入需求响应。

作为世界上最早实施需求响应项目的国家,其提出的需求响应概念中有两个重要的依托:智能电网和电力市场。美国在推进需求响应实施进程中经历表1-2的几个阶段。

表 1 - 2 　　　　　　　　　　　　　美国需求响应发展时间表

时间	发展经历
2003 年	在美加地区连锁停电事故中，需求响应的有效利用在事故后的电力恢复过程中起到了积极的作用，使得美国政府更加重视需求侧资源的利用
2005 年	美国总统布什签署了旨在鼓励石油和天然气生产的能源政策法案（Energy Policy Act，EPACT），该法案明确规定了将对实施需求响应给予大力支持
2006 年	美国能源部于 2006 年 2 月向美国国会提交了需求响应的研究报告，详细阐述了实施需求响应的效益和相关建议
2006 年	美国联邦能源管理委员会（Federal Energy Regulatory Commission，FERC）每年会向社会发布美国需求响应的年度报告，系统地分析了需求响应的实施背景、现状以及需求响应对电力系统的影响
2010 年	美国出台了《需求响应国家行动计划》，将需求响应上升到国家层面
2011 年	联邦能源监督委员会第 745 号令允许需求响应参与批发市场，进行交易
2016 年	最高法院终审：明确需求响应资源参与能源市场的合法性

美国比较典型的需求响应运作模式有以下 3 种。

（1）中介机构主导的运作模式。它是一个由非政府非盈利的节能投资中介服务机构来直接管理系统效益收费（System Benefit Cost，SBC），并负责项目的计划、资金分配、评估和验收等工作。通常它与州政府电力监管部门（如公用事业委员会）签订协议，接受政府监管和定期审计检查。

（2）政府主导的运作模式。由州政府设置一个没有政府拨款的非盈利的准政府机构来负责项目管理，电力监管部门负责审批项目计划和 SBC 的支出。

（3）电力公司主导的运作模式。美国大多数州采用的是电力公司作为实施主体的运作模式，并且从法律上加以明确，同时通过系统效益收费等方式筹集需求响应资金。

美国加州（California system operators，CAISO）、新英格兰（New England system operators，ISO - NE）、纽约（New York system operators，NYISO）、宾夕法尼亚（Pennsylvania—New Jersey—Maryland，PJM）等系统运营商/区域运营商（ISO/RTO）及美国国内众多电力公司都已经陆续建立了基于市场运作的需求响应项目。表 1 - 3 给出美国主要地区（NYISO、PJM、ISO - NE）在电力市场下的

需求响应措施和机制实施情况。

表 1 – 3   美国主要地区在电力市场下的需求响应措施和机制实施情况

系统运营商	价格型需求响应	激励型需求响应
NYISO	日前需求响应计划（DADRP）	紧急需求响应计划（EDRP） 需求侧辅助服务计划
PJM		需求响应资源参与同步备用以及调频服务计划
ISO – NE	实时电价响应（RPR）计划	

从美国需求侧管理以及需求响应实施情况来看，基于价格的需求响应措施的实施效果没有基于激励的需求响应措施好，主要是用户对价格型的响应措施接受程度有限，用户更乐于接受与负荷控制相关的需求响应措施。许多公共电力公司组织实施的直接负荷控制项目（DLC）规划都有很高的用户参与率，并且实施了许多年。例如，美国佛罗里达州的公共电力公司已经促使 130 万用户参与直接负荷控制项目（DLC）规划，占了该州用户总数的 10%。根据 FERC 的报道，在 2010 年美国已经有 560 万用户参与了直接负荷控制项目（DLC）规划，能够降低高峰用电负荷 9000MW，起到了很好的削峰填谷的作用。

2. 欧洲

欧洲各国在 20 世纪 90 年代纷纷进行电力体制改革，取得了丰富的理论与实践经验。欧洲电力市场进行改革较早，体制机制发展比较完善。在发电侧，各种形式的发电方式进入发电市场，丹麦的海上风力发电已走在世界的前列，新能源发电已占丹麦总发电量的 40% 以上，挪威的水力发电技术十分强大，国内 95% 的电力供应是由水电完成，而且水电技术出口世界各国。2010 年欧盟委员会发布了欧洲的 2020 年气候和能源目标，需求响应是帮助欧盟委员会实现 2020 年目标的一个重要手段，这将直接促进需求响应在欧洲的发展。2011 ~ 2015 年，欧盟开展了智能生态电网项目（EcoGrid），该项目允许居民用户侧的小型风电和供暖设备共同参与需求响应，从而使电力系统获取额外的平衡资源。该项目在丹麦博恩霍姆岛进行实证，约 2000 户家庭参与其中，参与家庭装设了智能控制设备和智能电表以对实时电价信号作出响应。

英国的电力体制改革实际上是从 1990 年开始，将原来的 12 家地区供电局实行了私有化，成立了独立的地区电力公司（Regional Electricity Company）。至今电力市场进行了两次改革，首先是 1990 年实施的实行电力库（Pool Power）市场模式，该模式是推进电力市场私有化的一部分，将输电与发电、配电、售电分开，调度交易中心归属国家电网公司，也就是在发电市场与售电市场引入竞争。其次是 NETA（New Electricity Trading Arrangement）模式，NETA 是一种更为市场化的交易制度，电力系统中的各参与方（发电商、输电商、零售商和用户）自愿参与双边贸易，允许大用户从发电厂直接购买电力，为电力市场提供了更加精确的成本目标，同时使得需求响应中激励机制更加灵敏。配电与售电业务分开，为用户侧市场的开放提供了条件。电力市场中双方合同交易量占总交易量的 97%~98%，为电力系统的稳定发展提供了保障。在英国电力市场中远期市场、短期市场（运行前一天至提前一个 h）、平衡市场（1h 至实时，由系统运营商运营）以及期货、期权市场并存。自 NETA 实施以来，有效地促进了电力市场的竞争。使电力上网电价和终端用户电价都得到不同程度的降低。改革之后，英国终端用户电价 10 年间下降了 28%，其中工业用户电价下降了约 31%。

法国属于世界上能源资源较为匮乏的国家之一。20 世纪 70 年代的能源危机对法国经济政治产生严重的后果，法国政府充分吸取经验教训，提出了将一次能源消耗量降到最低的要求。核电逐渐在其整体电力能源构成中占据主导地位，但是核电调峰能力较差，很难应对系统可能紧急情况，这样就导致法国电网调度难度加大。为保证整个国家的电力安全，其实施需求侧相关项目的迫切性比较强，但是法国电力市场没有美国那么开放，法国政府为保证需求响应项目的顺利实施，对国内电价制度做了较多强制性规定。

法国的电价虽受国内电力市场的影响，但控制权仍然掌握在国家手中，国家通过法律的形式确定电价结构和电价水平，其电价主要分为绿色电价（适用于工业用户）、黄色电价（适用于第三产业用户）和蓝色电价（适用于居民用户），这三类电价都是建立在实时电价、峰谷分时电价和季节性电价的基础之上的。执行这种电价可以通过调整峰谷时段适当改善负荷曲线的形状，很好的起到移峰填谷、提高负荷率的作用。同时，作为对上述电价结构的补充完善，法国还实施基于实时电价的高峰日减荷电价、针对工业用户的可调电价和针对居民用户的日类型电价。法国电价类别见表1-4。欧洲需求响应实施情况见表1-5。

表1-4 法国电价类别

电价类别	内容
高峰日减荷电价	每天有18h的峰时段，每年有22天高峰日，具体时段划分根据实际情况待定，但是电力公司至少需要提前半个小时将划定的时段通知给用户，一些冶金工业用户和化工行业用户已经选择了这种电价，一些使用双能源加热系统和希望更多利用低谷电的用户也选择了这种电价
针对工业用户的可调电价	将一年划分为三个时段，可变的低负荷季节、可变的平均负荷季节和可变的冬季负荷，电价最高的时段出现在冬季，一些使用两种能源的工业用户和具有一定调荷能力的用户选择了这种电价
针对居民用户的日类型电价	将一年划分为22个红色高峰日、43个白色中间日与300个蓝色低谷日，在不同类型日提供差别电价，同时，每一种类型日也要区分高峰和低谷时段，这种电价对于提高社会整体效益具有很重要的意义，因为它很好地实现了移峰填谷、提高负荷率、优化负荷曲线的目的

表1-5 欧洲需求响应实施情况

地区	项目类型	实施模式
英国	分时电价	根据需求侧的用电方式提供多种分时电价的价格
英国	可中断负荷	可中断负荷合同包括三种形式：短期运行备用、快速备用、稳定电网频率响应
挪威	可中断负荷	依据提前通知时间和中断持续时间可分为：一是提前15min通知，中断持续时间没有限制，削减负荷的5%，补贴电价是2.75€/kWh；二是提前2h通知，中断时间没有限制，削减负荷的25%，补贴电价是10.83€/kWh；三是提前15min通知，中断时间持续2h，削减负荷的75%，补贴电价是32.63€/kWh
挪威	需求侧竞价	开展了电力调频容量市场，需求侧可以和发电侧通过竞价的方式来调频实现电力平衡
芬兰	可中断负荷	国家电网同工业用户签订年度双边协议来获取电力需求侧资源，用作需求响应的调频和快速备用

地区	项目类型	实施模式
西班牙	分时电价	分时电价包含六种不同的时段电价：用电高峰季节的峰、平电价，用电中等需求季节的峰、平电价，用电低谷季节的峰、平电价
	可中断负荷	根据提前通知时间（0～2h）和可中断持续时间（1～12h）可将合同划分为五种不同的类型，一年内中断可执行的时间可达240h，一天最多中断一次，一周最多中断五次
法国	分时电价	分时电价项目主要针对用电负荷大于9kW的电力用户，电价根据用电季节时段由标记颜色和峰谷时段共同决定，其中最高为红色峰时的电价为 0.517 €/kWh，最低是蓝色低谷电价为0.057 €/kWh。参与者每日 15：00 前被告知下一天的价格安排，用户可以根据电价调整用电行为来减少电力消费
丹麦	需求侧竞价	超过40%的新能源发电比例，建立了需求侧资源等同发电侧资源的机制

3. 日本

日本是一次能源相对比较匮乏的国家，早在 20 世纪 90 年代，日本就已进行电力市场改革，主要针对发电侧开发新能源发电，大力发展太阳能、海上风能等发电技术。2012 年，日本根据美国的 OpenADR2.0 作为自动 DR 的标准基础制定相关的技术指标。日本在 2014 年底真正开始实施自动 DR 实证试验，试验过程是当电力供应压力过大时，需求响应设备自动向用户发出节电要求的信号，电力用户接收 DR 信号，减少该时段的用电量，当用电低谷时，同样用户会收到电价较低的信号，鼓励用户多用电。目前，在日本大多数 DR 仍然是负荷零售商用电话及电子邮件的方式向用户发出需求响应信号的请求，难以及时应对时刻变化的电力供求关系。如果使用智能电表和能源管理系统能够实现信号的实时传递，则能更好地维持电力供需关系的稳定。

日本的能源主要依赖进口，国内能源匮乏程度与法国相比情况更为严重，加之，近年来日本高峰负荷从冬季转向夏季，夏季持续高温，峰负荷也呈现出逐年增长的态势，峰负荷的增长直接导致了负荷率的降低。为了满足用电高峰时段的用电需求，电力公司对于发电设备、输配电设备的投资越来越大，这无疑对电力公司造成了极大的经济压力。为此，日本政府实施了一系列需求响应措施，同时采取了提高国内核电利用率、实施强制性的节能节电措施等手段来缓解国内电力供需矛盾。但是福岛核事故后，日本国内出现了比较严重的电荒现象，主要是由于政府强迫关停了一批可能存在安全隐患的核电机组。为解决国内目前比较尖锐的电力供需矛盾，需求侧资源受到了日本政府及电力企业的重视，一些电力公司（如东电公司）将在近期实施针对大用户的需求响应机制。日本经济产业省也发布了针对需求响应的论证报告，以此来评估需求响应机制在负荷管理以及为系统提供平衡服务方面的作用。

日本有实施需求响应先天的技术优势，日本国内智能电网的研究和建设一直处于世界领先地位，目前已经有超过 200 万块智能电表投入使用，与此同时在东京，横滨，京都及北九州由政府提议建设的智能社区项目正在有条不紊地实施。依托于这些智能硬件设施的建设发展，日本的动态电价政策得到了快速有效的实施。在福岛核事故之前，日本国内普遍实施的需求响应措施主要为针对工业用户的负荷调整合同，合同分为四类：储热负荷转移合同，负荷管理合同，可中断供电合同（瞬时调整合同、紧急调整合同），全年负荷调整合同。对于电力公司来说，通过与工业用户（大用户）签订上述合同达到削峰填谷的目的；对于电力用户来说，上述合同所提供的电价优惠可以使其获得一定的经济补偿，弥补用电方式改变造成的经济损失。

1.2.2 国内电力需求响应现状

我国的需求响应实施的较晚。我国于 2002 年提出"放开两端，抓住中间"的电力体制改革目标，标志着我国电力市场正式引入竞争机制，鼓励民间资本进入发电市场与售电市场，开发多种形式的发电与售电方式。在发电市场，优先扶持新能源发电企业发电上网，侧重鼓励生产太阳能、风能、潮汐能等电力企业优先发展。在售电侧，鼓励实施多种形式的售电方式供用户自主选择，以此达到削峰填谷的目的，加强电网及发电厂运行的稳定性，维护电力系统的经济、安全、可持续发展。然而在体制上，电力市场尚不完善，需求响应参与主体较少，电价制度难以反映真正的市场供需关系，使得可控的需求侧资源十分有限，并且难以对需求侧资源进行有效的利用。在技术上，智能表计以及与需求响应实施密切相关的信息交流交互系统都不完善，当前投入使用的峰谷分时电表的渗透率较低。下面对我国需求响应现状进行分析。

1. 实施的政策及机制现状

为了推广需求响应深入实践，我国政府结合国际需求响应的实施经验和国内需求响应的研究成果，陆续出台了一系列的需求响应的配套文件，对促进电力需求响应工作有着重要的指导意义。我国需求响应配套文件及政策主要可以划分为引导型需求响应政策、激励型需求响应政策和电价型需求响应政策三个大类，各类型政策内容如下。

（1）引导型需求响应政策。需求响应概念最早在 1990 年被引入中国，但实践规模未能全面展开，并且是以需求侧管理的概念引进的，并没有严格区别需求侧管理和需求响应的差别。最早涉及需求响应的政策可追溯到 2000 年《节约用电管理办法》，该办法首次提出开展考虑电力需求响应的综合资源计划。但由于需求响应未能全面展开，可用于量化需求响应替代传统供应资源效益的数据和方法不足，这使得《节约用电管理办法》所提内涵未能深入实施。2004 年 5 月，国家发展改革委员会（国家发改委）、国家电监会颁发了《加强电力需求侧管理工作的指导意见》，该意见要求加强规划管理、负荷管理和节电管理等需求侧管理工作，全面开展需求侧管理宣传与培训工作，充分激励电网企业、发电集团和终端用户参与需求侧管理工作。《加强电力需求侧管理工作的指导意见》的提出有效地推进了中国需求侧管理工作的深入开展。在 2011 年，国家发改委颁发了《电力需求侧管理办法》，该办法要求以提高电力资源利用效率为目标，通过改变用电方式、实现合理科学用电和有序用电等措施，积极开展需求侧管理。该办法是中国需求侧管理的一个重要政策里程碑，它不仅重申了电网公司在实施需求侧管理中的作用，也首次要求主要电网企业实现年度电力电量节约指标。为了能够更加进一步合理科学的管理用电限制，国家发改委在 2011 年 4 月颁发了《有序用电管理办法》，该办法要求在对终端用户进行有序用电管理时，应优先考虑错峰和避峰方案，同时鼓励建立完善的可中断电价和高可靠性电价，优化负荷控制系统，适当补偿满足前提条件的中断负荷用户。2015 年 3 月，中共中央和国务院联合下发了期待已久的电力部门改革指导性文件，该文件规定，从实施国家安全战略全局出发，积极开展电力需求侧管理和能效管理，将作为电力部门改革的基本原则之一。文件还要求将电力需求侧管理作为确保电力供需平衡的主要手段，积极开展电力需求侧管理和能效管理，通过运用现代信息技术、培育电能服务、实施需求响应等，促进供需平衡和节能减排。2017 年 9 月，国家发改委颁布《电力需求侧管理办法（修订版）》，该办法提出要紧紧把握经济发展新常态，按照供给侧结构性改革要求，进一步发挥电力需求侧管理在推动能源消费革命和电力体制改革中的作用，在节约电力电量、促进全社会节能减排的同时，加强电力需求侧管理平台的建设和应用、扩大需求响应规模、大力发展电能服务产业，促进新形势下电力经济绿色发展和生态文明建设。

上述引导型政策的出台为我国深入开展电力需求侧管理工作提供了指导依据，促进电网企业、发电企业和终端用户参与电力需求侧管理，实现用户积极配合电网调峰运行，满足电网要求的需求响应行为。这对于系统借助需求侧资源协调发电调度和提升系统安全稳定运行有着重要的指导作用，特别是在负荷供需关系紧张时段，电力需求侧管理工作的实践价值能够更好体现。

（2）激励型需求响应政策。激励型需求响应政策主要是通过事先与用户签订电力负荷调整协议，主要包括可中断负荷和直接负荷控制两种类型。2002～2005 年，中国整体电力负荷呈现供不应求的关系，为了保证系统的稳定运行，部分地区借助电力负荷管理系统，开展可中断负荷试点工作。我国各地区可中断负荷需求响应实践情况见表 1-6。

表 1-6　　　　　　　　我国各地区可中断负荷需求响应实践情况

省（直辖市）	实践情况
上海	补偿标准：日前通知 0.3 元/kWh，日内半小时以上通知 0.8 元/kWh，随时（提前半小时）通知 2 元/kWh
江苏、河北、福建	补偿电价与提前通知无关，补偿标准 1 元/kWh
浙江、江西	根据中断时间减免容量电费或给予容量补贴
台湾	可中断负荷电价政策丰富，根据中断的月份、方式及提前通知的时间，给予不同程度的基本电费折扣

上海市从 2004 年开展可中断电价的实践工作，由于可中断负荷通知时间的早晚决定了中断负荷价值的高低，因此，上海市设计了考虑不同通知时间的可中断负荷补偿标准；对于事先签订负荷调整、日前通知避峰的用户来说，可中断负荷补偿标准为 0.30 元/kWh；对于日内提前半个小时以上通过拉闸限定的用户来说，可中断负荷补偿标准为 0.80 元/kWh；若用户装有负荷控制装置，能够实现半小时以内通知的用户给予可中断负补偿标准为 2 元/kWh。

江苏省在 2002 年开展可中断负荷的实践工作，对于负荷供应紧张地区的部分企业实行可中断避峰措施。河北省限定可中断负荷企业的用电容量需高于 2 万 kW，企业可提供一次中断负荷需高于 2MW。福建省可中断负荷实践工作与江苏省类似，江苏、河北和福建三省的可中断负荷补偿标准均为 1 元/kWh。

江西省在 2014 年出台了《国网江西省电力公司可中断负荷补偿工作实施细则》，该细则明确了用电容量高于 1 万 kVA、用电负荷可实时监测、产品符合国家产业政策，能够在要求时间提供可中断负荷的企业，可中断负荷补偿标准为 1 元/kWh。浙江省的可中断负荷补偿方式与江西省类似，均是通过中断时间和容量，给予电费减免和容量补贴。

（3）电价型需求响应政策。目前，我国需求响应主要的电价型政策有分时电价政策、阶梯电价政策和尖峰电价政策。分时电价政策是指用户在不同的用电时间，单位电量所需缴纳的费用不同。尖峰电价政策是以分时电价为基础，为了缓解尖峰负荷导致电力供应紧张的问题，以削减用户用电负荷为目标，上调单位电量用电价格。阶梯电价主要是针对居民用户，按照电力消费量划分为不同梯级，各梯级制定不同的电价水平。居民用电电价随着用电量的增加呈现梯级增长趋势。

我国各省已根据省内实际情况制定了符合前提约束的分时电价政策。作为主要的需求响应和动态电价实施的试点省份之一，江苏省深入开展了电力需求侧管理和电力需求响应实施工作，并出台了《江苏省分时电价政策具体实施方案》。该方案提出继续深入实施分时电价政策，提升企业用电峰谷比至 5:1，建立针对使用蓄冰制冷、电热锅炉的用户两段制电价，拓展分时电价涉及用户范围，首次将居民用户纳入分时电价政策中，实施先分时、后阶梯的峰谷电价和阶梯电价并行电价制度。

整体来看，我国需求响应工作开展的主要目标是缓解用电紧缺，以有序用电为主要措施，规模化实施峰谷分时电价和阶梯电价，但价格型需求响应政策和激励型需求响应政策仍有待于继续完善。未来，随着我国经济增长方式的不断转变，针对可中断负荷、尖峰电价等多种需求响应措施应当被深入开展。

2. 实施的现状

鉴于现阶段我国电力行业所处的市场环境和政策机制现状，我国需求响应工作目前尚处于试点阶段。2012 年 7 月 16 日，国家财政部及国家发展与改革委员会联合印发《电力需求侧管理城市综合试点工作中央财政奖励资金管理暂行办法》，其中奖励资金支持范围包括建设电能服务管理平台、实施能效电厂、推广移峰填谷技术，开展电力需求响应和相关科学研究、宣传培训、审核评估等。同年确定北京市、江苏省苏州市、河北省唐山市和广东省佛山市为首批试点城市。

试点城市可采用更为灵活的需求响应政策，如对钢铁企业等大用户实行可中断负荷电费补贴，对实行需求侧管理示范项目及能效电厂项目给予冲抵电费的政策支持。同时，充分利用分时电价、差别电价政策，促进削峰填谷，实现电力动态平衡。其中，实施尖峰电价与可中断电价是深入开展电力需求响应的标志性措施。以下简要介绍北京市、唐山市、江西省、江苏省等试点城市及地区的需求响应工作实施现状。

北京市是能源短缺的受电城市，电力自给率不足 30%。2013 年网供最大负荷达到 1776 万 kW，电力资源总体偏紧，夏季高峰负荷时段京津唐电网多条外受电通道已接近满负荷，不得不启动网内全部旋转备用容量，仍存供电缺口，电力供需平衡工作仍存在较大的改善空间。2013 年北京市主要从激励政策和试点项目建设方面进行了探索。2013 年 11 月，北京市发改委向全市印发《关于组织申报北京市电力需求侧管理城市综合试点第一批项目的通知》（京发改〔2013〕2316 号），共征集到 67 家单位提交的项目申报书 141 份，项目数量 159 个，项目全部实施完成后累计节约或转移电力负荷约 25 万 kW，占试点工作目标值的 32%。

唐山是河北省的重要的工业城市，唐山工业用电负荷占到了地区负荷的80%以上，其余为一、三产业、居民用电等的用电负荷，全市用电负荷一直处于高位水平。唐山市的需求响应试点工作主要集中在加强负荷管理和开展电价政策研究两方面。

2014年6月份，江西省出台了《国网江西省电力公司可中断负荷补偿工作实施细则》，该政策主要针对企业用户，引导企业用户在高峰用电时段"让电"于民，在迎峰度夏期间，按照一定的补贴标准对在高峰期间主动让电的企业进行补贴。按照方案和细则规定，以自愿参与为原则，用电容量在1万kVA以上，用电负荷能实时监测，产品符合国家产业政策，并且能在确定的时间段内按照要求中断负荷的试点企业，可获得每1万kVA累计停1h补贴1万元的政府专项补偿。

江苏省是我国需求侧管理以及动态电价实施的试点省份，同时也是我国需求侧管理以及需求响应实施工作开展较好的省份之一。《江苏省分时电价政策具体实施方案》中提出加大分时电价实施力度，即在企业实施范围不变的情况下，进一步拉大峰谷比价，并将分时电价政策扩大到居民用户。企业用电峰谷比价由原3∶1调整为5∶1，对宾馆、饭店、商场、办公楼使用蓄冰制冷、电热锅炉的用户实行两段制电价，即谷时用电按谷电价格执行，其他时段均按平电价格执行，以减少用户负担，调动这些行业的调峰积极性。对居民试行用电峰谷分时电价政策，用电时段分为高峰和低谷两段，8∶00~21∶00为峰时，21∶00~次日8∶00为谷时，峰时电价每千瓦时为0.55元，谷时电价每千瓦时为0.30元，且已有60万居民户申请试行峰谷分时电价。2012年江苏省改变原有的峰谷电价制度，实施了峰谷电价和阶梯电价并行的电价制度。具体实施按"先分时、后阶梯"的原则计量电费。通过电价政策调节用户负荷，尽量避免在用电高峰时期拉闸限电，对优化系统运行起到了不错的效果。

3. 实施的技术现状

电力负荷管理是电力需求响应的重要技术手段。20世纪70年代末期，出现的是由中国电力科学研究院研究的欧洲电力负荷管理技术。随着电力市场化改革的不断深化，为更好地服务于广大用户，提高用电管理科学化水平，多年来靠人工抄表收费的办法已不能适应现代化管理的要求，向以色列引进的单向低压载波抄表系统在一些地区试用有一定实用价值。在此基础上国内一些研究和生产单位结合我国实际需要，吸收国外在低压电网中通信技术研制生产了双向低压载波集中抄表系统，并迅速在全国范围内试用。

此外，我国也积极开展能源的有效管理，如研发能效监测系统。2013年，中国电力科学研究院用电与能效研究所组织起草了《电力能效监测系统总则》《主站功能规范》《主（子）站与电力能效信息集中与交互终端通信协议》《电力能效监测终端通信协议》《子站功能设计规范》《主站设计导则》《电力能效信息集中与交互终端》等多项国家标准，该系列国家标准编写和发布对我国电能服务管理平台的建设和发展具有重大意义，规范了电力能效监测系统建设和能效软硬产品开发，促进了电能服务及节能服务产业发展。

1.2.3 国内外电力需求响应发展趋势

需求响应的有效实施需要从管理机制和技术上提供双重保障。在管理机制上，亟须提高传统的用电管理科学化水平。在技术上，随着智能电网和能源互联网技术的提出和建设，不断完善与需求响应实施密切相关的信息交流交互系统，极大地支撑了需求响应的管理需求。

鼓励和促进用户参与电力系统的运行和管理是智能电网的一个重要特征。未来需求响应技术是建立在集成的、高速双向通信网络的基础上，通过先进的传感和测量技术、先进的设备技术、先进的控制方法以及先进的决策支持系统技术的应用，实现电力用户与电网公司之间的互动。高速双向通信系统使得各种不同的智能电子设备、智能表计、控制中心、电力电子控制器、保护系统及用户进行网络化的通信。量测技术是智能电网基本的组成部件，先进的参数量测技术获得数据并将其转换成可使用的数据信息。先进控制技术不仅给控制装置提供动作信号，而且为运行人员提供信息。控制系统收集的大量数据不仅对自身有用，而且对运行人员也有很大的应用价值，这些数据可以辅助运行人员进行决策。

随着智能电网的发展，分布式电网中将安装越来越多的传感器和智能电表。利用智能电表可以大量地收集不同类型电力用户的负荷数据并将其存放于数据库之中。随着用户侧智能表计的大量投入，电力公司逐渐能够获取各类电力用户的实测负荷信息，尤其对大工业用户而言，实时负荷采集的频率更高，信息更为准确。目前，针对负荷识别技术的研究较多，但是由于电器的种类繁多、工作状态复杂多样，需要不断地采集负荷的变化信息，因此很难找到一种算法来达到精确识别各个用电器的目的。对于负荷识别的应用，国内外还没有具体的研究，所以基于负荷识别技术的电力系统的负荷识别已经成为一项十分重要而且基础的工作，属于智能电网重要组成部分，是实施需求响应的一个基础。

在能源互联网下的负荷可调潜力评估方面，电力高峰负荷持续增长及间歇式能源的迅猛发展增加了电网调度运行的难度，对电力系统调节能力提出新的重大挑战。近年来，具有与电网双向互动能力的电动汽车、储能等带有"源"和"荷"双重特征的新型负荷的比重呈不断上升趋势，部分传统负荷也能够根据激励或者电价调节自身的用电需求，具备"虚拟电厂"的特性，负荷特性的变化引起了国内外学者的共同关注。一些研究表明未来智能电网需要容纳较大比例的主动负荷，以双向性、不确定性和可控性为特点；改变用电时间或负荷大小以配合电力运营商的需求响应策略，从而获得经济效益的负荷定义为柔性响应；将负荷的柔性定义为负荷大小可在用户指定的区间内"伸缩"。作为发电调度的补充，柔性负荷调度能够削峰填谷、平衡间歇式能源波动和提供辅助服务，有利于丰富电网调度运行的调节手段。在负荷响应潜力方面，有研究提出针对大型工商业用户参与需求响应的潜力评估方法，主要步骤包括确定研究对象和需求响应项目类型、基于用电特性的用户群聚类分析、分类需求响应项目参与率辨识、价格弹性计算和需求响应潜力评估，重点是适用于细分用户群的价格弹性计算方法。基于上述评估方法，美国联邦能源管理委员会从常规业务、扩展业务、可实现参与和全面参与 4 种场景评估了美国 2010～2020 年的需求响应潜力。

1.3 电力需求响应研究内容和特点

需求响应作为电力需求侧管理（DSM）的解决方案之一，从根本上改变了单纯注重和依靠增加能源供应来满足能源需求增长的传统思维模式，建立了将需求侧作为和供应侧一样的一种可替代资源的新概念。它的引入不仅能够有效提升系统可靠性和经济性，尤其是缓解大规模清洁能源给系统安全稳定运行带来的压力，还给资源的配置拓展带来了更广阔的领域，能够以最经济的方式和最好的社会效益达到同样能源服务的目的。

1.3.1 需求响应的研究内容

传统意义上的电力系统主要基于调控供应侧资源追踪负荷变化这一前提实施规划调控。然而，当原"刚性"的需求侧负荷转变为一类可调控资源后，其规模化应用将赋予电力系统的规划设计、调度运行、控制方法、技术经济评价以全新内涵。因此，需要从需求响应的机理上对其进行深入研究。同时，需求响应也会在技术与管理方面引出很多新问题。

1. 科学的规划策略是确保需求响应效益能够实现的基础和先决条件

需求响应作为综合资源规划的一项重要内容，重在提高终端用电效率和改善用电方式，以减少对供电的依赖。可以说需求响应是对终端用电资源的发掘。尽管需求响应实施的措施多种多样，但是实质上都是通过采用有效的激励和诱导手段来刺激用户共同协力的提高终端用电效率、改变用电方式。因此，需求响应的有效性和持续性在于是否具有一套相适应的运行机制和运营策略。

2. 需求响应的运营需要对传统用电管理方式进行演进和变革

与集中调控方式相比，特别是未来智能电网框架下，需求响应是需求侧互动模式下发用电一体化的调度方式。参与需求响应的负荷可作为"虚拟发电资源"与各类常规电源联合参与调度计划。负荷响应的快速性与多样性不仅极大地丰富了包含新能源的电力系统运行中的调节控制手段，还将在提升可再生能源消纳能力及电力资产利用效率等方面发挥重要作用。

在需求侧负荷的协调优化控制中，通过聚合方式接入的需求响应资源通常需要更为复杂的控制技术。不仅需要对单一的需求响应资源的控制策略进行设计，还有必要考虑多种需求响应资源的协调配合。同时，如果大规模开发及推广需求响应资源，那对保障含有可再生能源和分布式发电的电力系统安全、高效、经济运行具有重要作用，但是只有借助完善的市场化运作机制才能实现，需要对传统的用电管理方式进行演进和变革，需要把综合经济效益至于重要的地位。

3. 对需求响应的准确建模是制定实施策略的基础

实施需求响应的话，用电方不能再具有模糊性，只有对需求响应行为进行准确建模才能实现灵活互动的智能用电和科学合理的定价，同时也是才能更好地匹配可再生能源和分布式发电，有效提高能源管理效率。

随着高效节能和绿色电力的推广，分布式能源成为用户侧使用的一种新型后备能源，这增加了用户侧的不确定性。需求响应由单一用户发展到用户群，甚至到含分布式发电和储能的虚拟电厂，具有空间上的分散性和不确定性；同时，在实时市场中，需求响应又具有多时间尺度的复杂性；再者，考虑需求响应不同的实施机制，总体上需求响应是一个多时空尺度紧密耦合且具有强不确定性的复杂系统。根据可调度潜力，对需求响应资源进行精细建模，不仅有助于电网负荷曲线的优化，同时也有助于提高资源的配置。通过分析用户的负荷响应模型，还能够提高电网决策的准确性，并且能够提高用户的响应意识，对用户的可调潜力进行挖掘。

1.3.2 需求响应的特点

与传统的用电管理相比，需求响应无论是政策、法规、运营还是内容都有了质的提升和拓展，改变了电力行业一直以来将用户的用电需求作为规划和运行的外在因素的做法，具有如下特点。

（1）电力需求的一个显著特点就是供需一致性，就是说电能的消耗和发电要实时相等。当电力需求的供需平衡遭到破坏时，功率和电压不稳，甚至会引发停电事故。需求响应更新了单纯注重提高能源供应来满足需求增长的传统思维模式，改变现有电力负荷需求的刚性特点，挖掘需求侧负荷可调度性资源，将能源开发和电能利用置于同等地位参与优选竞争，使得电力系统中可供利用的资源显著增加，将资源的合理开发和利用效果提高到一个更新的阶段，推动了智能用电和用电的供需协调，能够实现以最低社会成本和最佳的群体效益达到经济高效配置资源的目的。

（2）通过需求响应可以更有力地刺激用户改变粗放型的用电模式，主动参与到用电行为的优化活动中来，并获得相应的收益。用户参与到需求响应也是一种运营活动，既要讲求效率，更要追求效益。对于供电方来说，效率是目的，但是对于用户来说，效益才是动力，只有效益才能激发用户主动参与到需求响应中来，也只有效益才能驱使需求响应持久开展下去。

激励型需求响应机制具备快速的响应时间和灵活的响应机制，特别是直接负荷控制具有无须响应时间、适应零响应频率的特点。价格型需求响应机制的响应时间一般为 24h 以上（分时电价机制的响应时间甚至超过 6 个月），其应对突发状况的能力稍逊，可用容量价值要低些，但是对优化负荷曲线，移峰填谷效果更明显。所以只有将不同机制下的需求响应措施优化配合使用，才能深入挖掘需求侧资源的可调度性潜力，达到供需协调配合和消纳清洁能源的目标。

（3）电力系统运行时，总会存在电力供需的不平衡，为了保证供需平衡，维持系统稳定，就需要对这种电能差异进行校正。要么调整电能的生产水平，要么调整电能的消费水平。电价能很好反映出电力市场的成员愿意进行电能调整的意愿程度。没有满载的发电机组可以提交增出力的报价，也可以给出减出力的投标。除了常见的发电机组进行增减出力的投标外，电力用户同样也可以提供平衡资源，如果价格高于用户认定的电能使用收益，用户将选择减少电力消费，反之，在价格低时，用户就可以增加他们的电能消费量，需求响应的一个重要优点就是它可以在非常短的时间内实现。此外，由于用户参与到维持系统频率、电压稳定等调节活动中后，就能有效抑制发电厂商操纵市场价格的能力，可减缓电价的过快增长，抑制电价的上升幅度，有利于稳定电价。

1.4 传统需求响应存在的问题

本章的前几节讲的是现在需求响应的相关基本概念及发展现状。但需求响应也存在一些问题，随着这些问题的解决，需求响应必然进入到综合需求响应、自动需求响应和实时需求响应的阶段。为了便于区分综合需求响应、自动需求响应和实时需求响应，在本书中我们将前面提到的需求响应统称为传统需求响应，传统需求响应存在如下一些问题。

1. 未考虑多能互补

传统需求响应侧重的是电力电量的需求响应，在响应中鼓励负荷削峰填谷，实现负荷从峰时段向谷时段转移，但不涉及多能流的需求响应，多能流的需求响应是实现一种能源向另一种能源转移的方式，从而达到多能互补的效果。多能互补是指电力系统、石油系统、供热系统、天然气供应系统等多种能源资源之间的互补协调，突出强调各类能源之间的"可替代性"，用户不仅可以在其中任意选择不同能源，也可自由选择能源资源的取用方式。未来的需求响应除了考虑电力这种能源外，还应综合多种能源，实现综合需求响应。

2. 较少考虑新能源和分布式能源的接入

传统需求响应的目标主要是电网层面的削峰填谷，一般把负荷峰荷最小和峰谷差最小为目标函数，较少考虑新能源和分布式能源的接入，没有考虑到当前分布式能源已经渗透进入需求侧的情况，没有考虑能源的综合利用，也没有考虑到需求侧同时还可能是发电侧的情况。

3. 实时性不足

传统的需求响应往往更偏重于规划层面，需要通过多个高成本的示范项目确定规划方案的可行性及对参与者的影响，并主要依赖于人工信号传输和人工响应，需要调度部门通过邮件、电话或简讯将需求响应信号告知用户侧，管理人员或操作人员手动关停设备或调整设备的运行功率，时效性不强，响应的可靠性得不到保障。同时用户侧的电能消耗信息也不能及时地传输至量测数据管理系统，电网公司或独立系统操作员无法根据用户响应行为及时调整需求响应触发信号，这就降低了需求响应的灵活性和效率。

4. 成本高，推广困难，覆盖面和用户参与程度不足

用户覆盖越多，参与程度越高，需求响应的效果越好。由于传统需求响应投入成本高，时间长，包括调研，拟订方案，安装需求响应设备等，一般来说只有在大用户中实施。除了部分试点外，大量的普通用户难以参与需求响应。这主要是因为普通用户参与需求响应的成本有三高：交互成本高，调控成本高，结算成本高；同时因具有用户分散、效益低的特点，从而造成了实施需求响应的不经济。

5. 需求响应能力有限

需求侧是相对发电侧而言的，在电力系统运行中，发电侧提供的服务非常之多，包括一次调频，二次调频，旋转备用等。但需求响应目前的主要目标是削峰填谷，因此，传统的需求响应往往是离线的，不具备提供调峰调频等辅助服务所需的快速响应能力，需求侧主体的多元性也使其集中控制不像发电机组那么容易实现，需求响应下负荷调整量的大小也无法得到保障，也无法主动提供保证电网安全稳定的相关能力。

6. 激励手段和激励时段难以随电网运行情况而变化

无论是基于价格的需求响应和基于激励的需求响应，其激励手段和激励时段也是提前预订的，没有考虑电网实时运行的变化以及预定时段内的负荷波动，需求响应的效果往往不是最优的。当前电网新能源渗透率越来越高，新能源的接入具有间歇性，某些气候变化就会对电网运行造成较大的冲击，传统需求响应难以立即适应这种快速变化，预定的激励措施效果不明显，甚至有可能出现与激励初衷相违背的情况。

2.

能源互联网与需求响应的发展

能源互联网是以电网为主干和平台，将各种一次、二次能源的生产、传输、使用、存储和转换装置，以及它们的信息、通信、控制和保护装置进行直接或间接连接的网络化物理系统。随着能源互联网技术的发展，当售电侧电力市场放开后，能源互联网的发展将成为一种必然趋势。能源互联网技术的发展必然带来综合能源利用和需求侧的革命，用户与能源之间的交互性将大大提高，必然带来发电、输电、储能、用电的一体化实时控制，传统预定策略的需求响应将会被互动的、综合的、自动的需求响应替代。

2.1 能源互联网概述

2.1.1 能源互联网的定义及类型

1. 能源互联网的定义

随着科学技术的不断提升，人们的生活需求也越来越高，同时也伴随着化石能源的趋于枯竭和环境的不断恶化，导致很多国家已经初步出现了能源危机，并且随着能源开采力度的不断加大，自然环境也受到了一定的破坏，使得环境与能源之间的关系愈发紧张，但目前还没有任何一个国家能够摆脱能源限制。近年来，以可再生能源和分布式储能为代表的新能源技术在理论研究和工程实用方面均取得显著进展。然而，可再生能源发电的间歇性、波动性与电力消费即时性之间存在的矛盾以及储能的技术经济壁垒，使得可再生能源发电的大规模利用仍存在障碍。如何构建一个面向未来的高效、安全、可持续利用的可再生能源体系就成为广泛关注的焦点。能源需求的不断加大促使了能源互联网定义的产生和综合能源服务概念的提出。鉴于能源互联网互联、高效以及友好的服务特点被越来越多的人所重视，人们开始深入剖析这种概念，以便于更好地提升综合能源服务水平。

能源互联网的概念是 2011 年由美国学者杰里米·里夫金（Jeremy Rifkin）在其著作《第三次工业革命》中最先明确提出的。里夫金认为，随着化石燃料的逐渐枯竭及其造成的环境污染问题，在第二次工业革命中奠定的基于化石燃料大规模利用的工业模式正在走向终结。里夫金预言，以新能源技术和信息技术的深入结合为特征，一种新的能源利用体系即将出现，他将他所设想的这一新的能源体系命名为能源互联网（Energy Internet）。里夫金定义的能源互联网有以下几个特征：以可再生能源为主要一次能源；支持超大规模分布式发电系统与分布式储能系统自由接入网络，支持产销一体的新型能源生产与消费形态；基于互联网技术实现广域能源共享；支持交通系统的电气化（即由燃油汽车向电动汽车转变）。里夫金所倡导的能源互联网的内涵大体有三点：从化石能源走向可再生能源；从集中式产能走向分布式产能；从封闭走向开放。作为经济学家，里夫金对能源互联网的定义和思考更多的是一种愿景，而并非切实可行的技术路径。但由于里夫金本人的影响力，他的观点一经提出，就引起了政府、学界和企业界的巨大反响。学界和企业开始在能源互联网的研发领域大量投入资源，能源互联网也因而成为近年能源领域的讨论焦点。

我国也紧紧抓住了能源互联网驱动社会发展的战略机遇，2015 年 3 月，李克强总理在十二届全国人大第三次会议政府工作报告中提出："制定'互联网+'行动计划，推动移动互联网、云计算、大数据、物联网等与现代制造业结合，促进电子商务、工业互联网和互联网金融健康发展，引导互联网企业拓展国际市场"。同时，李克强总理还强调："能源生产和消费革命，关乎发展与民生。要大力发展风电、光伏发电、生物质能，积极发展水电，安全发展核电，开发利用页岩气、煤层气。控制能源消费总量，加强工业、交通、建筑等重点领域节能。积极发展循环经济，大力推进工业废物和生活垃圾资源化利用。我国节能环保市场潜力巨大，要把节能环保产业打造成新兴的支柱产业"。在这一背景下，我国"互联网+能源"行动应运而生。

可以看到，随着可再生能源技术、通信技术以及自动控制技术的快速发展，一种以电力系统为核心，以集中式及分布式可再生能源为主要能量单元，依托实时高速的双向信息数据交互技术，涵盖各类化石能源、可再生能源以及公路和铁路运输等多类型多形态网络系统的新型能源利用体系，即"能源互联网"的基本构想和雏形被提出。在"能源互联网"背景下，传统的以生产顺应需求的能源供给模式将被彻底颠覆，处于能源互联网中的各个参与主体都既是"生产者"，又是"消费者"，互联共享将成为新型能源体系中的核心价值观。

综上所述，能源互联网是以电力系统为核心与纽带，构建多种类型能源的互联网络，利用互联网思维与技术改造能源行业，实现横向多源互补，纵向源—网—荷—储协调，能源与信息高度融合的新型（生态化）能源体系。其中，"源"是指煤炭、石油、天然气、太阳能、风能、地热能等各种类型的一次能源和电力、汽油等二次能源；"网"涵盖了天然气和石油管道网、电力网络等能源传输网络；"荷"与"储"则代表了各种能源需求以及存储设施。通过"源—网—荷—储"的协调互动达到最大限度消纳利用可再生能源，能源需求与生产供给协调优化以及资源优化配置的目的，从而实现整个能源网络的"清洁替代"与"电能替代"，推动整个能源产业以及经济社会的变革与发展。能源互联网是能源革命的标志性技术，将推动一系列新技术、新商业模式的发展，实现能源的清洁、高效、安全、便捷、可持续利用。为全球能源资源的优化配置和可再生能源的高效利用提供了广阔前景和良好机遇。

为了实现"碳达峰、碳中和"目标，国家电网明确指出要推动电网向能源互联网升级，着力打造清洁能源优化配置平台。具体工作上要加强"大云物移智链"等技术在能源电力领域的融合创新和应用，促进各类能源互通互济，源网荷储协调互动，支撑新能源发电、多元化储能、新型负荷大规模友好接入。加快信息采集、感知、处理、应用等环节建设，推进各能源品种的数据共享和价值挖掘。到 2025 年，初步建成国际领先的能源互联网。

能源互联网的提出为全球能源资源的优化配置和可再生能源的高效利用提供了广阔前景和良好机遇。然而，在能源互联网的研究实践过程中也存在着新的问题和挑战。首先，随着分布式能源渗透率的不断提高，若不对其加以合理引导和调度，可能会对配电系统的安全与经济运行带来负面影响。其次，如何实现多能源系统中多种能源载体的协调互补和"源—网—荷—储"协同优化，是又一值得探讨的问题。此外，能源互联网系统规划决策过程中需要考虑用户侧的因素，决策的不确定性和模糊性大大增加。最后，能源互联网的参与主体相较于传统的电力系统大大增加，主体间的信息交互也更加频繁和复杂。

2. 能源互联网的类型

能源互联网可分为全局能源互联网、区域能源互联网及就地能源互联网三种类型。全局能源互联网着眼点在特高压，其对于循环利用以及可再生绿色能源的输送和应用有着重要作用，其互联性强、智能程度也高。区域能源互联网主要指的是综合能源服务，是在多能互补的基础上产生的，在这种类型下，"售电＋综合"服务模式能够将需求响应服务进行很好的整合，这种新型的类型使得售电商业模式能够进一步创新发展。就地能源互联网是对区域能源互联网的进一步细化，将传统的能源服务和新能源与互联网采用合作的形式，使能源能够达到就地消纳和平衡。相应的，能源互联网的资源优化控制可分为全局控制、区域控制和就地多层级的实时控制。

（1）全局控制：对各局部电网、主干网以及集中式大规模可再生能源发电、大规模储能设备进行统筹全局的协调优化控制。

（2）区域控制：对与主干网连接的区域能源网络进行局部优化控制，对区域内所有的分布式电源、储能以及需求侧可控资源进行协调控制。

（3）就地多层级的实时控制：通过自动控制设备对分布式可再生电源出力进行就地消纳，对分布式储能充放电策略以及需求侧资源调控策略进行实时控制。

2.1.2　能源互联网的发展现状

虽然国际上对能源互联网的概念并未有完全统一的定义，但世界各国对未来新一代能源网络的研究早已开展，并取得了一定的研究成果，典型的有美国的未来多能源集成与管理系统，德国的基于信息通信技术的智能化能源系统计划及其试点建设，日本的基于信息互联网的数字电网等。促进可再生能源消纳、提升整体能效、让能源更加"智慧"是世界各国追求的目标。世界各国在能源领域开展了广泛的实践探索，虽然没有直接采用"能源互联网"的概念，但这些实践探索与能源互联网在精神上是相通的。

美国、加拿大、英国、瑞士等国家侧重于"多能互补"。美国非常重视多能源集成系统相关理论和技术的研究。美国能源部于 2001 年提出了能源集成系统（integrated energy system，IES）发展计划，重点研究在保证能源系统运行可靠性的前提下，提高可再生能源占比，并加快热电联产机组等多能源集成技术在应用领域内的应用与推广。美国国家可再生能源实验室于 2008 年成立能源系统集成（Energy Systems Integration）部门，专门针对能源系统集成方面的问题展开研究。加拿大政府于 2009 年发布了题为"综合我们的能源：面向加拿大社区的集成能源系统（Combining our Energies：Integrated Energy Systems for Canadian Communities）"的研究报告，报告中深入揭示了多能源集成系统的内涵，即利用综合能源集成、智能电网等能源技术，协调可再生能源与常规能源的规划与运行。英国工程与物理科学研究协会（The United Kingdom's Engineering and Physical Science Research Council，EPSRC）于 2011 年发布了能量枢纽与网络研究项目（HubNet：Research Leadership and Networking for Energy Networks），旨在建立英国乃至欧洲的超级能源网络，提高整体能源系统可靠性以及新能源的利用率。瑞士于 2003 年启动了研究项目"未来能源网络远景（Vision of Future Energy Networks）"，该项目最大的特色就是综合考虑各种能源形式，实现多能源系统集成，以产生协同效应。

德国、日本、韩国等国家则侧重于"信息互联"。德国联邦经济与能源部于 2008 年发起 E - Energy 创新促进计划，重点研发基于信息通信技术（ICT）的智慧能源系统，通过数字网络与信息通信来提高能源供给可靠性与效率，促进可再生能源消纳。日本政府于 2011 年提出了国家数字电网计划（Japan's Digital Grid Scheme），其目标是把当前的大型同步电网细分成异步自主但相互联系的微电网，借鉴互联网数字路由器和"IP 地址"分配的理念，将能量路由器和能源网络基础结构作为研究重点，旨在使电网中能量的流动与互联网一样自由可控。韩国国家电力公司于 2017 年提出了能源物联网（energy internet of things）的概念，重点研究可应用于能源领域的物联网技术、大数据、人工智能和自动化技术，建立传感器网络，从而构建一个"数字、开放、互联"的能源网络。

丹麦、欧盟等国家和组织侧重于"分布式新能源接入"。丹麦政府大力发展分布式能源，致力于高比例新能源的消纳，并试图通过电网、热网、气网和交通网的协调规划和运行，设计相应的能源市场机制以充分调动需求响应资源。欧盟于 2008 年发布了欧盟气候能源计划（European Union Climate and Energy Package），强调新能源的消纳，如"20 - 20 - 20"计划致力于在 2020 年前将欧盟的温室气体排放量与 1990 年的水平相比至少减少 20%，确保欧盟 20% 的能源消耗来自可再生能源以及初级能源的使用减少 20%。

近年来，我国在智能电网及特高压输电取得了瞩目的成就，使得我国电网已发展为更加坚强、灵活并能广泛接入各种可再生能源的网络，自动化程度更高，电网的柔性调节能力也更强。我国提出了全球能源互联网的构想，并在国际上积极推广，牵头成立了全球能源互联网发展合作组织，该组织联合世界各国的政府、科研机构及产业公司等力量，通过对话、沟通、合作的方式，共同推进全球能源互联网的发展与实现。

2.1.3　能源互联网的发展重点

能源互联网是以电力系统为核心与纽带，构建多种类型能源的互联网络，利用互联网思维与技术改造能源行业，实现横向多源互补，纵向源—网—荷—储协调，能源与信息高度融合的新型生态化能源体系。可以说，能源互联网是应用了互联网的理念来发展能源网，促进了能源网的开放、互联和共享，推动能源系统的扁平化，提升能源系统的整体效率和运营水平。能源互联网贯穿了能源系统的各个部分和各个环节，它将信息流、能量流及业务流与能源的生产、输送和消费贯通，综合调配能源的生产和消费，满足用户多元化的用能需求，促进能源系统整体高效协调运行。结合能源互联的特点，在建设和发展能源互联网时有以下两个发展重点。

1. 横向多能互补

世界石油危机使许多国家认识到只依赖一、两种主要能源非常危险，而且大量使用化石燃料所造成的生态环境问题也日益严重。所以有人主张多种能源并重，相互补充。早在20世纪80年代初我国就开始制订能源政策，要求逐步改变单一以煤为主的能源格局，尽可能开发利用其他能源资源，包括煤、石油、天然气和核能的合理利用，特别是要求不断增长新能源和可再生能源的比重，如水电、太阳能、风能、海洋能、生物质能、地热能和氢能等的开发利用。

传统电力系统对电能进行单一调度，在能源互联网中，含电能在内的多种能源通过能源转换装置来协调互补，提高整体用能效率，所以"横向多能互补"是从电力系统"源—源互补"的理念衍生而来，能源互联网中的"横向多能互补"是指电力系统、石油系统、供热系统、天然气供应系统等多种能源资源之间的互补协调，突出强调各类能源之间的"可替代性"，用户不仅可以在其中任意选择不同能源，也可自由选择能源资源的取用方式。其中，电能由于其清洁、高效、易传输等优势，作为各种能源相互转化的枢纽，成为能源互联网的核心。多能互补是按照不同资源条件和用能对象，采取多种能源互相补充，以缓解能源供需矛盾，合理保护和利用自然资源，促进生态环境良性循环，同时获得较好的环境效益的用能方式。多能互补系统是能源互联网的物理基础，包含电气、电热、气热等多种能源耦合环节，互补替代技术被广泛应用于对这些能源的控制，各类设备和负荷都可由能源服务商直接进行整合管理，深入挖掘电能互补替代的应用潜力。能源互联网中典型的电能互补替代技术见表 2-1。

表 2-1　　　　　　　　能源互联网中典型的电能互补替代技术

能源替代技术	能源耦合环节	替代对象	替代途径
蓄热电锅炉	电热耦合	燃煤锅炉	以电代煤
电炊具	电热耦合	燃煤锅炉	以电代煤
分布式电采暖	电热耦合	燃气锅炉	以电代气
热泵	电热耦合	燃气锅炉	以电代气
电水泵	电负荷	油泵	以电代油
电窑炉	电热耦合	燃油窑炉	以电代油
电动汽车	储能装置/电负荷	燃油汽车	以电代油

这些技术不仅能有效实现能源间的相互替代，还能够促进可再生能源的消纳。如热泵是一种冷暖兼备的节能性空调系统，可高效地从空气、水或地下热源中吸收热能，提供给用户消耗或存储，由于热的天然存储特性，能有效利用间歇性的电力供应。蓄热式电锅炉则通常以新能源发电系统作为电源，可以将电能转化成热能，并通过蓄热介质进行能量的存储与释放，可有效应对新能源出力的波动。电动汽车作为一种典型的可双向互动的新型负荷，使用合理的控制策略可以用来缓解分布式风能、太阳能等新能源发电所造成的供电质量问题。而能源互联网中还存在其他能源耦合设备，如电转气技术、冷热电三联供技术、燃气轮机、压缩空气储能装置等，这些设备虽然不属于电能替代技术，但是能够针对多种用能需求，进行灵活能源供应和互补转换，对大规模电能替代负荷接入后的灵活调控提供了更多的控制途径与方法。如电转气技术可以将通常被废弃的可再生能源出力转化成人造天然气的形式加以储存，在电能负荷集中启动时再利用，并且能够充分利用现有天然气管道和储气设备，具有良好的经济性。

能源互联网是多能源网络的耦合，这表现在能源网络架构之间的相互耦合，同时也包括网络能量流动之间的互补协调、安全控制。在能源供应与输配环节，未来能源互联网通过柔性接入端口、能源路由器、多向能源自动配置技术、能量携带信息技术等，能够显著提高电网的自适应能力，实现多能源网络接入端口的柔性化、智能化，降低网络中多能源交叉流动出现冲突、阻塞的可能性。在系统出现故障时，能够加速网络的快速重构，重新调整能源潮流分布和走向。目前多能流互补控制技术主要聚焦于控制策略与控制技术两方面。控制策略主要指多类型能源发电的优化调度模型、控制模型等；控制技术主要指以数字信号处理为基础的非传统控制策略及模型，包括神经网络控制、预测控制、电网自愈自动控制技术、互联网远程控制技术、模糊控制技术、接入端口控制技术等。

2. 纵向源—网—荷—储协调

（1）传统的源—网—荷—储协调。从传统意义上讲，"源—网—荷—储"协调优化模式与技术是指电源、电网、负荷与储能四部分通过多种交互手段，更经济、高效、安全地提高电力系统的功率动态平衡能力，从而实现电能资源最大化利用的运行模式和技术，该模式是包含"电源、电网、负荷、储能"整体解决方案的运营模式。该模式主要包含以下 3 个方面。

1）源—源互补："源—源互补"强调不同电源之间的有效协调互补，通过灵活的发电资源与清洁能源之间的协调互补，克服清洁能源发电出力受环境和气象因素影响而产生的随机性、波动性问题，形成多能聚合的能源供应体系。

2）源—网协调："源—网协调"要求提高电网对多样化电源的接纳能力，利用先进调控技术将分散式和集中式的能源供应进行优化组合，突出不同组合之间的互补协调性，发挥微网、智能配电网等技术的缓冲作用，降低接纳新能源电力给电网安全稳定运行带来的不利影响。

3）网—荷—储互动："网—荷—储互动"把需求侧资源的定义进一步扩大化，将储能、分布式能源视为广义的需求侧资源，从而将需求侧资源作为与供应侧相对等的资源参与到系统调控运行中，引导需求侧主动追寻可再生能源出力波动，配合储能资源的有序智能充放电，从而增强系统接纳新能源的能力，实现减弃增效。

（2）能源互联网下纵向源—网—荷—储协调。作为能源互联网的核心和纽带，电力系统的"源—网—荷—储"协调优化模式在能源互联网中将更为广泛地应用于整个能源行业，与能源互联网的技术与体制相结合，形成整个能源系统的协调优化运营模式。在能源互联网背景下，"源—网—荷—储"协调优化有了更深层次的含义，"源"包括石油、电力、天然气等多种能源资源；"网"包括电网、石油管网、供热网等多种资源网络；"荷"不仅包括电力负荷，还有用户的多种能源需求；而"储"则主要指能源资源的多种仓储设施及储备方法。具体来讲，纵向"源—网—荷—储"协调是从电力系统"源—网协调"和"网—荷—储互动"的理念中衍生而来。能源互联网中的纵向"源—网—荷—储协调"主要是指以下两个方面。

1）通过多种能量转换技术及信息流、能量流交互技术，实现能源资源的开发利用和资源运输网络、能量传输网络之间的相互协调。

2）将用户的多种用能需求统一为一个整体，使电力需求响应进一步扩大化成为全能源领域的"综合用能管理"，将广义需求侧资源在促进清洁能源消纳、保证系统安全稳定运行方面的作用进一步放大化。能源互联网"源—网—荷—储"协调优化运营模式的主要架构如图2-1所示。

目前，世界上许多国家和地区就能源互联网下的纵向源—网—荷—储协调开展了研究和试点工作。瑞士苏黎世联邦理工学院马丁·盖德尔（Martin Geidl）等于2007年提出能量枢纽（energy hub，EH）的高度抽象概念，可有效模拟区域能源互联网中各源、荷节点的多能输入输出特性。无论是工业工厂、大型建筑群、农村和城市地区等较大系统，还是小型孤立系统如火车、轮船、飞机或单个居民用户等，都可通过合理建模，用能量枢纽的概念抽象表示。能量枢纽的引入为区域能源互联网多能协同优化带来多方面好处。首先，能量枢纽中各能量负荷不再依赖单一网络，一种能量供应出现短缺时可由其他能源转化，增强了系统供能可靠性。其次，能量枢纽中各能源相互转化提高了系统供能自由度，可基于能源成本、排放量等标准对能量枢纽输入端口处提供的多种

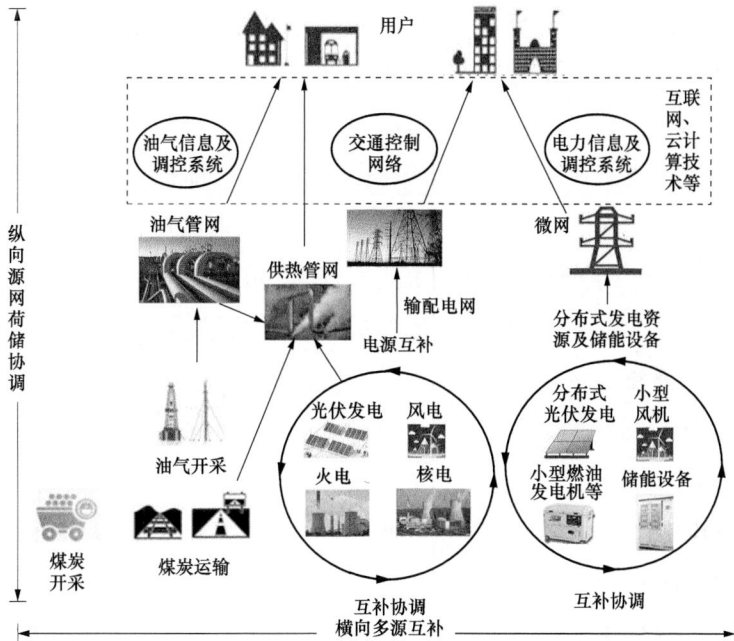

图 2 – 1 能源互联网"源—网—荷—储"协调优化运营模式

能源进行优化调度输入，或结合综合需求响应实现对供能的响应调度。最后，借助能量枢纽可实现多能源系统的优势互补，例如可充分发挥电力系统适于远距离传输的特性以及天然气系统和热力系统的能量存储特性，最终实现整个区域能源互联网络的性能优化。2016 年 6 月，苏州大规模的"源—网—荷—储"友好互动系统投运，苏州地区 217 个变电站，724 个用户实现了可中断负荷秒级、毫秒级实时控制能力，是我国首套大规模"源—网—荷—储"友好互动系统，显著增强了大电网严重故障情况下的弹性承受能力和弹性恢复能力，大幅度提高电网消纳可再生能源和充电负荷的弹性互动能力。2020 年 9 月，山西省能源局发布了关于印发《"新能源 + 电动汽车"协同互动智慧能源试点建设方案》的通知，文件称，探索构建"源（新能源）—网—荷（电动汽车）—储（蓄电池）"协同运行的"互联网 +"智慧能源系统，提升需求侧主动响应能力和新能源消纳水平。

2.1.4　能源互联网的特征

通过能源供应模式的不断发展和更新，特别是各种绿色能源技术的发展，如清洁能源发电和新式能源发电技术，再加上目前信息技术进入了"井喷"式发展阶段。目前能源互联网已经基本确定了多元供应发展模式，其主要发展方向为集中式、分布式、用户式及微电网，并由传统的单一集中式逐渐向新的发展方向过渡。能源互联网作为顺应时代的产物，从技术角度上来讲是必然会产生的概念，并会逐渐应用到实际生活中。能源互联网就是将互联网中开放、互联、对等、分享的价值体系和相关技术与传统能源供应体系相融合，构建一个以可再生能源为主要一次能源，能够实现分层协调控制，能够保证能量流和信息流实时交互流动，供应侧资源和需求侧资源的实时协调互动，具有高度可靠性和安全性的新型能源供用体系，基本特征如下。

1. 开放

能源互联网在产业层面与技术层面都具有高度的开放特性，为能源行业与其他行业的相互融合提供交流媒介，同时具备普适性的接入端口，能够实现对分布式电源、储能等多种设备的适应性对接，保证能量与信息的双向流动。

2. 互联

一方面，能源互联网能够保证局部能源设备之间的互联互通，保证分散式能源模块的内部供需自平衡；另一方面，能源互联网能够保证分散式能源模块与集中式能源模块之间的互联协调，发挥两者之间的互补协同作用，有效提高系统运行的安全性与经济性。

3. 对等

能源互联网将改变各能源传统网络"自上而下"的组织形式，各参与主体既是"生产者"又是"消费者"，各能源设备都具备发出与接收能量及能量信息的能力，在智能化的信息处理和能量流动过程中，各能量节点都是平等的。

4. 分享

能源互联网终端包括大量能源信息交互设备，这使得能源互联网成为各能量节点、信息节点之间进行能量流和信息流双向流动的平台，每个能源节点都有获取数据信息的权限与能力，这将进一步促进能源资源在广域范围内的优化配置。

5. 实时

能源互联网是将互联网中开放、互联、对等、分享的价值体系和相关技术与传统能源供应体系相融合，构建一个除了传统能源以外，还包含可再生能源的新型能源利用体系。在这个新型能源利用体系中，能量流和信息流的交互不仅是安全可靠的，还是实时的，只有在这个实时的信息交互平台支持下，才能实现各个不同能源系统间的优化运行。

2.1.5 能源互联网接入设备

1. 能源互联网接入设备的概念

能源互联网是一个可实现资源整合、能源交易和需求响应的巨大"能源资产市场"，其中能源以点对点（peer - to - peer）的形式在市场上进行自由对等的交易和兑换，用户则是能源的产销者（prosumer）。在这个"能源资产市场"中，能源路由器是核心设备，是能源生产、消费、传输等基础设施的接口，控制着全系统的能量流动。

能源路由器（energy - router）的概念由美国北卡莱罗纳州立大学黄勤（Alex Q. Huang）团队提出，该团队将电力电子技术和信息技术引入电力系统，在未来配电网层面实现能源互联网理念，效仿计算机网络技术的核心路由器，从而提出能源路由器的理念。中国电力科学研究院将"能源路由器"定义为：融合电网信息物理系统的具有计算、通信、精确控制、远程协调、自治，以及即插即用的接入通用性的智能体。它的基本特点是采用全柔性架构的固态设备；兼具传统变压器、断路器、潮流控制装置和电能质量控制装置的功能；可以实现交直流无缝混合配用电；分布式电源、柔性负荷（分布式储能、电动汽车）装置即插即用接入；具有信息融合的智能控制单元，实现自主分布式控制运行和能量管理；集成坚强的通信网络功能。

能源路由器作为能源互联网的核心装置，具有能源交互、智能分配、缓冲储能等一系列功能，但能源互联网中所接的设备，不仅只是能量交换，能量分配和能量缓冲的设备，还有大量的普通的各类用能设备。这些设备接入能源互联网需要的不是能源路由器而是能源互联网接入设备。不仅是用能设备，包括能量源也需要接入能源互联网，可以说，除能量交互和分配的节点外，所有的能源互联网终端和部分节点都需要通过能源互联网接入设备接入能源互联网。传统电网中，绝大部分设备是不需要能源互联网接入设备就直接接入了电网，这种接入方式，接入的是传统的电网，而不是能源互联网，这些设备将不具有能源互联网的开放、互联、对等、分享等特征。

能源互联网接入设备，是将各类用能设备接入能源互联网的设备，是用能设备接入能源互联网的媒介，它使得用能设备可观和可控，并将能源互联网的各种特征在用户端体现，是能源互联网各类服务最终执行的设备。能源互联网接入设备既可能是一种设备实体，也有可能内嵌在具体终端用能设备内部，随着能源互联网的发展，越来越多的设备将内置能源互联网接入设备，具有直接接入能源互联网的能力，但在能源互联网发展初步阶段，大量的用能设备接入能源互联网还是需要借助能源互联网接入设备。

能源互联网接入设备与能量路由器不同，首先，它是面向终端用户的或者是面向具体终端设备的；其次，它是用户接入能源互联网的媒介，更是用能设备与能源互联网交互的媒介，可使用能设备可观可测、甚至可控，并将能源互联网的各种特征在用户端体现；最后，它还是能源互联网各类服务最终执行的执行设备。因此，能源路由器与能源互联网接入设备有着明显区别，见表2-2。

表2-2　　　　　能源路由器与能源互联网接入设备之间的区别

类别	能源路由器	能源互联网接入设备
地位	能源互联网的核心设备，实现各种能源转换存储等	面向终端用户的，是能源互联网的接入设备
作用	主要实现大功率高电压能源的变换和交换	更侧重对具体用能设备的接入和控制
着重点	面向主网能量流动，更多考虑的是大电网之间的安全稳定运行	面向最终用户，更多考虑的是具体用户的经济性、舒适性以及相关增值服务
控制手段	控制整个能源互联网的能量流动	控制具体的能源分配和用能设备最终的用能行为

2. 能源互联网接入设备的特征

能源互联网接入设备，首先应该定位于配网侧/需求侧，实现最终用户的分布式发电、用电设备、电动汽车和其他能源设备的接入。为了实现对所接入的分布式发电、用电设备、电动汽车和其他能源设备的监测和控制，保证能源互联网节点具备供能和用能设备能统一接入、即插即用，体现能源互联网具备的开放、互联、对等、分享等特征，能源互联网接入设备应该具有以下特征。

（1）实时性。能源互联网接入设备应能够实时准确地监测所接入设备的运行状态。

（2）可控性。能源互联网接入设备能使能源互联网每个节点可以级联甚至自组网以形成区域自治，或者直接上云端组成更大的系统，从而实现对电网各电源、各负荷、甚至用户的行为特征的全面态势感知。

（3）分布式能源接入能力。为了满足能源互联网的特征，能源互联网接入设备应能够将分布式发电装置、储能装置、负载装置甚至微电网的能源联络联合起来，从而构成能源互联网的基本节点。分布式能源接入能力还包括可以控制分布式设备的潮流，包括方向和大小。

（4）互联性。为了使能源互联网每个节点能够形成一个整体，能源互联网接入设备还应该具有互联性。

（5）即插即用。为了满足能源互联网的开放性特征，实现对等、平等、能源信息双向流动，能源共享网络，能源互联网接入设备应能够实现发电装置，储能装置和负载装置即插即用。不需要烦琐的接入设备配置等就可以了解设备的特性，实现对设备的控制。

（6）智能性（自治性）。为了满足能源互联网的智能性特征，能源互联网接入设备必须具有一定的计算能力，能够根据预置的策略和当时的能源利用情况自主做出判断和响应。

（7）可感知性（可观性）。能源互联网接入设备能够细致全面识别和感知所接入的电源、负荷的运行状态和输出量，并利用大数据等技术感知用户的用电行为特征。

（8）多能互补性。能源互联网接入设备应能够自主地管理用户的各类能源的利用,实现"横向多能互补"。

(9)多方交互性。能源互联网接入设备具有良好的用户交互界面,能够让用户清楚了解电源和设备的运行情况并提出优化建议。该设备还应具有用户和售电公司交互的功能,包括需求管理合约确认、实时电价下发、综合能源利用改进建议。甚至可以用于售电公司做增值服务用。

目前在配网侧/需求侧接入的设备有多种类型,也有一些用能终端借助一些中间设备接入电网,例如有些电网公司投资的配网自动化设备,智能插座等智能家居设备,以及在智能表计上增加控制功能的接入设备。其中配网自动化设备主要用于配电的运行维护,严格意义上不属于能源互联网接入设备,智能家居设备、有控制功能的智能表计设备虽然具有一定的接入能力,但也不是严格意义上的能源互联网接入设备。将能源互联网接入设备与智能家居设备、可控智能表计进行比较,具体结果见表2-3。

表2-3　　　　　　　　能源互联网接入设备与其他接入设备比较

特征	能源互联网接入设备	智能家居设备	可控智能表计
实时性	具有	具有	部分具有
可控性	具有	具有	具有
分布式能源接入能力	具有	不具有	不具有
互联性	具有	部分具有	不具有
即插即用	具有	不具有	不具有
智能性	具有	不具有	不具有
可感知性	具有	不具有	不具有
多能互补性	具有	不具有	不具有
多方交互性	具有	具有	不具有

除了上述设备之外,随着能源互联网的发展,诸如能量集线器、能量弹簧等概念陆续提出。这些设备也具有一定的能源互联网接入能力,所以未来能源互联网接入设备的发展将是多元化的。

3. 能源互联网接入设备对需求响应的影响

能源互联网接入设备的功能和特征已经得到了较为明确的定义，作为用户或是用能设备与能源互联网交互的媒介，它使得用能设备可观、可测甚至可控。能源互联网的接入设备还是能源互联网各类服务最终执行的执行设备，当然也是未来需求响应的执行端。与传统的需求响应相比，能源互联网下的需求响应由于有了能源互联网接入设备的技术支持，使得其具备了传统需求响应无法比拟的优势。

（1）覆盖面广。在能源互联网中，每个用户或是用能设备都安装了接入设备，这就使得每个用户理论上都能参与到需求响应中。参加需求响应的用户越多，负荷越多，需求响应发挥的作用越有效。当需求响应全面覆盖所有的用能用户时，需求响应的效果才真正得以最大化地体现。

（2）感知性强。通过能源互联网接入设备，即可以深入了解每个用户的用电特性和用电规律，又可以感知整个网络种设备的总体运行状况和特点，从而能够准确预测未来的情况，判断出响应结果，这就使得在制定和完善需求响应措施时更加有据可依。

（3）精准度高。由于能源互联网接入设备可以控制到每个接入的设备，也使得用户能对精准控制到单台具体设备，每项响应措施做到精准响应。

2.1.6　能源互联网发展对需求响应的影响

能源互联网是以能源技术和信息技术深度结合的一种新的能源利用体系，可实现分布式可再生能源的大规模接入和共享。能源互联网是智能电网的进一步发展和深化，代表着能源行业未来的发展方向，是一种必然趋势。以能源互联网为核心的第三次工业革命将给人类社会的经济发展模式与生活方式带来深远影响。能源互联网技术的发展必然带来综合能源利用和需求侧的革命，用户与能源之间的交互性将大大提高，从而带来发电、输电、储能、用电的一体化实时控制。能源互联网下的需求响应是指能源用户对电力市场中的价格信号或激励机制做出响应，更改其正常能源消费模式的行为。它与能源互联网在合理满足能源要求、发展可再生能源、促进电网安全运行等方面相互促进，共同实现节能减排和提高能源利用率的目标。能源互联网具有很多特性，其中综合能源特性、实时互动特性和分层分级特性这三个特性尤为突出。

1. 综合能源特性与综合需求响应

能源互联网能够实现供应侧多类型能源协同互补，系统供需双侧资源可以实现协调互动，形成具有能源生产与交易分散化、系统数据与信息透明化特征的新型综合能源供需体系。在这个体系架构下，不同形式的能源在生产、传输和消费环节的耦合性越来越强。如冷热电联产设备（combined cooling heating and power，CCHP）有3种运行方式，即以热定电、以电定热和以冷定电，其生产的冷、热、电能均有耦合关系；电制氢（power to gas，P2G）设备可在风电过剩时电解制氢并进行存储，在电力供应不足时再发电供能；在终端消费时，用户也能通过选择不同种类的能源达到同样的效果，如家庭用户可以选择用气取暖和用电取暖两种方式以实现气电两种能源的综合利用。这种能源间相互耦合与相互替代的特点为需求侧提供了在不同能流间改变用能方法的能力，也为综合需求响应（integrated demand response，IDR）提供了研究背景。因此在能源互联网背景下，传统的电力需求响应将逐步向综合需求响应方向发展。综合需求响应是能源互联网中实现用户深度参与系统调控，传递能源市场价格信号，参与能源市场的重要切入点。综合需求响应的实施能够提高用户在系统运行和能源市场中的参与程度，充分挖掘用户需求侧的调节潜力，实现未来多能源系统的供需协调优化以及区域能源系统的自平衡，从而提高系统中可再生能源的接入比例以及系统运行调控的灵活性。

2. 实时互动特性与实时需求响应

能源互联网技术的发展除了带来综合能源利用的革命，用户的交互性也将大大提高，必然带来发电、输电、储能、用电的一体化实时控制。在能源互联网背景下，能源系统参与者多元化，响应主体数量显著增加，高度融合自动化技术、通信技术与智能量测技术的自动需求响应（automated demand response，ADR）将逐步替代传统电力需求响应（demand response，DR），更高效更广泛更准确地提高用户的参与度。

自动需求响应虽然不是伴随着能源互联网的发展而产生的，但是能源互联网的发展为自动需求响应赋予了更多的内涵，并且逐渐将自动需求响应推向实时需求响应。

实时需求响应（realtime demand response，RDR）就是利用实时电价作为信号，促进需求方主动进行负荷调节的自动需求响应。实时需求响应让供给侧和需求侧在同一个时间尺度上，纯粹以实时电价这种最能反映供给和需求实时关系的价格为信号促进需求侧主动地、自动地参与需求响应的一种响应方式。实时需求响应还能够激励用户在不同时段通过不同类型能源转换的方式进行能量补充，提高整个能源系统供能的可靠性。同时，多类型的能源存储设备使得在需求侧能够以较低的成本实现能量存储，平抑高比例可再生能源能源系统中能源供给的波动性。目前这种响应方式的研究较少，因此急需对需求侧负荷特性和实时响应的进行深入研究，并急切需要一种理论支撑实时电价制定策略从而推动实时需求响应的发展。

3. 分层分级特性与需求响应多元化

能源互联网必然导致需求响应向综合需求响应和实时需求响应两大方向发展外，在空间尺度上能源互联网也对需求响应有着很大的影响。因为能源互联网的分层，所以能源互联网下的需求响应也将呈现分级化和多元化趋势，即除了需求响应需要实现需求侧资源的全局、区域和就地多层级控制外，需求响应参与主体也趋向多元化。

需求响应的参与主体不仅包括电网公司、负荷聚合商、发电企业、负荷零售商、大用户，甚至还包括终端中小用户等，这些需求响应的主体还可以在内部进一步实施需求响应，如负荷聚合商本身既可以参加电网公司组织的需求响应，还可以在其内部再制定具体的需求响应方案，让每个用户参与负荷聚合商内部的需求响应。

随着主体的多元化，需求响应的方法也将多元化，包括激励手段的多元化和电价手段的多元化，对于电价来说，不仅有尖峰电价、分时电价和实时电价，负荷零售商可以自己实施自己的电价政策以吸引用户参加需求响应。不仅电价成为手段，冷、热、一次能源价格也会是需求响应价格手段的一部分。

2.2 综合需求响应

2.2.1 综合需求响应的基本概念

1. 综合需求响应产生的背景

近年来，为提高总体用能效率，能源领域的重要发展趋势之一是综合能源系统的构建。2005 年，瑞士苏黎世联邦理工学院在"未来能源网络愿景"项目研究中提出了由电、热、冷、天然气等多种相互耦合的供能网络组成的未来能源网络与可容纳多种形式能源输入输出的能量枢纽（energy hub，EH）。我国也提出"互联网＋"智慧能源行动计划，以电力系统为核心，构建多能互联网络，利用不同能源间相互转换能力，实现能源协同互补。

在多能源系统中，储能的载体和形式也更趋于多样化。例如，近年来出现的电转气技术为可再生能源的消纳提供了新的途径。利用电转气技术，将原本因负荷或线路容量限制而不得不废弃的可再生能源发出的电能，转化成人造天然气的形式加以储存、运输和再利用，能充分利用现有的天然气管道和储气设备，而无须追加额外的投资。热泵技术为可再生能源的消纳提供了又一有效途径。利用富余的可再生能源发出的电能，热泵以较高的效率从自然界的空气、水或土壤中吸收热能，并提供给用户或进行存储，因此可以通过调节热泵实现电力潮流和热力潮流的调整。多样化的储能方式丰富了能量存储的方式和手段，形成多种方式的特性和优势互补，扩大了系统的等效储能容量，节约储能设备的投资成本，有助于可再生清洁能源的高效利用和进一步发展。

为了实现可再生能源的高效利用，促进可再生能源与传统能源的协调优化，保证能源电力系统安全、低碳、高效、经济运行，国内外的一些学者希望构建一种以可再生能源为主要能量单元，能够实现供应侧多类型能源协同互补，系统供需双侧资源协调互动，具有能源生产与交易分散化、系统数据与信息透明化特征的新型能源供需体系。为此伊朗谢里夫工业大学的阿拉斯·谢赫（Aras Sheikhi）和沙哈布·巴赫拉姆（Shahab Bahrami）于 2015 年首次提出了综合需求响应（integrated demand response，IDR）的概念，将 IDR 定义为需求侧在综合能源网络中传统电力需求响应（DR）的衍生和扩展。华业电力大学曾鸣教授明确指出：传统的电力需求响应将逐步向综合需求响应方向发展。在能源互联网背景下，综合需求响应是能源互联网中实现用户深度参与系统调控，传递能源市场价格信号，参与能源市场的重要切入点。

2. 综合需求响应的基本概念

综合需求响应的概念由传统电力需求响应衍生而来，与能源互联网中多能源互联网络以及多能源市场具有强伴生关系，是电力需求响应理论在能源互联网中的扩展。可以说，综合需求响应是依托于用户侧的多能源智能管理系统，通过电力市场、天然气市场、碳交易市场等多个能源市场价格信号引导改变用户综合用能行为的机制和手段。综合需求响应实施的目标应该是实现能源互联网中供需双侧资源协调优化，提高用户用能的可替代性，约束能源供应侧的市场力，平抑未来分散化能源市场中的价格波动，提高能源互联网中多能源系统以及多能源市场的运行稳定性和运行效率。综合需求响应整体实施框架图如图 2－2 所示。

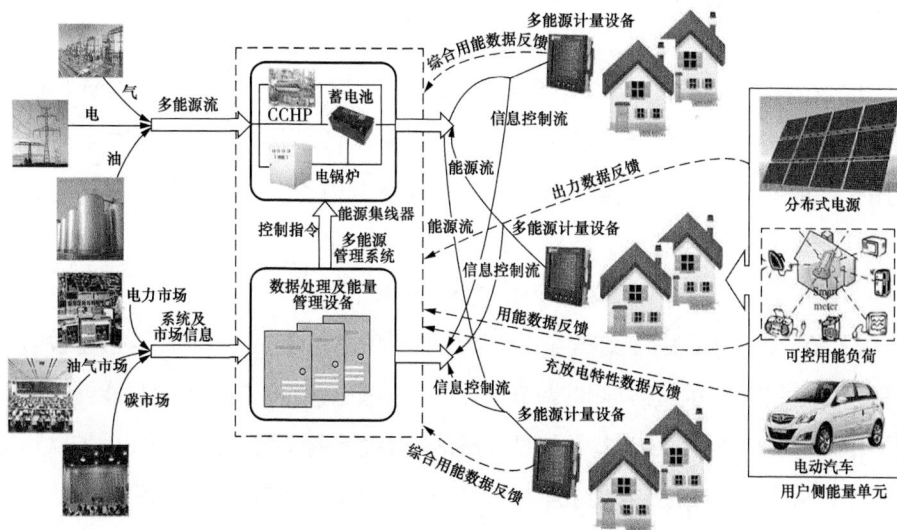

图 2－2　综合需求响应整体实施框架图

综合需求响应作为未来需求侧管理策略中的重要组成部分，它是能源互联网框架下的重要互动资源，通过能源价格或经济激励等手段引导用户调整用能计划，将能源利用从峰时段转移到谷时段。在多能源系统中，综合需求响应的理念可以扩展到负荷侧的不同能源载体间的相互替代和转换，能源互联网中的综合需求响应不仅可以调整终端用户的能源需求量，而且能够改变所消耗能源的载体形式。

综合需求响应与能源互联网中多能源市场具有强伴生关系，可以说，综合需求响应是依托于用户侧的多能源智能管理系统，通过电力市场、天然气市场、碳交易市场等多个能源市场价格信号引导和改变用户综合用能行为的机制和手段。综合需求响应实施的目标应该是实现能源互联网中供需双侧资源协调优化，提高用户用能可替代性，约束能源供应侧的市场力，平抑未来分散化能源市场中的价格波动，提高能源互联网中多能源系统以及多能源市场的运行稳定和运行效率。

3. 综合需求响应在能源互联网中的作用

综合需求响应是能源互联网中能量流、信息流与价值流汇聚融合在用户侧的重要体现，其实施能够实现系统供需双侧资源的协同效益。其在能源互联网中价值和作用主要体现在以下几个方面。

（1）提升经济性。综合需求响应的经济性主要体现在系统和用户用能这两个层面。

1）在系统运行层面，综合需求响应能够促使能量在不同层级能源系统中的切换和梯级利用，提升系统整体的用能效率；同时用户侧的多能源互补协同利用，能够给系统调节供需平衡提供"软托盘"，使得用户用能需求产生更大的弹性，保证能源互联网中高比例接入可再生能源，增加系统调节的灵活性，降低系统的调节成本，提高系统运行整体的经济性。

2）在用户用能层面，综合需求响应提高了用户在系统运行和能源市场中的参与程度，充分挖掘用户需求侧的调节潜力；综合需求响应的实施使用户能够对多个能源市场的价格信号做出反应，依据价格信号调整自身不同类型能源使用需求和用能习惯，从而降低自身的用能成本，同时分布式储能、储热以及电动汽车（electric vehicle，EV）的接入，增加了用户用能灵活性，使得用户拥有更大容量的"虚拟能量单元"，能够直接参与辅助服务或者能量市场的交易，提高自身收益。

（2）提高灵活性。综合需求响应的实施能够增加系统调节的灵活性，提高用户在系统运行和能源市场中的参与程度，充分挖掘用户需求侧的调节潜力，实现未来多能源系统的供需协调优化以及区域能源系统的自平衡，从而提高系统中可再生能源的接入比例以及系统运行调控的灵活性。

（3）增强可靠性。保证可靠的能源供应是能源互联网建设的目标之一。综合需求响应能够激励用户在不同时段通过不同类型能源转换的方式进行能量互补，提高整个能源系统供能的可靠性。当一种类型能源网络中出现故障或者局部、个别时段的能源短缺时，综合需求响应能够激励用户在不同时段通过不同类型能源转换的方式进行能量补充，提高整个能源系统供能的可靠性。同时，多类型的能源存储设备使得在需求侧能够以较低的成本实现能量存储，平抑高比例可再生能源能源系统中能源供给的波动性。

2.2.2 综合需求响应的关键问题

1. 综合需求响应支持技术

在未来能源互联的多能源网络系统中，综合需求响应需要借助一系列的支持技术才能够实现，主要包括多能流置换技术、多能源智能管理技术以及综合用能特性预测分析技术。

（1）多能流置换技术。多能流置换是实现用户能源消费具有可选择性的重要途径。能源集线器（energy hub，EH）是实现多能流汇聚输入、置换输出以及多能互补利用的关键设备。国内外已经针对能源集线器展开了比较深入的研究。一方面，是先进电力电子技术在能源集线器中的应用，交直流配网下电力电子变压器、固态变压器作为能源集线器的核心技术之一，能够实现储能/电动汽车（EV）、分布式光伏以及其他分布式交流电机的接入，能够提供类似于 USB 的网络接口，保证各种类型能量单元的即插即用，实现多类型分布能源的高效利用，日本"数字电网"以及美国 FREEDM 都提出了依托于上述设备的未来能源网络的构想。另一方面，集中在能源集线器自身架构的设计和基于能源集线器的用能行为优化。但对于能源集线器的基本结构仍没有统一的认识，目前主要包括小型热电联产（combined heat and power，CHP）、电储能、电锅炉等，多能流置换也多集中在气—电置换。由于不同地区不同用户的用能需求都存在差异，应该根据用户实际的用能需求，确定能源集线器中各类型设备的组合方案和容量配比。

因此，未来能源集线器应该向模块化的方向发展，具备开放式的体系架构，能够提供即插即用的模块接口，从而提高能源集线器设备利用效率。以能源集线器为节点的区域多能源系统规划是未来区域能源互联网研究的关键点之一。能源集线器的基本结构如图 2-3 所示。

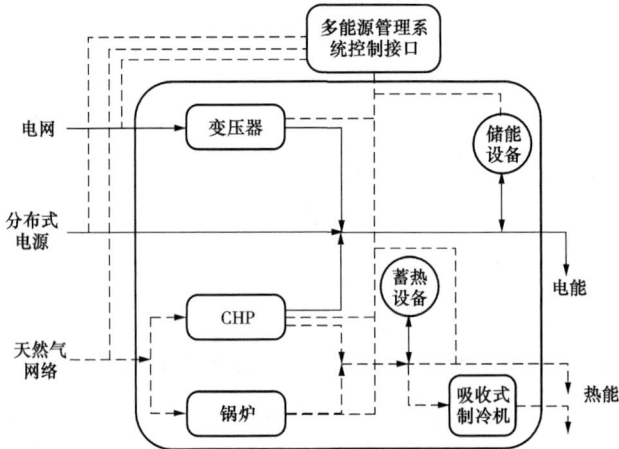

图 2-3　能源集线器的基本结构

（2）多能源智能管理技术。在电力系统中，针对家庭能量管理（home energy management，HEM）、自动需求响应（auto - DR）等智能用电管理技术的研究都比较深入，以传统 DR 为核心的智能用电已经进入了实施阶段。多能源智能管理技术是实现供需互动，保证用户基本用能需求和用能感受，实施 IDR 的关键技术之一，其基本逻辑框架如图 2-4 所示。

多能源智能管理：一方面能够对能源集线器中能源输入、输出端口进行实时的流量监测和控制，对内部 CHP、储电、储热设备运行状态调控，承担能源集线器内部能源调配任务；另一方面，能够对用户不同类型能量单元运行情况进行实时监测，进而根据外部环境、能源市场价格、系统整体运行情况以及用户用能习惯，对各类型能量单元工作状态进行管理，优化用户整体的能源消费曲线，提高用户的用能效率，引导用户制定最优用能策略。

要实现多能源的智能管理，必须依托于相应的数据分析和通信技术。在实现用能设备、分布式电源、EV 以及能源集线器工作数据实时采集的基础上，通

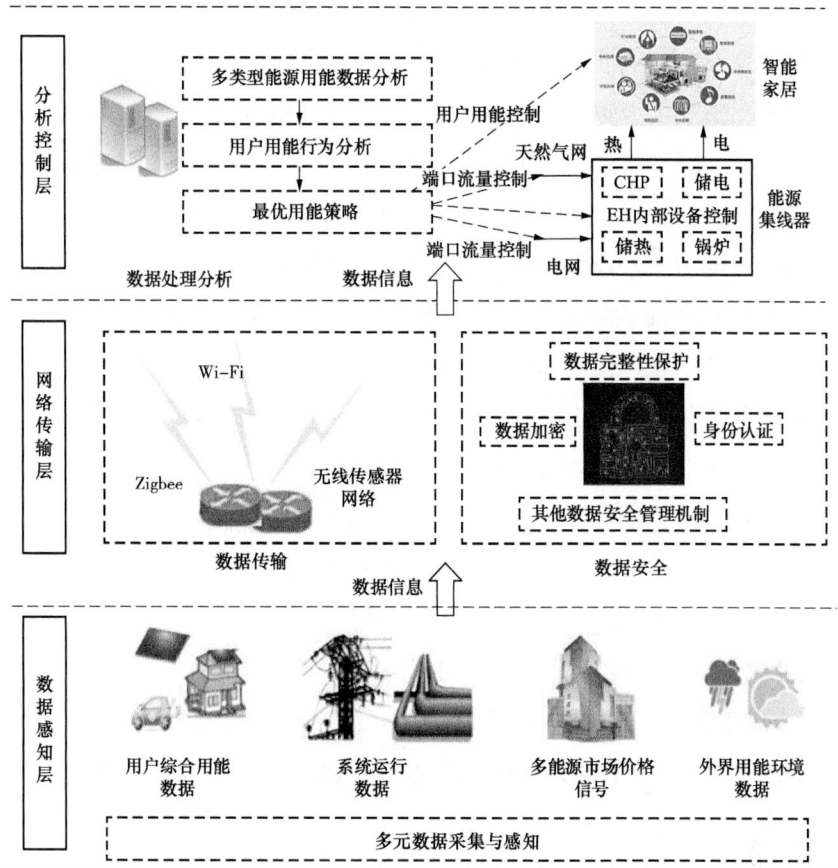

图 2-4　多能源管理系统逻辑架构

过先进的数据分析技术，分析用户的用能行为和 IDR 潜力，从而降低系统在调用 IDR 资源时的不确定性，提高供需资源互动的同步性。在 IDR 实施的过程中，需要通过高效的数据传输通道以及有效的数据加密技术，提高数据和信息在系统不同参与主体之间的交互效率，同时保证用户信息隐私，防止数据泄露。

（3）综合用能特性预测分析技术。在传统 DR 中，用户作为用能单元，系统只是通过相应的激励手段引导用户调整用能行为，实现供需匹配。在能源互联网背景下，用户的角色将逐步从单向的能源消费者向双向的生产消费者转变，用户的综合用能特性是其能量生产与消费单元自平衡后的外部表现特征。对于用户综合用能特性的分析，应主要包括两个方面，一方面是各类型分布式能量单元出力预测；另一方面是用户基本用能需求以及可调控潜力分析。对于分布式能量单元出力预测主要涵盖可再生分布式电源的功率预测以及 EV 充放电特性分析。在能源互联网背景下，应利用大数据技术，在充分考虑外部影响因素（天气、温度、交通道路情况等）的条件下，基于改进 ARIMA、马尔科夫链、支持向量机、多元线性回归等时序预测模型，构建考虑多维不确定性扰动的分布式能量单元功率预测模型，利用历史和反馈数据对预测值进行动态修正，提高预测模型的预测精度。对于用户基本用能需求以及可调控潜力的测算，需要在用户历史用能数据分析的基础上，对用户用能需求进行分类，明确刚性和可调控用能负荷范围，进而分析用户各类型用能需求对于多能源市场的价格弹性。在未来能源互联网背景下，由于用户具有多种能源使用选择，用户的可调节用能负荷范围除了传统的可转移负荷和可中断负荷外，还包括用户用能需求中的可替代负荷，如气—电负荷的替代。因此，下阶段应该重点研究用户使用不同类型能源的边界条件和行为选择，分析用户不同类型能源消费间的交叉弹性和可替代程度，进而构建不同基准值下用户的 IDR 响应潜力测算模型。

2. 综合需求响应资源的协同运行机制

综合需求响应资源是能源互联网运行调控过程中的重要可控资源，是实现能源系统"源—网—荷—储"协同的关键。能源互联网相关概念提出后，用户具有更多的用能选择，能源使用的可替代性使得用户的用能行为更为复杂，明确综合需求响应资源参与系统运行的调控策略，是研究综合需求响应资源参与系统协同优化运行的关键点，目前关于综合需求响应资源协同优化机制的研究就已经展开，目前主要集中在用户层面和系统层面。

在用户层面，相关研究主要集中在多能源市场条件下能源市场价格对各市场主体行为的影响分析。通过多主体效益建模，构建涵盖售电主体，售气主体和用户的三方博弈模型，通过模型的纳什均衡结果分析各参与主体的行为策略。部分研究还引入了碳交易市场，进一步分析碳排放约束对用户综合用能行为以及用户用能效益的影响。但对于用户用能需求的建模基本没有考虑用户不同能源需求之间的可替代性，没有对不同类型能源需求的关联性进行分析。在系统层面，相关研究主要集中在综合需求响应资源对系统整体运行成本或者综合能源利用效率的影响分析，多以系统运行成本最小为目标对多能源网络的运行控制策略进行建模分析，但在综合需求响应资源建模过程中考虑的影响因素较少，并且多数仍是从电力系统的角度出发，只是分析了其他形式的能源供给对电力负荷的优化结果，基本没有考虑综合需求响应实施对其他能源系统运行的影响。所以在以系统综合运行的角度出发实施综合需求响应时，不仅要分析了其他形式的能源供给对电力负荷的优化结果，还要考虑综合需求响应实施对其他能源系统运行的影响。

综上所述，目前在对用户的用能行为进行建模时普遍较为简单，尤其缺少针对用户多类型能源需求不确定性分析和精细化建模。在传统需求响应的研究中，用户行为具有较强的主观性，针对用户用能行为主观不确定性的研究已经比较深入。对于综合需求响应来说，用户具有更多的用能选择，能源使用的可替代性使得用户的用能行为更为复杂，如何避免现有随机模型、模糊数、粗糙集等不确定分析方法的局限性，构建考虑用户行为不确定性的综合需求响应资源定量分析模型，明确综合需求响应资源参与系统运行的调控策略，是研究综合需求响应资源参与系统协同优化运行的关键点。

3. 综合需求响应的市场运营机制

丰富的市场机制是能源互联网建设发展的重要驱动力。综合需求响应的有效实施必须依托于完善的多能源市场，设计不同的市场运营机制是未来综合需求响应能否顺利实施的关键。同时，多能源市场的构建会使现有单一的能源供应商逐步向综合能源供应商转变，为用户提供以综合需求响应为核心的综合能源服务将是未来能源供应商重要的盈利模式。因此，设计合理的综合需求响应市场运营机制对未来能源市场的健康发展也会起到至关重要的作用。

当前，国外一些能源服务公司已经开始提供具有部分综合需求响应特征的综合能源服务，旨在提高用户用能满意度，节约用能成本。

（1）以美国弗吉尼亚州 OPOWER 为代表的第三方用户能效分析服务，通过对用户不同类型用能设备数据的采集和分析，为用户制定差异化的能效提升和能源账单咨询。

（2）当地天然气公司、电力公司以及公共事业公司向用户提供的电—热—冷多类型能源供应服务，包括多能源计量服务，综合能源账单服务以及小型

CHP、分布式光伏、家用充电桩的报装和维护服务等。

由于当前具有价格协同机制的多能源市场还没有建立，上述综合能源服务还只是关注于用户长期能效以及部分用能感受的提升。而未来综合需求响应市场机制的设计应该充分利用多类型能源之间的可替代性，使用户侧的多类型能量单元参与到短期或者实时的系统运行中，在分散化的能源市场中，充分发挥综合需求响应资源在保证区域能源系统供需平衡中的作用，提高综合需求响应资源与可再生能量供应单元出力的匹配程度，从而提高能源系统运行的可靠性和经济性。

在传统需求响应中，调控需求响应资源主要依托于价格响应和激励响应两种途径。价格响应主要依托于实时或者分时的电价市场；激励响应类型比较繁多，以合约形式为主，用户参与响应的时段往往比较集中并且固定，较价格型响应资源更便于系统调控。在未来能源互联网背景下，能源市场价格更接近实时价格，实体/虚拟的多个能源市场中价格传导效应会更加明显，为设计更多类型的综合需求响应市场机制提供了基础。下一阶段，应该进一步明确综合需求响应在多能源市场中的经济学原理，明确电力市场、天然气市场、碳市场等多类型能源市场的价格传导机制，结合对用户综合需求响应潜力和响应特性的建模分析，设计合理的综合需求响应实施方案和激励措施，使得综合需求响应所带来的用户用能弹性能够真正参与到系统运行优化中。

4. 综合需求响应的效益评价

综合需求响应的实施能够给能源互联网的多个环节带来一定的效益。在能源供应侧，一方面，综合需求响应的实施能够延缓或者减少能源供应侧的建设成本，提高能源系统中设备的综合利用率；另一方面，综合需求响应能够充分发挥能源互联网中多能源置换效益，提高整体的能源利用效率，平抑综合能源系统中能源供应的波动性，减少系统的平衡调节成本以及碳排放水平。在能源需求侧，综合需求响应能够引导用户制定合理的综合能源利用方案，提高用户侧的用能效率，减少用户的用能成本，获得额外的经济效益。未来，应该从能源系统运行经济效益、能源供应可靠性效益、社会整体减排效益、提高能源市场运营效率等多个维度入手，分析综合需求响应实施对用户、能源供应商、能源输配方、能源附加服务提供商、政府机构等多主体效益的影响；在充分考虑政府补贴政策、多能源市场的价格波动及价格关联关系、可再生能源接入比例、电动汽车接入比例、用户侧储能配置容量、用户综合用能特性以及响应潜力等关键因素的基础上，针对综合需求响应构建不同时间尺度下的综合效益评价指标体系，理清各利益相关方的效益输出变量以及影响综合需求响应实施效果的关键因素与效益输出指标的定量关系和测算方法，利用系统动力学等动态评价方法，根据多类型能源市场以及能源互联网的建设发展情况，对综合需求响应实施效益进行系统的、动态的评估。

2.2.3 综合需求响应的未来展望

实现能源综合利用是能源互联网建设发展的重要目标，要发挥综合需求响应在未来能源系统中的作用，要从以下几个方面逐步推进综合需求响应的发展。

1. 积极开展综合需求响应支持技术研究

（1）积极研发固态变压器、能源集线器等综合需求响应实施的关键硬件设备，提高用户用能的可替代性。

（2）开发用能数据智能采集技术，实现用户不同类型用能数据的实时采集，构建用户用能行为分析数据库。

（3）开发用户侧的多能源智能管理技术，基于用户用能数据分析结果，对用户用能行为进行智能管理和实时调控。

2. 推进多能源市场的建设和发展

无论是传统的需求响应还是综合需求响应，都是用户在市场中的行为选择，没有完善的能源市场，就没有需求响应的实施条件。要真正实现通过综合需求响应机制协调优化能源系统供需双侧资源，就必须构建基于实时价格的能源市场，不断整合电力市场、油气市场、煤炭市场、碳交易市场及可再生能源配额市场等多类型实体/虚拟混合能源市场，理清不同能源市场价格的联动关系，积极论证构建统一的综合能源市场的可能性。

3. 推动综合需求响应试点

随着智能电网的建设和发展，传统的需求响应已经逐步形成了一套相对完整的实施机制。能源互联网的建设以及综合需求响应的实施仍处在前期的论证和研究阶段，当前应该积极扩展传统需求响应的内容和范围，逐步开始在有条件实施多能源替代的智能楼宇、小区或者工业园区进行综合能源响应试点，丰富综合需求响应的实施经验，为综合需求响应的推广提供一定的经验参考。

2.3 自动需求响应

2.3.1 自动需求响应定义

从需求响应的自动化水平来分，需求响应的发展历经两个阶段：人工需求响应和自动需求响应（Automated Demand Response，Auto－DR or ADR）阶段。最初的人工需求响应从需求响应信号的传输到对用电设备的控制都完全依赖于人工操作，呈现出响应速度慢、可靠性低、灵活性差和效率低下等问题。为此自动需求响应应运而出。目前自动需求响应分为半自动需求响应和全自动需求响应。半自动需求响应（semi－automated demand response）是指由管理人员通过集中控制系统触发需求响应程序，相较于人工需求响应，半自动需求响应的效率和可靠性有所提高；美国基于智能电网技术，提出了全自动需求响应（fully－automated demand response）的概念，全自动需求响应不依赖于任何人工操作，通过接受外部信号触发用户侧需求响应程序，大大提高了需求响应的可靠性、再现性、鲁棒性和成本效益。

自动需求响应不依赖于任何的人工操作，可以极大提高需求响应的时效性、可靠性、灵活性和成本效益。自动需求响应颠覆了传统的需求响应认识，将需求响应的主要功能从优化电能配置拓展到了向系统提供实时辅助服务，真正将需求响应纳入实时调度范畴。自动需求响应充分利用负荷的实时可调节潜力，极大地提高系统间歇性能源接入能力和安全稳定运行能力。需求响应作为智能用电中最能体现灵活互动特征的核心业务，目前正向自动需求响应的技术方向发展，其主要特征是实现信息交互标准化、决策智能化和执行自动化。

美国的劳伦斯伯克利国家实验室的需求响应研究中心已开发出支持自动需求响应的低成本通信架构——开放式自动需求响应通信规约（open automated demand response communications specification，Open ADR），并且开展了一系列有关自动需求响应的研究和试点工程，取得了初步成果。

从广义上来讲，自动需求响应是在需求响应的基础上引入智能化终端和自动化技术，使参与需求响应的参与主体通过一个开放的、通用的、可互操作的标准通信技术，根据接收的信号自动启用预先设置的需求响应策略，从而实现需求响应的自动化、智能化。

从狭义上来讲，自动需求响应是指使用开放式自动需求响应通信规范的特定的 DR 实施方案。自动需求响应采用基于开放标准（如互联网协议）的通信框架来进行管理和自动削减负荷，并对价格和可靠性信号及时做出响应，实现了电力公司和电力用户系统之间的互操作性。

尽管一些需求响应策略可通过人工方式实施，但根据价格或激励的实时信息动态调整负荷的自动需求响应是必然的发展趋势。自动需求响应不存在任何的人工介入，通过接受价格或激励信号触发预编程好的需求响应策略，当用户不愿接受这种响应策略时也可以选择退出。自动需求响应不仅优化了负荷侧的资源配置，提高了负荷侧提供辅助服务的能力，同时也增强了系统应对变化的调节能力。小型用户可通过负荷聚合商（load aggregator）参与市场，负荷聚合商是帮助用户参与需求响应的公司，在提供需求侧资源或分布式能源的终端用户和其他市场主体之间充当中间人，自动需求响应可作为负荷聚合商的一种工具，将小型用户的需求响应资源整合参与市场以获取经济利益。

2.3.2　自动需求响应与电力系统的交互

自动需求响应可深入到运行层面，通过充分利用负荷的调节能力，直接作用于系统的运行，低成本应对来自负荷本身或间歇性新能源发电的负荷波动。因此，自动需求响应的目标及作用相对于人工需求响应也有所提升，旨在促进发电侧和用户侧的互动，提高电能和辅助服务的质量，支持分布式新能源的接入，同时提高能源利用效率，减少污染物排放。

1. 自动需求响应参与系统运行全程

需求响应的自动化大大提高了需求响应的时效性、可靠性、灵活性和成本效益，可将其与发电侧资源同等对待，不仅可参与中长期、短期、日前调度，还可进一步纳入实时调度领域。按照时间跨度和负荷响应特性及速度，需求响应参与电力系统运行的全程方案如图 2-5 所示，各个时间跨度上需求响应

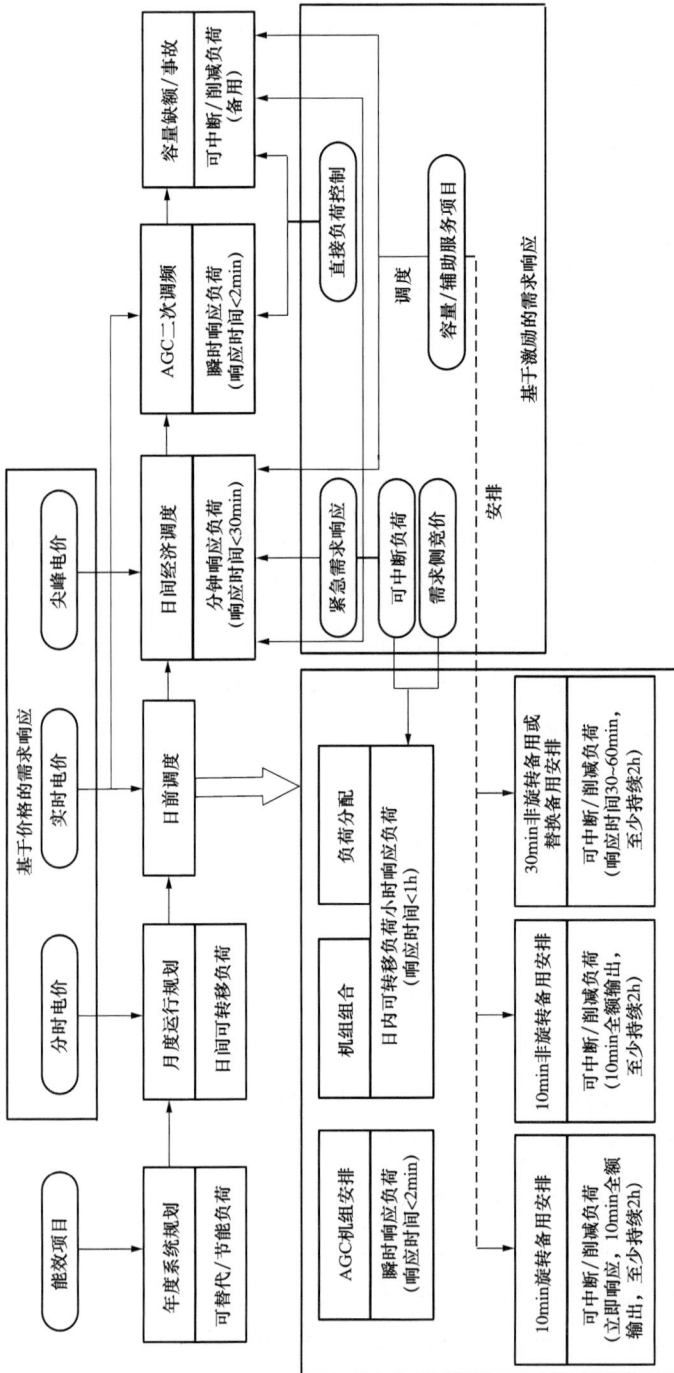

图2-5 需求响应参与电力系统运行的全程方案

资源参与调度的形式可按照实际情况灵活设置，如参与机组组合和负荷分配时可采用日前小时电价或需求侧竞价，参与备用市场时可采用可中断负荷或直接负荷控制等。

2. 响应自动化

自动需求响应能精细化资源配置。自动需求响应技术可以使得用户根据电网的引导策略自动发掘对用户最有利的用电方式，为用户获取最大的经济效益，这种不依赖于人工干预的自动响应可以及时而准确的根据电网的经济激励策略做出细致入微的策略性用电决策，深入发掘用电的可调节能力，在增加用户福利的同时也实现了电网运行效率的提高。

为了实现自动需求响应与电力系统运行的交互，自动需求响应的自动化主要体现在 3 个方面：

（1）供电侧与用户侧的自动化信息传输系统，以美国伯克利实验室开发出的开放式自动需求响应通信规范 OpenADR 为例，其中的通信数据模型能够将调度部门的需求响应信号自动传输至用户侧。

（2）用户侧的设备能量管理控制系统（energy management and control systems，EMCS）或其他自动化负荷控制系统，该类系统能够根据需求响应信号自动优化控制负荷，并在接收到信号时自动触发并执行预编程好的响应策略，提高了需求响应项目的技术可行性和成本效益。

（3）实时采集用户侧用电数据的遥测技术，以便于调度部门能够根据用户的用电行为及时调整需求响应信号，智能电表就可以准实时甚至实时采集详细的电能消耗信息，并将这些数据通过双向通信网络传输至供电侧的量测数据管理系统。

3. 响应实时化

自动需求响应参与了系统频率调整。自动化和响应速度的提高使得需求响应资源为电力系统运行开辟了一番新天地，在实时调度领域可考虑需求响应资源，甚至可将其用于调峰调频。传统体制下，负荷侧不参与系统的二次调频，间歇性新能源接入时，调峰调频机组往往成为稀缺资源。根据加州自动需求响应示范工程的测试结果，暖通空调（heating, ventilation and air conditioning, HVAC）、照明等负荷的需求响应速度可达到分钟级甚至秒级，这表明需求侧资源甚至可以参与二次调频。未来在不增加发电机组投入的情形下，电力系统的频率调节能力将得到极大地提高，这也使电网低成本接纳间歇性新能源成为可能。

虽然自动需求响应能够做到响应实时化，但现有的工程表明其均通过激励型的需求响应来直接控制负荷。尚没有任何工程利用实时电价作为信号做到响应实时化的。目前国内也没有文献研究利用实时电价参与二次调频的具体技术。

2.3.3 自动需求响应基本架构

1. 自动需求响应概念参考框图

自动需求响应（ADR）是一项跨领域的电力业务。通常自动需求响应涉及配网域、服务商域（第三方）和用户域。每个域都包括相应的系统、设备、软件及操作者等主体，以及相关应用。由于自动需求响应的特殊性，自动需求响应业务需要不同领域的主体协同配合，通过自动需求响应系统实现需求响应业务自动化的功能。该系统一般包括自动需求响应服务器，需求响应运行管理系统，需求响应聚合系统和需求响应客户端等。自动需求响应概念参考框图如图 2-6 所示。

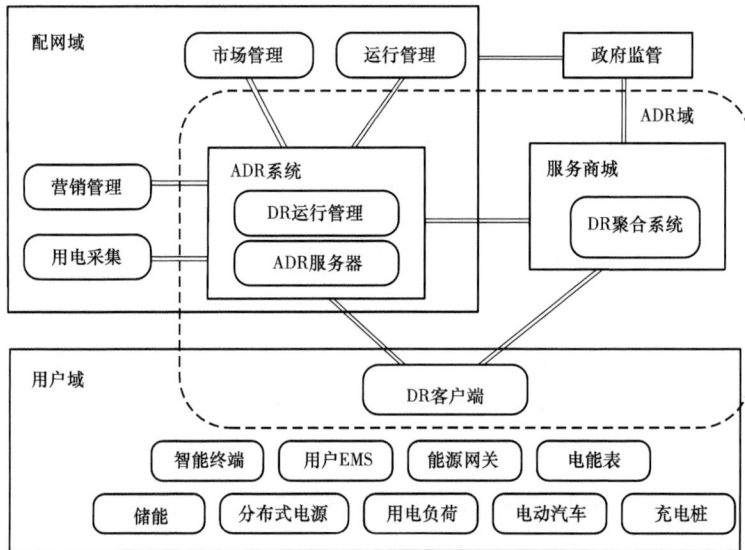

图 2-6 自动需求响应概念参考框图

自动需求响应相关的系统和设备描述如下。

（1）ADR 服务器：用于发布动态电价、分解发布负荷需求及发布 DR 事件通知。

（2）DR 运行管理：形成 DR 需求，把需求发给自动需求响应服务器；监视系统运行、监测 DR 实施效果。

（3）DR 聚合系统：对大量用户聚合后进行 DR 服务，DR 聚合系统连接 DR 客户端与自动需求响应服务器，对自动需求响应系统发布的削减负荷等指令进行再分配。

（4）DR 客户端：向下连接 DR 用户的自动化系统、用户 EMS 管理系统和智能设备控制器等。

2. 逻辑架构

自动需求响应系统的逻辑架构分为感知层、网络层和应用层，如图 2 - 7 所示。

（1）感知层是对数据源的传感测量、采集、接入及处理。数据来自智能楼宇、智能家居及智能企业等系统，信息采集设备包括多种能源类型的计量、测量、开关量控制终端。支撑自动需求响应的通信方式可以采用多种形式，大多通过通信网关、集中器等将数据汇聚后回传至主站，并在后台进行数据分析。对于某些短距离、微功率的数据采集终端，还会增加相应的数据中继点，以延伸感知层的覆盖距离，为系统服务提供基础数据。

（2）网络层是用户与电网之间沟通的桥梁，主要采用电力专网和公用通信网两种方式。电力专网建设成本较高，然而能够根据自动需求响应的业务需求单独进行优化和设计，且不存在带宽租用、流量等费用。公用通信网的优势在于实现方式简单，能够快速建立系统，但受限于运营商的技术发展及网络运维。目前两种方式，在自动需求响应系统中均可采用。

（3）应用层以软件服务（software as a service，SaaS）为实现形式，向电力用户提供多种 DR 功能服务，如直接负荷控制、自动抄表、自动需求响应、电力能效评估、电动汽车充换电等。

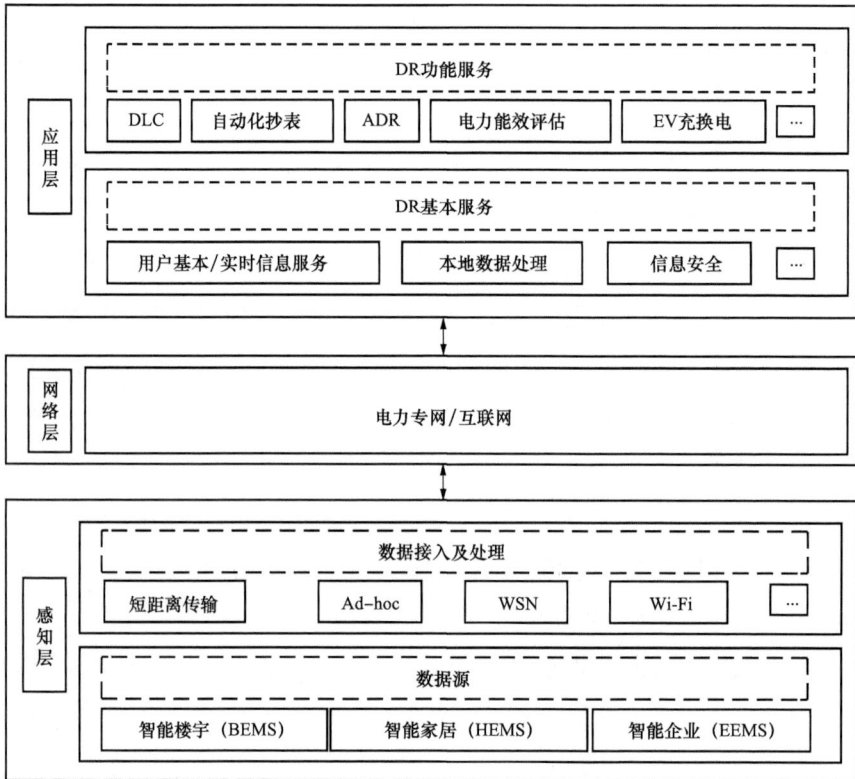

图 2 - 7　自动需求响应系统的逻辑构架

3. 物理部署

自动需求响应系统物理设施分布在配网域、服务商域（营销部门及第三方服务企业）和用户域，其物理部署如图 2 - 8 所示。系统的主要设备包括 ADR 服务器、DR 运行管理、DR 聚合系统、DR 客户端、用户自动化系统、智能设备控制器、DER 管理系统、负荷设备、DER 设备及通信设备等，这些设备分别部署在智能电网信息管理的过程层、区间层、厂站层、运行层、企业层和市场层 6 个信息管理层中。

2.3.4　自动需求响应关键技术

1. 用例分析技术

自动需求响应系统为用户提供多种需求响应业务，分析这些业务，可以抽象出用例，并明确特定业务都涉及哪些用例。通过用例分析，可以确定"谁"

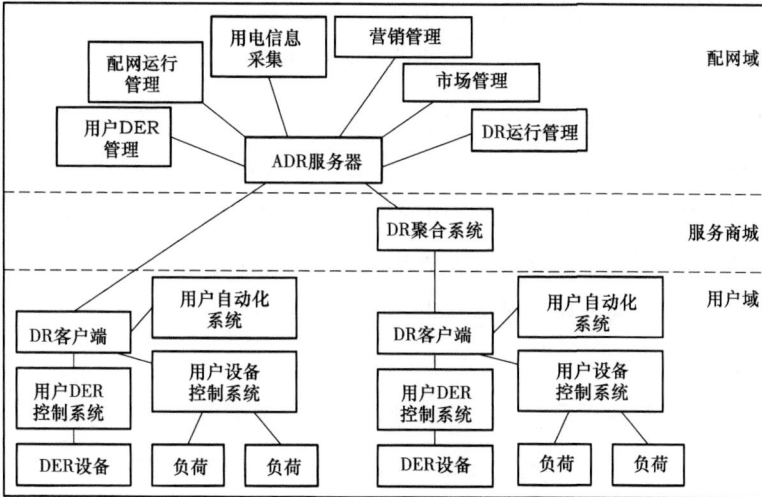

图 2 - 8　自动需求响应系统物理部署

将"使用"系统，要求系统做"什么"或从系统得到什么"服务"。需求响应业务以用例图的形式表达，通常用建模工具来画用例图，并且按照 UML 标准输出，因为用例图只是一组符号，只能对需求响应业务有一个总体的概述，所以还得辅以文字来描述用例的执行细节，而文字只描述 DR 业务的外部行为，及其与用户的交互，并不描述需求响应业务幕后的内部行为。

2. 信息模型技术

公共信息模型（common information model，CIM）是一个抽象模型，用来描述电力企业的所有主要对象，提供一种用对象类和属性及它们之间的关系来表示电力系统资源的方法，能够使得应用和系统之间实现互操作和插入兼容，而与任何具体实现无关。CIM 将电力企业的所有主要对象分成了几个逻辑包，每个逻辑包代表了整个电力系统模型的某一部分，逻辑包以类图的形式表示，每一个 CIM 包的类图展示了该包中的所有类及其间关系。信息模型处于表示层，类似于域模型，可以体现系统提供的所有需求响应业务。

3. 通信传输技术

自动需求响应系统可以采用有线通信和无线通信的方式。其中，有线通信方式采用光纤网络技术或 RS - 485 技术，在用户域的需求响应客户端，智能设备和智能表计中安装低压光纤复合电缆或通过 RS－485 将用户侧设备数据汇总上传接入需求响应系统；无线通信方式采用 McWiLL/LTE 等宽带无线通信技术，将配用电采集信息接入需求响应系统。用户侧重要的配用电通信节点，首先考虑采用 PLC 有线通信，配合 ZigBee、WiFi 等无线传感网，构建用户户内（楼内）的本地通信网，可利用通信冗余技术来保证数据传输的可靠性，为用户用电信息采集、需求响应业务应用、本地设备检测与控制，提供良好的通信支撑，满足电网智能化服务需求。

4. 可视化技术

可视化技术包括显示终端和显示软件。显示终端包括能源显示器、手机客户端软件、互动终端，通过与家庭、楼宇和工厂的能源管理系统（HEMS/BEMS/FEMS）等进行无线连接，在用户交互图形界面，可以直接管理和操作所有设备。显示软件采用开放的智能操作系统控制终端设计，使用支持组件重用和替换的应用框架。

5. 需求响应测量与评估技术

为了检验需求响应项目的建设成就，必须对在建及建成项目进行必要的测试和评估。所以，应该规定所需测试和评估的内容，测试和评估的依据、时间、地点、方法等，测试和评估的效果划分类型，以及测试和评估的其他相关内容。

美国伯克利国家实验室开发了需求响应快速评估工具（demand response quick assessment tool，DRQAT），用来评估需求响应潜能并优化需求响应策略。

6. 一致性和安全要求

为了保证终端产品设备的一致性和互联互通性，需对相关设备和终端进行一致性测试，在需求响应标准中应研究需要进行一致性测试的对象，规定进行一致性测试的内容，产品或设备的一致性性能指标，对施工的现场环境等进行规定。出于安全考虑，在需求响应标准中需要规范信息模型的通信的安全政策确定最低安全要素和接口，需求响应用户的安全性要求，对每一个访问定义的接口的功能都要事先经过使用用户的认证。在一般情况下，访问的一个账号可能同时拥有多种安全方面的要求。对每一个参与者的使用权限，使用方式、保密性、数据完整性进行限制，制定合理的认证方式。

2.3.5 自动需求响应典型应用试点工程

2012 年，作为中美能源合作项目，霍尼韦尔联合中国电力科学院和天津泰达管委会在天津泰达实施了基于 OpenADR 的自动需求响应示范项目，系统基于 OpenADR 体系架构，该项目主要针对商业楼宇和工业企业。试验结果表明需求响应实施效果较好，商业楼宇可达到 15% ~ 20% 的削减量，工业用户可达到 20% ~ 40% 的削减量。

国家苏州 DSM 城市综合试点实施方案由苏州市人民政府发布与 2013 年 3 月发布，计划用 3 年时间（2013 ~ 2015 年），完成节约电力负荷和转移（减少）高峰电力负荷总计 100 万 kW 的目标。通过打造 DSM 应用示范园区，建设电能管理公共服务平台，培育壮大现代电能服务产业，建设重要行业的科学用电标准等方式，全面提升区域电能管理水平，促进经济绿色低碳发展。

广东佛山通过开展需求侧管理试点城市工作，计划 3 年内实现负荷监测能力达全市最大用电负荷的 70% 以上，负荷控制能力达全市最大用电负荷的 10% 以上。根据试点总体工作目标，需节约电力负荷、转移和减少高峰电力负荷 450MW，包含 300MW 的永久性节约电力负荷和 90MW 的转移高峰电力负荷以及 60MW 临时性减少高峰电力负荷。

北京金融街需求响应节能示范工程，目标是建成国内城市需求响应的示范基地。通过区域内 470 幢商业楼宇，探索需求响应在国内的运营模式。2013 年完成 5 幢典型需求响应楼宇建设，包括市级节能监控中心、金融街自动需求响应系统监控平台、通信网络、楼宇系统及设备接口等。

自动需求响应项目建设是中新天津生态城智能电网创新示范区的一项重要内容，是国网公司在引导用户调整自身用电行为，进而优化电网整体负荷方面的首个试点工程。2016 年 7 月中旬，示范区内全部 56 户企事业单位共 201 台专用变压器全部达成安装意向，18 户企业共 74 台专用变压器完成自动需求响应智能终端的安装工作，标志着中新天津生态城大用户对用电设备的能效控制迈上了一个新台阶。

总之，各地开展的试点工程从电源侧、电网侧和用电侧构成了区域智能电网，在技术上有多个创新，尤其在可视化运行平台、智能用能管理、配用电融合、微网、营业厅互动服务等原创性系统和软硬件集成方面实现了创新与突破，并尝试建立涵盖城市区域智能电网建设与运营的完整标准体系。

2.3.6 自动需求响应的发展

1. 快速需求响应

自动需求响应概念提出后，极大提高了需求响应的灵活性和时效性，将需求响应广泛地纳入到日前、日内、实时等不同时间尺度的调度运行中。随着先进计量、远程通信、智能控制等技术的快速发展，具有快速响应能力的需求侧资源受到越来越多的关注，快速需求响应的概念随之提出，需求响应的参与对象也扩大到照明、温控负荷、电动汽车、储能设备等中小型商业和居民用户。这些负荷具有响应速度快、响应潜力大、可控性高、短时改变用电行为、对用户用电体验影响小等优点，非常适合作为短时间尺度上的快速响应资源。因此，快速需求响应（Fast Demand Response）应运而生。

由于快速需求响应能够在秒级至分钟级时间尺度上快速响应，所以主要参与频率响应、旋转备用、增强电压稳定性等辅助服务。电网实例已经验证，利用快速响应来调节电网频率和主动调整母线电压的变化，能够实现发电资源和负荷资源的统一调控，从而显著提高了特高压直流闭锁故障后受端电网的频率稳定水平。澳大利亚就利用快速需求响应的调控来接纳高比例的风电资源，并应用于一个实际孤岛系统中。该方案利用居民用户和商业用户中的快速需求响应资源能够在 1s 内响应，并显著降低系统的调节成本。值得一提的是，自从瑞典教授 Thiringe 提出电网友好的概念后，负荷侧的电网友好设备（Grid Friendly Appliances，GFAs）受到广泛关注，它们是一类宝贵的快速需求响应资源，通过采用嵌入式技术，GFAs 能够实时跟踪电网频率信号并根据预先设定的控制策略自动减少/增加电器用电功率，美国太平洋西北国家实验室和英国国家电网均已开发了相应的控制器并运用于实际电网中。

2. 动态需求响应

快速需求响应提出后，进一步将需求响应的时间提高到分钟级甚至秒级以内，能够在系统紧急工况下提供备用、调频等辅助服务。随后，有部分学者意识到资源的动态特性和动作过程对于揭示需求响应作用机理、发挥资源灵活调节作用具有重要意义，提出了动态需求响应（DynamicDemandResponse，DDR）这一概念，业已成为需求响应方向的研究热点之一。

不同于快速需求响应的重点在于强调资源的响应速度，动态需求响应对资源动态响应特性的关注更为全面，响应速度只被视为资源的动态响应特性之一。但目前的研究对"动态需求响应"的阐释并没有统一说法，只是重点从以下三个角度明确了"动态需求响应"的主要内涵。

（1）从时间角度。动态需求响应是参与电网短时间尺度供需平衡的需求响应。界定动态需求响应为借助实时电价等手段动态实现电网供需平衡的需求响应。研究认为，动态需求响应可以通过控制手段形成一个持续时间短、容量大的负荷削减，从而达到电网新的供需平衡。研究认为动态需求响应是动态更新需求响应方案以适应不断变化的外界条件，从负荷侧角度来维持电力系统实时供需平衡。这一类动态需求响应的研究和快速需求响应有较多重合之处。控制对象多为空调、储能、电动汽车等快速调节型需求侧资源，应用场景也多为参与系统调频或短时间尺度的负荷削减，尤其是对于空调等温控负荷的建模和控制策略已有较多的研究成果。在实践领域，中国实施了国家高技术研究发展计划（863计划）项目《电力用户智能用电和动态需求响应关键技术研究与示范》，在引导非工空调参与调峰方面积累了工程示范经验。在标准方面，与动态需求响应相关的标准也正在出台或制定中。

（2）从反馈角度。认为动态需求响应是参与长时间尺度滚动多周期决策的需求响应。将计及数据私密性、用户容忍度、响应可靠性等多因素的动态周期决策过程称为动态需求响应。将电力系统经济调度设计成反馈控制过程，以调用成本作为负荷响应的控制信号，建立了基于节点边际电价的动态需求响应灵活经济调度模型，对负荷的分步动态响应过程进行了描述。通过不同市场架构、决策方式和时间推移下需求响应的效益和风险的分析，有研究认为动态需求响应能提高市场运行效率，但在长时间上可能带来总需求峰值增加的风险。

（3）从电网角度。认为动态需求响应是及时跟踪电网的动态过程变化并对需求侧资源施加控制以改善整个控制周期的品质与效果的需求响应。从需求响应参与电网调控运行的角度看，需求响应最终要为电网的安全、经济运行服务。尤其是实时阶段，在传统发电侧调节能力不足的大背景下，利用动态需求响应维持供需平衡能力具有重要的现实意义。然而，动态需求响应的内涵和本质特征不限于此，"动态"不仅指需求侧资源的动态变化，还应包括电网的动态变化过程。将动态需求响应内涵从"维持实时供需平衡"的基础上，拓展到"改善电网的动态过程品质"。

3. 自动需求响应存在的问题

自动需求响应对实现电网的实时供需平衡，提高电网的安全稳定水平，甚至改善电网动态过程都有着很大的意义。但自动需求响应还是存在一些问题。

（1）直接控制负荷设备有限。直接控制负荷设备虽然在实时性、精准度等方面有着很大的优势，但电力公司等需求响应实施主体可以控制的负荷设备极为有限，不可能实现千家万户都参与需求响应，一方面使得需求响应的受惠面大大下降，另一方面，为配置自动响应的设备，使得实施响应的成本大大增加。

（2）没有利用电价这个经济杠杆。在市场中，反应供需平衡最重要的信号是价格信号。价格能够促进资源的合理配置。直接控制的自动需求响应必然存在用户响应不主动以及响应行为不经济的情况。

3.

实时需求响应

目前我国能源（电、气、冷、热）供应体系相对独立，因此各能源体系的相互协调程度低，能源综合利用的效率也低。当以多能互补为目的的能源互联网构建之后，就能发挥不同能源种类的协同优势，实现能源供给侧优化运行。但是要想真正提高能源的利用效率，产生多能互补、高效协同的价值，还得需要在用户侧开展灵活、多样、互动的用电形式，实时需求响应就是能源互联网的最终应用环节之一，用户通过实时需求响应主动参与到能源供给和能源利用中，就能提高终端能源的利用效率，真正实现能源的智慧应用。

3.1　实时电价

3.1.1　实时电价的概念

实时电价是在电力市场条件下，着眼于电力的瞬时供需平衡，兼顾电力系统的安全运行，以电力的长期边际成本结合短期边际成本为定价依据的一种定价方法。它既反映各时刻供应与需求的变化关系，又自动反馈调节用户负荷。随着电力市场的发展，实时电价的定义也在发展，目前尚没有统一的定义。

现在普遍认为实时电价是指价格在 1h（或更短时间间隔）内变动，能够直接反映批发市场的电力供需情况，并且有利于加强现货市场与零售市场的联系。这个实时电价主要从电价的时间精细度来定义的，一般是提前一天或提前几个小时确定这个小时内的电价，严格意义上并不是真正的实时电价。对于间歇性很强的新能源，往往无法准确预知几个小时后新能源的发电情况，因此这种实时电价难以适应能源互联网和新能源的发展。未来的实时电价不仅是指在一个小时（或更短时间间隔内）变动，更多地是指未来半小时、几分钟乃至一分钟后的电价，实时电价会逐渐成为真正意义上的实时电价。

在电力市场条件下，实时电价着眼于电力的实时的、瞬时的供需平衡，兼顾电力系统的安全运行，是以电力的长期边际成本结合短期边际成本为定价依据的一种定价方法。实时电价既能反映短期的电力生产成本及用电量信息，又能反映各时刻供需的变化关系，同时还能自动反馈调节用户负荷。实时电价能够指导用户优化用电，由用户自行决定自己的用电时间和用电方式，用户还可通过负荷的总需求决定实时电价的高低。当用户负荷增大时，电价升高；当负荷需求减少时，电价便会下降。因此，在以实时电价为基础的电力市场中，电价可作为一个强行力的信号，用以调节和优化电力系统运行的可靠性和经济性。

最初的实时电价构想是由美国麻省理工学院（MIT）的 6 位学者在 1980 年提出的：要改变传统的电力供求模式，并建立电力市场，就应像计算电压和频率那样，计算和控制电能的价格，即采用现货电价。它不仅随时间变化（最初设想为 5min），而且区分节点位置、事故和可靠性。在此基础上，20 世纪 80 年代中后期，正式提出并建立了实时电价理论。

实时电价是一个理想化的、在空间展开的瞬时动态电价，它要求几乎瞬时在电网的各处使电价和成本相匹配。理论上实时电价是随着系统的运行状况变化而不断更新的，电价的更新周期越短，越有利于电价杠杆作用的充分发挥，也越有利于系统经济效益的取得，但同时对技术支持的要求也越高。因此，在实时电价提出后的相当长时间内，实时电价依然只是一个理想化的电价，实际执行的大多是提前一天或提前几个小时确定的分时电价。随着能源互联网和信息通信技术的发展，未来实时电价必然成为真正的实时，实时电价可以实时计算，实时发布，甚至实现实时结算。

从实施主体来说，实时电价又分为批发实时电价和零售实时电价。批发实时电价是指在系统层面的现货市场中，系统运营商和电力公司（负荷零售商、负荷聚合商）还有大用户之间通过市场竞价实施的实时电价；零售实时电价是指在电力公司层面，电力公司作为供电方对终端的中小用户实施的零售实时电价。理论上批发实时电价和零售实时电价应该是联动的，都具有实时性，实施实时电价是在电力市场引入需求侧竞争的最直接的方式。用户是实时电价的直接接受者，根据电价决定电力消费量，避免了电价变化带来的风险。但是由于技术的限制和需求响应的传统思维，这种理想的实时电价，尤其是零售实时电价存在如下限制。

（1）会受到信息通信产业技术的限制，过于颗粒化的电价会造成电价政策发布和计量存在庞大的数据量，每 15min 甚至更短时间发送一次电价，把电价策略送到千家万户，信息流量太大，对通信的可靠性要求太高，对用户接收和处理以及与运营商的交互带来极大的挑战，因此，过于颗粒化的电价可操作性会受到信息通信技术的制约。

（2）由于传统需求响应基本上是基于人工响应的模式，对有些用户而言，有些生产或用电行为是需要早做安排的，无法适应需要及时响应频繁变动和实时变动的电价；另外一些用户的响应具有极大的滞后效应和拖尾效应，对实时电价的响应效果会大打折扣。

（3）受到需求侧用户响应技术能力的限制，过多等级的电价响应会使电力用户形成响应疲惫，也无法及时进行生产和运行方式的调整，更无法实时计算优化的生产和运行方式，也无法实现对负荷设备的自动控制。

（4）受到用户经济性的限制，对于中小用户，特别是居民用户来说，需求响应往往不经济。传统用户为了实现需求响应，一般采用基于人工响应的模式，所耗费的人力资源成本较大，但中小用户的收益小，居民用户收益更是甚微。这种成本大，收益小的需求响应限制了大部分中小用户参与需求响应。

由于上述条件的限制，实时电价从提出到最近几年，绝大部分的零售实时电价实际上是一种准实时电价。所谓准实时电价就是电力公司在前一日根据对当日24h负荷以及电力供应预测结果，制定当日24h的电价日时段划分方案，利用通信信息技术下发到智能电能表或其他设备，智能电能表或其他设备在前一日某约定时间前将当日24h电价日时段划分策略通过互动终端通知用户后在当日0：00开始执行。

一般情况下，零售实时电价的整个业务流程只涉及电力公司与电力用户两个市场角色，其业务流程如图3-1所示。

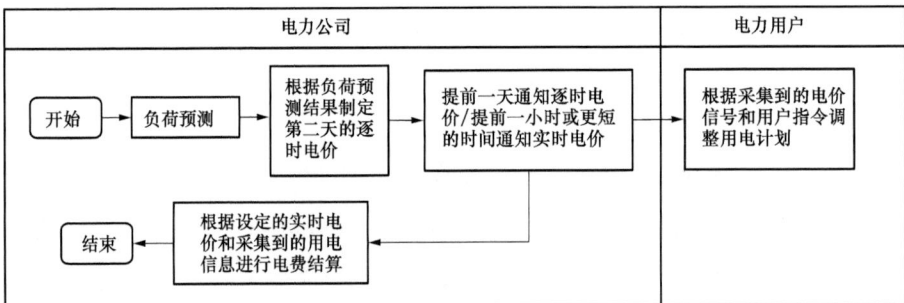

图3-1 零售实时电价业务流程

（1）电力公司通过负荷预测系统，依据短期负荷预测算法对第二天的电力负荷进行预测。

（2）电力公司根据提前一天负荷预测结果，制定第二天的逐时电价政策。

（3）电力公司向电力用户发送第二天的逐时电价信号。

（4）电力用户接收电力公司发出的第二天的逐时电价信号，调整其用电设备的用电计划。

（5）电力公司根据设定的实时电价和采集到的用电信息，对用户进行电费结算。

随着互联网、物联网、5G 通信、人工智能、边缘计算和区块链等技术的发展，上面提出的几个限制问题逐一得到以下几方面的改善。

（1）互联网特别是物联网和 5G 通信技术的发展，使得信息通信的带宽及处理能力极大提高，运营商与用户的交互得到了极大的改善。传统认为的庞大数据量和通信带宽在当前来说已经不足称道。

（2）随着自动需求响应的发展和推广，生产运行单位及最终用户可以让负荷设备用自动需求响应的方式来实现需求的响应。这种响应的响应速度快，因此滞后效应和拖尾效应得到改善，需求响应的效果极大提升。

（3）随着物联网、边缘计算和人工智能等技术的发展，尤其是能源互联网接入设备的应用推广，使得需求侧用户具备了信息处理和计算能力，能够进行生产和运行方式自动调整的优化计算，而且具备了这种负荷设备智能控制的能力。因此，限制实时电价发展的技术条件已经不复存在，实时电价必将随着能源互联网等技术的发展而逐渐走入千家万户。

（4）能源互联网接入设备的普及，使得用户参与需求响应的边际成本接近于零。在这种情况下，即使需求响应的收益很小，与接近零边际的投入相比却很大，也使得中小用户参与需求响应成为了可能。

鉴于目前零售实时电价的理论还基本上停留在准实时电价阶段，为此本书提出一种针对电能零售侧的实时电价理论，这种实时电价理论在实时性上，快速性上以及适应性上都将极大地提升。随着能源互联网的发展，更多更完善的实时电价理论将会出现，实时电价必将成为电力行业首选定价机制。整个实时需求响应将会随着能源互联网的发展和电价理论的完善而真正的走入千家万户。

基于实时电价的需求响应是指每时每刻都可以改变的实时电价，是近几年在能源互联网背景下需要研究的关键问题之一。实时电价的突出优点主要体现在以下两方面。

（1）反映了各时刻电力供求关系的瞬时变化，特别是分布式能源的间歇性变化，而现行电价不能做到。

（2）电价的高低主要由用户当时对电力的总需求决定的，供大于求时，电价下降，从而能够帮助用户主动选择自己的用电时间和用能方式。

利用实时电价实现对负荷的控制，需求侧端将电价看作反映供求状况的信号，自行决定用电时间和用电数量，电力负荷的控制权由供给侧转移到需求侧。实时电价是一种理想的定价机制，其实现需要智能电表等先进计量、通信工具作为硬件支撑。

3.1.2 早期实时电价数学模型

根据美国 MIT 的弗雷德·施韦普（F. Schweppe）教授建立的数学模型，实时电价由八个分量组成，其表达式为

$$\rho_{kt} = \gamma_{Et} + \gamma_{Mt} + \gamma_{QSt} + \gamma_{Rt} + \eta_{Lt} + \eta_{Mt} + \eta_{QSt} + \eta_{Rt} \tag{3-1}$$

式中　ρ_{kt} ——第 k 用户在时段 t 的实时电价；

　　　γ ——发电分量，包括 γ_{Et}、γ_{Mt}、γ_{QSt}、γ_{Rt} 4 项；

　　　γ_{Et} ——边际发电燃料成本；

　　　γ_{Mt} ——边际发电维护成本；

　　　γ_{QSt} ——发电质量分量；

　　　γ_{Rt} ——发电收支平衡项；

　　　η ——输电分量，包括 η_{Lt}、η_{Mt}、η_{QSt}、η_{Rt} 4 项；

　　　η_{Lt} ——边际网损成本；

　　　η_{Mt} ——边际网络维护成本；

　　　η_{QSt} ——网络供电质量分量；

　　　η_{Rt} ——网络收支平衡项。

1. 边际发电运行成本

边际发电运行成本 λ_t 是指边际发电燃料成本 γ_{Et} 和边际发电维护成本 γ_{Mt}

两项之和，计算公式为

$$\lambda_t = \gamma_{Et} + \gamma_{Mt} = \frac{\partial \left[C_F(W_{gt}) + C_M(W_{gt}) \right]}{\partial W_{gt}} \qquad (3-2)$$

式中　$C_F(W_{gt})$、$C_M(W_{gt})$——系统发电量为 W_{gt} 时的燃料总成本和维护总成本。

λ_t 与系统发电量 W_{gt}、机组状况、水的可用率以及电力公司间的交易等因素有关，并随系统发电量 W_{gt} 的增加而呈上升趋势。

2. 发电质量分量

发电质量分量 γ_{QSt} 的大小反映出整个系统发电容量的充裕程度。当电力供应十分充足时，γ_{QSt} 的值接近于零；当电力非常紧缺时，其值增大并趋于 VOLL（缺电损失值）。

3. 边际网损成本和边际网络维护成本

边际网损成 η_{Lt} 是指用户 k 的负荷 W_{dt} 发生微增变化，进而引起网损增加所带来的成本，它与用户所在节点的位置有关。其数学表达式为

$$\eta_{Lt} = (\gamma_{Et} + \gamma_{Mt} + \gamma_{QSt})\frac{\partial W_{Lt}}{\partial W_{dkt}} \qquad (3-3)$$

式中　$\dfrac{\partial W_{Lt}}{\partial W_{dkt}}$——第 k 个用户的网损微增率。

边际网络维护成本 η_{Mt} 是指用户 k 的负荷 W_{dt} 发生微增变化时，整个系统网络维护总成本所发生的微增变化。

4. 网络供电质量分量

网络供电质量分量 η_{QSt} 反映用户 k 的负荷 W_{dt} 发生微增变化时，电网各支路输送容量的充裕程度。当 W_{dt} 微增时，如果第 i 条支路的实际潮流远远小于其允许传输容量，该支路的网络供电质量分量的数值将会很小；如果第 i 条支路的实际潮流接近其允许传输容量，网络供电质量分量的值将迅速增大。

第 k 用户的负荷 W_{dt} 微增时，各支路网络供电质量分量之和即为第 k 用户总的网络供电质量分量 η_{QSt}。

5. 收支平衡项

由前述结论可知，早期的实时电价的计算依据是边际成本理论。采用边际

成本定价，必然带来收支不平衡问题。对实时电价而言，造成收支不平衡的原因主要有如下两个。

（1）实时电价只考虑电量成本，如燃料费和维护费等，而不考虑容量成本。

（2）从理论上说，边际成本必然高于或低于平均成本。

显然，为了实现系统的收支平衡，就必须在实时电价的表达式中加入相应的修正量或调整量，即对发电分量采用 γ_{Rt} 进行平衡，对输电分量采用 η_{Rt} 进行平衡。平衡分量的存在，在一定程度上损害了边际成本定价方法本身所具有的优势——电力市场的经济导向作用。

3.1.3 实时电价的国内外现状

1. 实时电价的国内外研究现状

最早的实时电价理论是基于边际成本的实时电价。用于为电力生产者和用户提供关于电力资源的即时经济信号，当时实时电价理论研究采用生产成本最小化或社会利益最大化为目标函数。当时的实时电价研究较少涉及用户对电价的反应，一般都是把某个时段的负荷看作常数，然后把它纳入最优潮流方程进行计算。

然而在开放性的电力市场环境下，用户以自身利益最大化为目标，必然会根据电力调度中心发布的实时电价，改变其用电量，用电量的变化又反过来会导致实时电价的变化。所以电价和用电量间存在着动态均衡的相互作用。尤其在能源互联网时代，随着通信网络技术的普及与完善，仅单一的考虑发电商的定价策略早已不能满足电力应用的有效性与可靠性要求。能源互联网的快速发展与智能电表的广泛应用使得用户与电网各领域的信息交互越发频繁。用户端负荷，特别是弹性负荷有组织、有选择、有计划的接入电网成为用户的智能用电需求。实时电价成为当前能源互联网技术的研究热点，结合大数据分析、机器学习等先进方法，实现更精确的实时电价的操作性与实用性已成为现实。

实际研究过程中，越来越多的学者将能源互联网划分为不同的领域，如发电侧、供电侧、用户侧等。而传统的电网重发电轻用电的模式早已不能适应能源互联网发展的大趋势。因此，用户侧的能源互联网研究日趋成为近几年研究的重点。现有的研究中，多数学者从用户侧与供电侧角度提出了实时电价策略的模型与算法。

（1）基于能耗调度理论的实时电价算法。2008 年，美国能源部的报告明确指出，国家电力消耗的 74% 来自建筑物。这就相当于所有部门的总能耗的39% 。而大部分建筑物电耗的低效性，导致了数十亿资金的浪费与多余温室气体的排放。因此，能耗调度成为电价制定的关键问题。

加拿大不列颠哥伦比亚大学的阿米尔·哈默德·莫希尼安·拉德（Amir - Hamed Mohsenian - Rad）提出了基于能耗调度理论的最优实时定价算法。该算法将获得最少的电能成本及峰平比作为目标函数，根据博弈论思想，采用内点法求解问题，得到每个用户的最优能耗调度方案，降低了总电能成本及峰平比。在缺乏用户对可变电价的反馈信息及有效的建筑自动化系统的条件下，阿米尔·哈默德·莫希尼安·拉德又提出了一种自治住宅能耗调度框架，实现了在与带有倾斜块率（inclining block rates）结合的实时定价策略下，建立用户在所付电费最小和操作用电器的等待时间最短之间折中的模型，基于线性规划，同样采用内点法解决该最优化问题，但算法的收敛速度慢。

随着新能源的发现与应用，混合能源电力设备的普及，相比与传统的用电模式，用户侧的用电结构发生巨大变化。考虑到能源价格、可再生能源、温度及用户能源需求情况等信息及电动汽车（EV）的应用对用户用电行为的影响，西班牙萨拉戈萨大学的胡安·卢哈诺·罗哈斯（Juan M. LujanoRojas）等给出了利用能源互联网的通信基础设施得到的住宅用户的最优能耗调度策略，实现了供电商与用户的协调，即用户获得电器及电动汽车的最优利用方案。算法从用户侧考虑，实现用户电耗的可控性，能使用户获得适合于自身消费水平的实时电价。

（2）基于统计需求弹性模型的实时电价算法。电力市场的主要作用是通过对电力系统中发、输、供、用等各个环节组织协调与管理，达到社会效益的最优化。电价是体现管理思想的最佳工具。因此，电力市场中的电价模型应正确反映出用户侧与供电侧的效益。国内外很多学者在用户侧与供电侧的总体效益最大化的实时电价模型问题上进行了研究。

随着各企业推出包括能源管理中心、通信网络和远程数据采集单元三级物理结构的能源管理系统，为用户提供能源自动化、能耗监测、能耗计量、能效分析与管理等功能，如果可以获得电力负荷使用及实时电价信息，就能根据所得信息引导用户电耗以获得用户的最优效益。基于所得的交互信息，新加坡Infocomm 研究所的于荣山（Rongshan）等学者应用效用理论，对电力市场的需求价格弹性进行研究，将用户所需负荷函数表示为电价的函数，将用户的效用函数定义为多维的价格需求曲线。同时把社会效益最大化作为最优实时电价问题的目标函数。在不要求用户与供电商过多信息交换的前提下，通过迭代算法，得到用户与供电商的总体效益最大化。

电力市场的开放性使用户面临着越多的可变电价政策，用户可以通过改变需求来降低自身电耗。因此，英国曼彻斯特理工大学的丹尼尔·基申（Daniel S. Kirschen）等提出了考虑到需求弹性的定价方法。用自弹性与互弹性矩阵对用户的用电行为进行建模，弹性影响的计算随着调度策略与计算价格不断迭代。通过拉格朗日松弛算法来计算每一次调度安排，并根据英格兰和威尔士的电力库规则完成电力价格的实际制定。

（3）基于效益模型的实时电价算法。与基于统计需求弹性模型的实时电价算法相似，基于效益模型的实时电价算法同样是实现用户端与供电端的双方效益最大化。对于单供电商多用户模型，芬兰国家技术研究中心的科伦丁·伊文斯（Corentin Evens SK）通过实时电价信息来调整用户能耗，采用滑动窗来计算周期内能耗，并采用线性规划求解。但滑动窗的结构决定着窗外数据默认为零，不能很好地保留数据，因此会产生较大误差。加拿大不列颠哥伦比亚大学的佩德拉姆·萨马迪（Pedram Samadi）等学者建立了基本的能耗调度模型，通过分布式算法实现在总电耗低于产电量的基础上最大化用户总效用，并且最小化能源供应商的费用，并给出了基于对偶分解的次梯度算法，在未给出用户负载的类型参数的基础上，算法以公平有效的方式获得每个用户的最优能耗。

由于负载类型的多样化，新加坡 Infocomm 研究所的篷拉马·塔拉萨（Pora-mateTarasak）分析了三种不确定的负载模型：有界不确定性模型（Bounded Uncertainty Model），高斯模型（Gaussian Model）和分布未知的模型（Unknown Distribution Model），发现负载的不确定性会影响最优定价，并造成其增高，且分布未知的模型比高斯模型有更高的最优定价。仿真结果表明算法实现了不同负载下用户的最低能耗。为达到供需平衡，减少整体能耗，天津大学的杨捷提出了基于供需匹配的电力控制与实时电价方法，并同时提出依赖用户自身策略及其他消费者消费策略的效用函数模型，用分布式算法实现模型最优化。伊朗设拉子科技大学的阿萨迪（Asadi）提出了基于 PSO 的效用函数最大化算法，协同工作的实时定价策略使每个用户的能耗最低进而达到所有用户的最大效用。

对于多供电商多用户模型，比利时鲁汶天主教大学山姆·韦克斯（S. Weckx）等提出了在不违反网络约束条件下，应用于三相四线径向网络中的实时定价算法，在不共享用户个人信息的基础上，使不同的能源提供者共享同一网络，最终得到在具有网络约束的不平衡配电网中的实时价格策略。

国内不少学者也研究了基于效益模型的相关求解方法。华南理工大学的黄福全等提出一个考虑用户价格反应的实时电价数学模型，该模型通过把用户的无功电价折算到有功电价，形成修正有功电价，来研究功率因数恒定的用户对实时电价的反应。重庆大学的曾勇和东北大学的曲家余等学者基于用户效益最大及递减风险厌恶效用函数作为用户的效用函数，通过梯度投影方法来求解。上海理工大学高岩团队对实时电价的理论研究较多，其中青岛大学的代业明等针对电力零售市场中的电力生产商、零售商和不同类型用户，考虑到多个地位不同的电力零售商可能在同一地区共存且相互之间存在竞争与合作，并针对电力零售商和批发商之间的竞争及二者行动顺序的不同，建立电力供应过程中同层结构主体或异层结构主体之间的多种博弈模型，以主题之间收入最大化为目标，来进行基于需求响应的智能电网实时电价定价策略研究。上海理工大学的张云提出了在供应商和用户信息交互过程中一种基于供应商收入最大化的实时电价模型。为了计及需求响应结果对实时电价的影响，华北电力大学的丁伟提出基于用户价格响应和满意度的峰谷分时电价决策模型等。

（4）基于阻塞管理的实时电价算法。基于阻塞管理的实时电价，通过处理电网负荷拥塞来获得供电与用电的平衡。传统的解决电网阻塞的方法是拥塞价格法。所谓的拥塞价格法，是将联络线的价格信号传递给市场参与者，来鼓励发电商在价格高的区域兴建电厂，以减少阻塞。为了保证用户服务质量，网络共享带宽问题成为近年来研究的重点。而在用户与应用巨大差异的情况下，问题的难点就在于对用户进行约束。英国布里斯托大学的阿亚尔瓦迪·加涅什（Ayalvadi Ganesh）等学者基于上述原因，将问题从网络转化到用户终端，提出了用户适应与动态学习的分布式方案，采取拥塞价格机制来获得用户侧的最大效益。

该算法在提高用户自身的用电满意度时，忽略了供电商的利益。且算法受参数影响较大，收敛性较差。实际中，仅作用于终端的实时电价策略并不能很好地反映整个电网的性能，此时的拥塞价格不能对传输系统控制器进行正确的激励。拥塞价格与电网建设并没直接联系，它只单方面考虑了阻塞线路的价格，并不能保证最有效的电力使用。因此，研究者提出了解决网络堵塞管理问题的节点边际电价（Locational Marginal Pricing，LMP）策略，从整个电网出发分析问题，被认为是衡量电能价值的一种定价方式。节点边际电价，是指某一节点增加1MW 的负荷，系统向该节点供应电能的边际（或微增）成本，这与实时电价有相同的含义。日本山阳大学陈洛南（Luonan Chen）等对 LMP 的组成进行了详细地分析，将影响 LMP 的因素分为发电装置、输电阻塞、电压限制等方面。

利用 LMP 分析价格的各影响因素，对电网进行拥塞管理，提高电网的有效利用率。华北电力大学的陈之栩根据国内电力市场特点，对阻塞管理和节点边际电价进行深入地研究，推导出节点边际电价与阻塞线路影子价格的关系。并以直流最优潮流为核心，提出了交直流迭代求解含网损的节点边际电价计算方法。同时提出了全时段优化的节点边际电价计算模型。

（5）实时性更高的实时电价。最早提出的实时电价，虽然有不同的计算方式和更新周期，但由于受到当时的技术手段限制，当时的实时电价实际上是较短时间前（如一天甚至一小时）提前预测出来的预定的分时电价，甚至有文献明确实时电价就是提前一天确定并通知用户第二天每个小时的电价，虽然也为电力需求响应提供很好的手段。但还是缺乏实时性，甚至缺乏时间颗粒度，难以适应新能源接入等电网波动，难以达到最优性需求响应。在某些情况下，甚至出现导致需求响应的负效应。

随着技术的发展，实时电价的实时性在逐步提高。如中国电力科学研究院的严春华在提出一种其更新周期可以达到 1h 或更短的实时电价机制，也有根据预测或经验提前一天通知的逐时电价，以便用户提前计划需求以响应电力供应市场。即使这样，实时电价也不是严格意义上能够实时反映当前时刻的供需关系的电价。

2. 现行实时电价的定价方式

前面对早期实时电价的数学模型以及目前国内外实时电价的研究算法进行了多方面的介绍，但是这些算法多处于研究阶段，并没有纳入实际应用。对北美、澳大利亚及欧洲不同地区的电力市场进行分析，现阶段世界上主要有以下两种实时电价的定价方式。

（1）节点电价定价方式。节点电价定价方式是指实时电价依据最优潮流（OPF）来计算确定，根据最优潮流计算出的网络每一条母线（节点）的电价应该都是不一样的，所以最优潮流是这种定价方式的基础。利用最优潮流在计算实时电价时需要考虑三个方面：在电力市场中交易的电量、输电网的阻塞成本及网络损耗。如果没有阻塞和网络损耗，理论上每一个节点的电价应该都是一样的，但这只是一种理想状态，所以电价将会随着网络位置的不同而不同。采用节点电价定价方式的代表有美国的 PJM、CAISO、NYISO 及 ISO－NE 电力市场。

（2）区域电价定价方式。区域电价定价方式是指在整个控制区域内，或者是特定的一个局部区域内（比如几个节点）实时电价都是一样，区域电价的制定通常是基于区域内的一个参考节点，这个参考节点往往是选为一个负荷中心，比如一个大城市，或者是将区域内的节点电价进行加权平均得到。采用区域电价定价方式的代表是澳大利亚的 National Electricity Market（NEM）电力市场，澳大利亚的 NEM 市场是由 Australian Energy Market Operator（AEMO）操作的，实施的就是区域电价定价方式的实时电价，它的实时电价的是基于 5 个地区参考电价来设定的：新兰威尔士、昆士兰、维多利亚、南澳大利亚和塔斯玛利亚。

3. 实时电价的信息交互

基于实时电价的需求响应管理系统内部有很多信息交互，并且需要与许多外部系统和设备进行信息交互，包括能量管理系统（EMS）、配电管理系统（DMS）、用户终端、用户用电设备、智能电表、用电信息采集系统和需求响应代理。表 3－1 对基于实时电价的需求响应管理系统所涉及的信息交互进行了一个总结。

表 3 - 1   实时电价信息交互表

过程	描述	信息来源
信息采集	提前一天/几小时负荷预测结果、客户用电信息等	EMS、DMS、用电信息采集系统等
逐时电价政策制定	根据负荷预测结果，提前一天/几小时制定逐时电价政策	信息采集子系统
逐时电价通知发布	发布制定的逐时电价政策	DR 方案制定子系统
结算、账单生成	依据用户的用电信息、实时电价政策，对用户的电费进行结算，生成用户账单	信息采集子系统

实时电价信息交互设计图如图 3 – 2 所示。

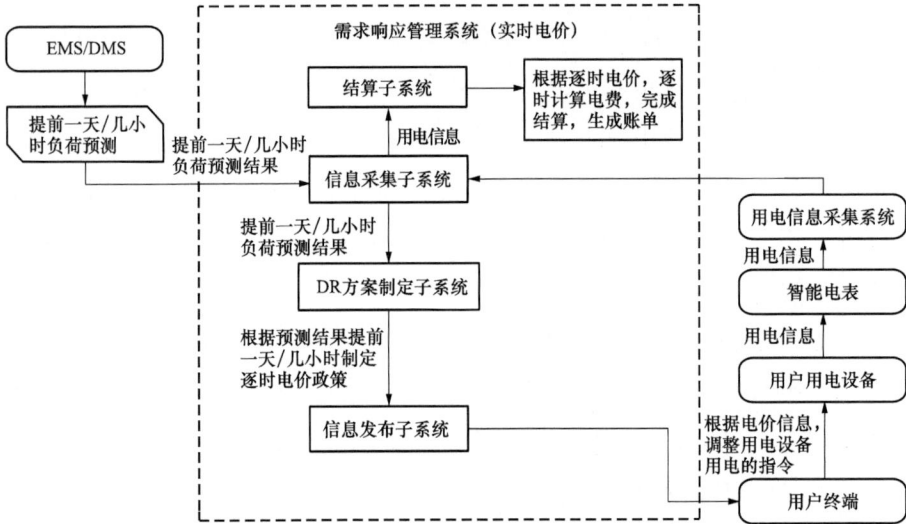

图 3 – 2   实时电价信息交互设计图

3.1.4   准实时电价理论存在的问题

在前面几节介绍了实时电价的概念、早期基本模型和目前国内外的研究现状，同时也从技术角度分析了目前的实时电价理论特别是零售实时电价理论，虽然借用了实时电价的概念，但实际上均为准实时电价，它存在以下问题。

1. 实时性不足

真正的实时电价应该是实时的，即时的，是当前时刻的电价，由于考虑的电量计量和结算的手段问题，实时电价应该是当前时刻 1min 或 5min 以后的电价。而准时电价主要的是前一天计算的第二天的分时电价。即使是算法的优化，最多可以达到 1h 或 30min 的实时电价机制，依然达不到分钟级别。

2. 间隙粒度不足

传统的准实时电价一般是以 24 个时段来计算电价，也有的准实时电价可以间隙到 30min 甚至 15min 作为一个时段来计算实时电价，但目前很少有以分钟为间隙单位的实时电价。这种间隙度的实时电价确实能够做到削峰填谷的作用，但无法做到在间隙内的负荷波动。如果要通过电价进行负荷波动的平抑，这个电价应该是以分钟为单位的电价。

3. 电价计算复杂且依赖外界条件

无论是基于实时能耗调度理论，还是基于统计需求弹性模型、基于效益模型以及基于阻塞管理的实时电价算法，一方面均存在计算过于复杂的问题，另一方面，电价的计算过于依赖外界条件，例如用户的调节能力、负荷和发电的预测准确性等，很少有自我参数优化的考虑。一旦这些相关参数不准确或者无法获得，就会出现计算不收敛，准确度大幅下降，达不到应有的响应效果，甚至可能出现反调的现象。真正的实时电价应该具有以下特征：

（1）实时性。也就是必须要能够得出下 1min 应该实行的即时电价。如果是计算出的，这就需要对电价的理论算法要足够简单快速，易于收敛。如果是电力市场撮合出的实时电价，要求就更高，首先是市场主体的策略计算要简单快速，易于收敛；其次是必须实时地、自动地、智能地、自主地市场交易，再次是有快速的负荷控制机制。

（2）电价要能够自适应调整。实时电价应该避免过度依赖于外界条件，虽然外界条件越多，竞争越准确，可是一旦外在条件没有的时候，它也应该根据以往的一些基本情况，能够估计整个电网的相关参数来推出这个合理电价，并跟踪电价执行的需求响应效果，通过在电价响应结果的偏差来自动调整参数，并一步一步逼近理想参数，使得电价最终达到一个合理值。这点类似于根据偏差进行调节的自动控制。

（3）电价要便于分布式计算，特别是适应于需求响应终端的边缘计算。实时电价的响应最终由需求响应终端执行，因此电价不仅要考虑到管理方，还要考虑到需求方。需求响应终端接收到电价信息后，自动判断运行工况，用户喜好，综合能源控制策略等，然后优化出一个新的运行方式，自动控制相关设备按新运行方式执行。

真正的实时电价迟迟未得到实施的原因主要因为有以下几个障碍：

（1）技术障碍，实时电价必须建立高效的实时计量系统，远程抄表系统以及双向通信系统。

（2）成本障碍，实时电价过于频繁调整，在没有全自动化的响应系统情况下，使得用户响应的成本大大增加，而用户，特别是小用户所获得的收益确实是有限的，甚至低于成本，这种高成本低收益是一般用户不愿意接受的。

（3）用户的惰性，用户很难及时根据实时电价来调整自己的行为，甚至认为实时电价比较复杂，难以理解。

（4）供电方的抵制，供电方往往会认为用户的电费节约就是自身的电费损失。

随着技术的发展和电力体制改革的推进，以上障碍将逐一得以解决。

（1）在技术上，随着信息通信技术和能源网互联网技术的发展，实时高效的计量系统，远程抄表系统以及双向通信系统将不再成为瓶颈，全自动化的响应系统也将普及。其次，随着全自动化的响应系统的普及，使得需求响应成为一种零边际成本的需求响应，它的实际边际成本接近为零，虽然部分用户参与需求响应的收益不大，但是跟成本相比对用户是有益的，因此用户有参加需求响应的意愿。

（2）随着人工智能的发展，系统会自动对用户的习惯进行识别，并自适应调整需求响应的策略，用户只需要进行设置，并不需要真正进行参与即可实施需求响应。

（3）电力体制的推进，电价的放开使得售电主体面临着负荷预测不准可能造成损失的风险，它们需要有一种手段来进行风险规避，而基于实时电价的需求响应就是一种很好的风险规避手段。因此真正的实时电价必将成为未来一种重要的电价形式。

3.1.5 能源互联网下的实时电价

实时电价与能源互联网有着密切的关系。电价高低是用户判断是否采取响应行为的标准，而电价水平的差异决定了用户需求响应的程度，用户的响应程度及响应策略的实现均需要有智能化设备和成熟的通信技术为基础，而成熟通信技术与智能设备又是能源互联网重要的软硬件基础。

实时电价机制的实施需借助先进的信息化、成熟的智能化技术和有效的自动化手段，为调动用户积极响应，需要通过能源互联网接入设备将实时电价水平和用户实时用电数据信息及时传递给用户，基于边缘计算和人工智能，用户会自动计算优化节能的用电策略并自动响应，从而实现高效的智能化用电。因此，实时电价的实施效果与能源互联网的发展程度有密切关系，能源互联网是实行实时电价的基础和推进剂。其中能源互联网接入设备的普及程度决定着实时电价实施的覆盖程度和全社会需求响应的参与程度。

实时电价反过来会促进能源互联网的发展。在没有能源互联网的情况下，实时电价信息的发布和用电负荷的实时收集存在一定的难度。而随着能源互联网的发展，特别是能源互联网接入设备普及率逐步提高，未来用户的终端用电设备能够达到自动实时控制的功能，实时电价的实施得以顺利实现时，用户将会根据系统发布的电价信息调整用电负荷情况，将电力消费从电价高的时段移至电价低的时段，电力系统的高峰时段的稳定性将增高，投入用于高峰电力生产的成本将降低，则电力生产企业可以将节省的生产成本投入到能源互联网建设运维或者用户增值服务上。

3.2 实时需求响应基本概念

3.2.1 实时需求响应的定义

实时需求响应（realtime demand response，RDR）就是利用实时电价作为信号，促进需求方主动进行负荷调节的自动需求响应。这里面有三方面的含义：①利用实时电价作为信号；②需求方的主动响应；③自动需求响应。凡是满足这三个要求的都可以理解为实时需求响应。

（1）利用实时电价作为信号。需求响应作为一种促进供电和用电系统互动的策略，通过对电能用户的主动负荷调整来有效提高整体系统资源的使用效率，保证电力系统的供需平衡。在一般商品市场中，商品价格最能够反映一个商品的供需关系。电作为一种特殊商品，它是不能被大规模储存的，电的供需关系问题显得尤为突出。在现有的电网的运行机制中，调度机构发挥了极为关键的调节供需平衡的作用，电网主要通过统一集中的调度而不是电价来实现供需平衡。现在电力市场逐步放开，中长期电价逐渐反映了中长期供需关系，但依然缺少一种有效的实时电价机制来实时反映当前的电力供需平衡。因此实时需求响应就是建立一种实时电价体系，利用实时电价这个能够实时反映电力供求关系的信号，来实现实时响应。因此实时需求响应里面的核心问题是实时电价问题。实时电价既可能是实时零售电价，也有可能是现货市场等市场交易机制形成的批发电价，甚至是其他方式确定的实时电价。

（2）需求方的主动响应。需求方的主动响应意思是用户不再把负荷设备托管给 DR 聚集方被动接收管理方的负荷调节信号来进行调节，而是根据实时电价信息和预定义的响应策略，主动进行负荷优化计算，并进行主动负荷调节的需求响应，这是一种去中心化的响应方式。为了实现去中心化，实时需求响应需要在负荷端安装实时监测、边缘计算、执行控制等设备。而这些设备本身就是能源互联网的标准配置。因此随着能源互联网的发展，实时需求响应必然成为未来的需求响应重要模式之一。

（3）自动需求响应。实时需求响应本身属于自动需求响应，是自动需求响应的一种，自然就具备自动需求响应的特点和优势。它也具有自动区域响应的自动化的基本特征，可以自动参与系统的运行全过程，能够实现响应自动化，也需要大量的借用这种需求响应的技术和架构，但还是与一般意义的自动需求响应有所不同。自动需求响应一般是 ADR 服务器与 DR 客户端紧密耦合，ADR 服务器计算出需要直接控制的负载后，通过 DR 客户端直接控制以达到自动需求响应的目的。实时需求响应则不同，ADR 服务器也要判断用户设备的运行情况和调节能力，但可以通过非侵入式识别等手段，利用人工智能等方法判断（当然也可以直接与 DR 客户端通信获得，这种方式获得的结果更加准确），ADR 服务器根据判断情况计算应该执行的电价，把电价通过任何互联网或物联网等渠道下发给能源互联网接入设备，能源互联网接入设备接收到了实时电价后，自动计算最优的运行方式，进行负荷调节控制。这种耦合是一种松耦合。实时电价作为唯一的媒介，因此通过实时电价促进用户主动地、自动地需求响应，既能够达到需求响应的效果，同时还让用户有了极大的自主性和经济最优性。而这种只需要一个耦合就能够实现的需求响应自然比一般自动需求响应有着更强的鲁棒性和更强的生命力。

目前自动需求响应分为半自动需求响应和全自动需求响应。半自动需求响应是指由管理人员通过集中控制系统触发需求响应程序，需求响应的效率和可靠性有所提高；全自动需求响应不依赖于任何人工操作，通过接受外部信号触发用户侧需求响应程序。一般来说，全自动需求响应是将用户侧需求侧负荷设备全权托管给管理方，作为需求响应系统的执行端，依然存在对需求侧用户的耦合度高，鲁棒性有待进一步提高，直接控制用户设备带来的安全和法律问题等缺点，而实时需求响应则能够解决这些问题。

随着用户侧分布式能量单元渗透率的提高以及能源互联网的建设发展，需求响应将逐渐向着实时需求响应方向转变。未来用户的行为选择将在需求响应中发挥更为重要的作用，更多的响应行为是用户基于市场信号和交易情况所做的策略优化，是用户的自愿行为，系统的集中控制和指令在需求响应实施过程中将逐步弱化。分散的能量市场将使得需求侧资源能够基于局部（配电网/区域能源互联网）的市场情况和价格信号进行直接交易。去中心化的分散能量市场也将降低需求侧资源参与市场交易门槛，小体量的需求侧资源也可以通过市场交易获利，从而利用市场机制充分调动需求侧资源。

因此未来的需求响应会逐步向实时需求响应方向发展，实时需求响应与综合需求响应一样成为需求响应未来的发展方向之一。下面从需求响应的时间跨度上阐明实时需求响应的地位。

传统需求响应市场与需求响应项目在时间跨度上的对应关系如图 3-3 所示。由图 3-3 可知，需求响应资源可以嵌入电力系统管理的各个时段。众所周知，基于价格的需求响应是最能体现经济规律的需求响应，可这种响应在 <15min 的辅助服务市场上却无法发挥作用。究其原因。一方面是当时的技术手段不具备；另一方面是实时需求响应的理论，特别是最能反映实时供需关系的实时电价理论还不完善。

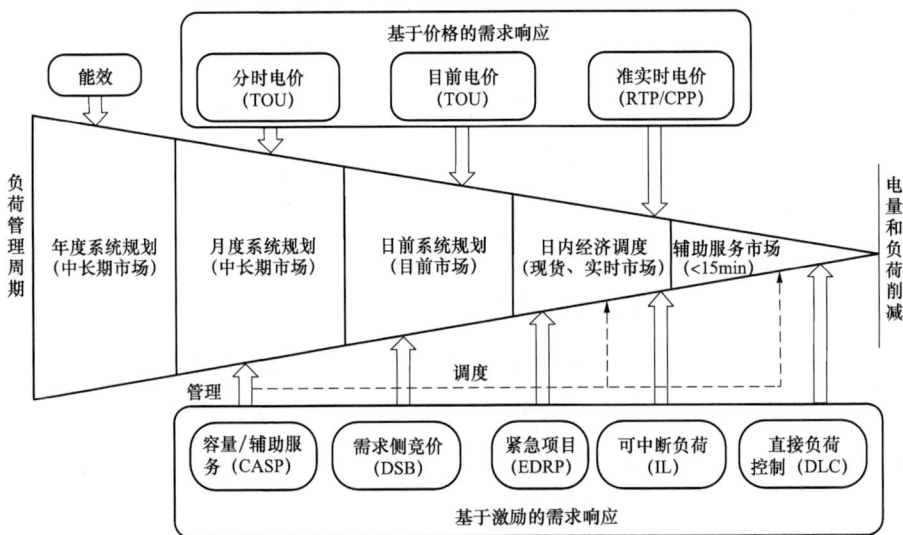

图 3 - 3　需求响应市场与项目的时间跨度

从时间尺度和激励方式可以清楚地知道实时需求响应所在的地位，如图 3 - 4 所示。与上图的对应，将实时需求响应在这个时间尺度上的位置做了一个标示。可以看出实时需求响应实际上是属于基于价格的需求响应，但是传统基于价格需求响应是没办法做到辅助服务市场等短周期甚至是实时的场合，实时需求响应恰好填补了这个空白。

3. 2. 2　实时需求响应基本特征

在能源互联网发展的背景下，实时需求响应具有实时性、最优性、主动参与性及响应端智能性四大基本特征，为了实现实时需求响应，在技术上还要满足信息交互标准化、决策智能化和执行自动化，以上可简称"四性三化"。由于实时需求响应属于全自动需求响应的新发展阶段。因此实时需求响应这些特性大部分全自动需求响应也有，但还是有所不同的。

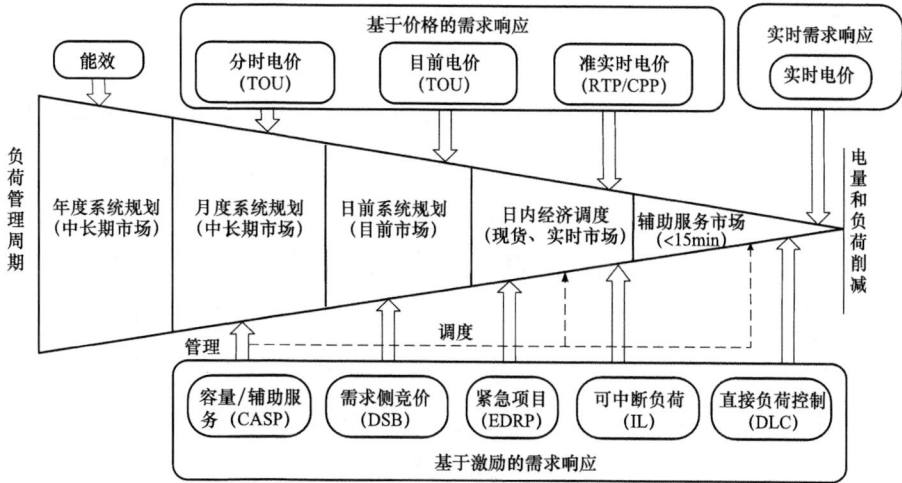

图 3-4　实时需求响应与项目的时间跨度

1. 实时性

用户能够近似实时地掌握系统和市场的实时供求关系信号——实时电价，用户侧的能量管理系统能够对信号做出实时响应。就是说需求响应是实时完成的，需求响应最重要的经济激励措施就是实时电价。实际运行中，可以以1min为单位的电价（目前智能电表的最小计量时间为1min，以1min为单位的电价才具有可以结算的操作性和实际意义）。由于有了能源互联网接入设备，使得电价能够迅速地以最短的时间传递给用户，用户通过能源互联网接入设备，自动接收到电价信息，然后根据自己的用能特性设置的应用模式、当前运行状态和外界参数（包括电价、新能源发电负荷等）等自动立即进行响应。如果需要响应终止，只需要将电价恢复到原来的水平（或者将电价调整为响应终止的电价阈值），而能源互联网接入设备会迅速的恢复到以前的状态。由于有了实时需求响应，可以利用负荷进行调频，而不再是仅依靠发电机组出力来进行调频。最为关键的这一切不是通过调度员或者聚合系统的控制来实现的，而是通过电价手段就能够自动调节整个电网的供需平衡。并有可能大大减轻了调度员的负担的同时，更提高运行的鲁棒性。

2. 最优性

实时需求响应的时间尺度较短，在电力电量平衡方面可以实现精准调节，在一定程度上可以避免偏差，达到最优经济响应的效果。

假设有一个具有自己分布式能源发电能力的配售电公司，在传统的需求响应过程中，通过负荷预测，预测到第二天的 12 点，光伏发电量达到最高值，风机发电量也是非常的好。因此，传统需求响应中，一般是降低第二天的 12 时的电价，让用户参与需求响应来增加用电。但恰好在第二天的 11：59，发现出现了暴风雨，光伏无出力，风机也因暴风雨而停机，按照最优的需求响应结果，此时应该是紧急启动较高的电价，让用户切负荷。但传统的需求响应是没有办法立即提升电价的，不仅没有，还必须得执行前一天预定的低电价为用户提供电能，这个结果与原先想达到的目标是相悖的。而电力实时需求响应就完全规避了这个问题。11：59，会自动预测下 1min 发电出力，并且预测出大约需要持续多久，甚至还会根据能源互联网接入设备识别的用户调节容量，来最优的计算出实时电价，并且迅速地将这个实时电价通过能源互联网接入设备传递给用户，让用户参与需求响应。因此这种响应最符合实时的实际情况，是一种最优的需求响应。

3. 主动参与性

主动参与性的含义包含以下两个方面。

（1）用户可以主动的选择参与或者不参与需求响应。传统需求响应也允许用户主动选择参与或者不参与需求响应，并通过协议确定下来，这种参与一旦确定下来之后，用户是不能随意改变的。但是实时需求响应用户无需将负荷设备托管给管理者，也有权限选择响应或者跳出负荷控制，不同于以往的直接负荷控制，甚至不同于自动需求响应，一般自动需求响应在合同规定范围内必须参加。因此在实时需求响应下，用户更具有较高的选择权限，因为虽然大部分情况下用户考虑的是经济性，但某些特殊甚至紧急情况下用户考虑的可能是可靠性，用户可以自行调整控制目标而无须与管理者协商，因此这种主动性更人性化。

（2）用户可以主动的选择甚至定制参与需求响应的优化策略。用户可以根据自身当天的实际用能需求，提前在用户侧的能量管理系统中输入响应的边界条件，包括室内温度、水温范围，洗衣机、微波炉、电动汽车等可转移负荷的工作时间范围等。系统的边缘计算能力会帮助其主动优化运行方式，可以根据自身的实际需求对用户下达响应指令或者实施负荷控制。在这种方式下，用户可以将自己的定制的策略主动提交给负荷聚合商，也可以不提交给负荷聚合商。当然主动提交给负荷聚合商的时候，制定的实时电价更加合理，需求响应更加精准。但在负荷聚合商不了解用户自己的定制的策略时，虽然实时电价在短时间内不够精准，但负荷聚合商在判断用户的响应行为后，通过大数据和人工智能技术能够识别出调节能力和响应特性，实时电价会趋于准确，需求响应的削峰填谷等作用还是能够体现的。

4. 响应端的智能性

用户的用电满意度或者舒适度是未来需求响应实施过程中所必须考虑的问题，同时用户的信息隐私安全对于未来互联网化的电力系统也十分重要。因此，实时需求响应要具有较高的智能控制性，分层的能量管理系统是实时需求响应实施的必要物理系统支撑。系统级的能量管理系统要能够在用户负荷处于黑箱或者部分黑箱的情况下，对区域能量进行调度管理。用户侧的能量管理系统要能够根据系统所发出的信号，即使在其他用户参与信息不完全的情况下，对用户的用电成本和用电满意度进行优化，当用户侧接收供电侧发送的信号后，能够根据自身的负荷用能情况，智能进行用户侧响应策略优化并自动执行。

5. 实时需求响应的主要技术体现

从技术角度，实时需求响应主要体现以下 3 个方面。

（1）信息交互标准化。实时需求响应的主要特征之一是供需双方能够进行实时的信息交互，并能够通过标识自动识别需求响应不同种类的事件信息。由于配套装置各厂商之间存在技术差异性，为提高需求响应系统设备的兼容性，同时满足自动需求响应信息交互过程自动化的要求，制定标准化的信息交互模型是必不可少的。

（2）决策智能化。需求响应事件策略制定和执行过程中的智能化和自动化，是决策智能化的主要体现。当用户侧接收供电侧发送的事件信息后，用户能够根据自身的负荷用能情况，实现用户侧响应策略的自动生成。

（3）执行自动化。执行自动化是需求响应实时化的直观表现，用户侧接收需求响应事件信号并自动生成响应策略后，需求响应策略能够自动执行，整个响应执行过程并不需要任何的人工介入。

3.2.3 实时需求响应与其他需求响应的区别

1. 实时需求响应与传统电力需求响应的区别

无论是实时需求响应还是传统的电力需求响应，目的都是通过价格信号与经济激励机制来改变用户的用电方式，以保证电力系统的运行的稳定与可靠，降低系统的整体运营成本，增加电力需求弹性在市场中的作用，减少投标市场中的市场操纵力，使市场竞争更加有效，价格更加合理。特别是对于引入竞争后的电力市场来说，需求响应是保证系统可靠性，促进市场有效运作的必要手段。

按照发展层次来看，实时需求响应是传统需求响应的发展高级阶段，两者还是有区别的。最重要的区别就是实时需求响应具有的上述七个特征。而传统的需求响应则不具有或者不完全具有这些特征。

传统需求响应需要管理人员或操作人员手动关停设备或调整设备的运行功率，电网侧也只能进行离线的激励设置，这使得用户响应产生了时间上的延迟，并且人工响应的可靠性得不到保障，电网侧也无法根据用户响应行为及时调整需求响应触发信号，降低了需求响应的灵活性和效率。实时需求响应是不需要任何的人工介入，通过接受外部信号就能触发用户侧需求响应程序的方式调动用户资源，降低高峰负荷。实时需求响应相比传统需求响应具有一个最大优势就是它的自动化通信和控制框架可以做到在几秒或者一分钟内对通知的价格信号做出响应。实时性和灵活性有助于提高实时需求响应的经济性。

同时，实时需求响应也可以结合现货市场等市场交易机制来自动实现需求响应资源实时最优调控，主要是通过市场的手段来促进实时需求响应的开展。而传统的电力需求响应往往是在售电市场未完全开放，或是市场机制没有完善的条件下实施的，更多的是一种系统为了保证安全稳定运行的调控行为而不是经济行为。传统需求响应与实时需求响应的分别如图 3 - 5、图 3 - 6 所示。

图 3 - 5 传统的电力需求响应

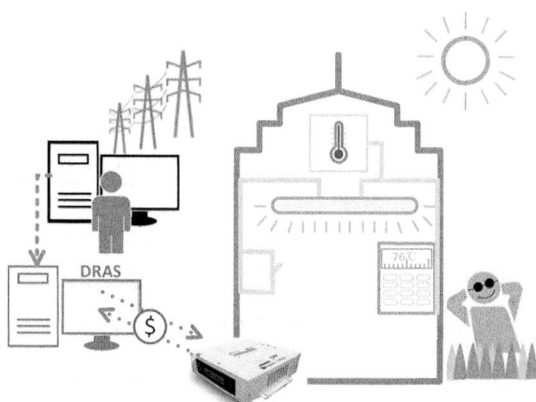

图 3 - 6 实时需求响应

2. 实时需求响应与全自动需求响应的区别

从定义上来看，实时需求响应和全自动需求响应同属于自动需求响应的范畴，因此它们在很多方面是相似的。可以简单地将实时需求响应理解为利用实时电价作为信号的全自动需求响应。一般意义上的全自动需求响应是直接控制需求侧的装置来达到全自动响应的效果，并根据响应的效果给予一定的补贴或其他激励的需求响应。两者还是有着不少不同之处。这种不同之处首先表现在特征上，全自动需求响应不具有响应端智能性的特征。虽然全自动需求响应也部分具有实时性、一定范围内的最优性和主动参与性，但在这些特征上与实时需求响应的内涵是有差别的。

（1）实时性有所不同。全自动需求响应也具备实时性。同样可以参与系统的二次调频。不同之处是手段，全自动需求响应采用直接控制用户端设备参与需求响应，实时需求响应采用实时电价作为信号触发用户端参与需求响应。实际运行中，实时电价由于涉及计量和结算周期等问题，必然有所滞后，所以在实时性上实时需求响应有可能比不上采用直接控制的全自动需求响应。

（2）最优性有所不同。全自动需求响应上，最优性体现在整个聚合系统的全局最优，但是对某个用户来说往往不一定是最优的，甚至有可能会影响部分用户的生产，或造成其他损失，这种损失可能超过电价或激励补偿。实时需求响应是每个用户基于独立经济人的考虑而主动参与的，恰能做到对每个用户都是经济最优的。

（3）主动参与性不同。这里实时需求响应与全自动需求响应存在较大的不同。尤其在用户可以主动的选择甚至定制参与需求响应的优化策略方面，全自动需求响应是不具备的。也就是说用户端将设备托管到聚合商或其他运行管理方，是没有权利选择自己的优化策略的。

（4）响应端的智能性不同。全自动需求响应是不具备该特性，响应端的智能性是实时需求响应与全自动需求响应的区别之一。一般的全自动需求响应的需求客户端纯粹是一个执行机构，它本身并不具备任何计算和智能控制能力。而实时需求响应它根据需求响应聚合系统或调度端发过来的实时电价信息自己进行智能优化并参与实时需求响应。随着能源互联网大发展，尤其是边缘计算和物联网技术的发展，每个用户参与实时需求响应就具备了条件。

（5）手段不同。这点不同是属于实时需求响应和一般意义上的全自动需求响应的关键区别。全自动需求响应是通过直接控制需求侧的装置来进行直接控制的。而实时需求响应，它是聚合商通过实时交易或计算制定出一个实时电价，通过实时电价作为杠杆信号，用户侧再根据实时电价自动调整其用电行为和用电负荷以达到需求响应的目的。

一般意义上的全自动需求响应，它通过经济补贴或激励的方式来降低电力的需求。这种需求响应严格意义上说属于强化需求响应，它只能增加需求响应的程度，而不能形成有利于提高市场效率，降低市场风险的需求响应机制。通过纯经济补贴方式来增加需求响应的强度，通常不可能明显降低批发市场的价格，这种补贴或激励实际上是一种转移支付，最终还是提高了用户的平均电价水平。从整个社会角度来看，其成本要大于其收益。而基于电价的实时需求响应是一种改善需求响应，它将使得社会总成本降低。

（6）耦合程度不同。全自动需求响应一般采用直接控制需求侧设备，所以它的耦合程度非常高，必须要与需求响应客户端实时保持通信，须实时了解负荷的任何相关的信息，同时能够实时根据控制策略下发控制命令。一旦是耦合性不够，那全自动需求响应就会受到影响。实时需求响应虽然对需求侧用户负荷情况了解越多，电价信号就越能准确反映供需关系，因而响应效果就越好。但它不完全依赖与需求侧用户设备的交互，极端情况下它是通过纯电价的方式来耦合，而且这种电价耦合不一定要通过物联网或专有网络，甚至是通过普通的公用互联网就能够传递实时电价信息。

（7）响应的去中心化。全自动需求响应需要一个中心，这个中心有三个方面作用：①采集所有聚合的设备的用电信息；②根据策略制定响应优化控制手段；③向需求响应客户端下发控制命令并判断执行效果。这种中心化的思路可能带来网络安全和系统安全的问题，控制的设备越多，网络安全和系统安全问题越突出。随着边缘计算和区块链技术的发展，使得去中心化的需求响应变得可能。实时需求响应也需要一个中心，这个中心要么是计算实时电价的中心程序，要么是电力市场实时交易系统，因此这个中心可以是与其他中心共用的一个弱中心。其他的运算和响应全部由用户的能源互联网接入设备来执行。由于能源互联网接入设备有着更强边缘计算能力，同时不需要与需求响应服务器强耦合，因此具有更强的生命力和更好的适应性。另外这种方式不直接控制设备，网络安全和系统安全问题大大减少。

（8）投入成本。全自动需求响应及传统需求响应的投入成本是很高的，不仅需要建设需求响应的服务器，还需要与用户洽谈并为用户装置安装需求响应的负荷控制端设备或需求响应客户端设备，甚至要改造用户的负荷设备。在运行后还需要对这些设备进行运行维护。而需求响应的收益可能是有限的，一旦产出低于投入，需求响应项目就无法实施，这也是当前需求响应覆盖率很低的原因之一，也是现在的需求响应一般只在大工业用户中实施的原因。对于普通居民用户，需求响应的收益很小，但投入很大，所以除了试点项目外，一般居民用户都是没有办法参与需求响应的。

实时需求响应是基于能源互联网的，随着能源互联网的发展和普及，每个用户在能源互联网中安装了能源互联网接入设备，这些接入设备它不完全是为需求响应服务的，可能为综合能源服务和其他的一些增值项目服务的。但这些设备安装好了之后，它就会成为需求响应的一个客户端，那么这种方式的需求响应的成本实际上是一种零边际成本。对于普通居民用户来说，虽然他的获益很少，但是由于参与需求响应的成本更低，所以用户参与响应的可能性和主动性就会大大增加。

在能源互联网的情况下，随着边缘计算和人工智能技术的发展，能让最终每一个用户都逐步成为电能的生产者、消费者、电力市场的交易者和电网系统运行的参与者。如果有一种需求响应能够让一半用户参与，就能够极大程度地实现第一章所描述的需求响应目的及其意义，那这种响应必然是低成本甚至是零边际成本的。而能源互联网连接了每个用户，它的普及必然会极大降低成本甚至达到零边际成本。而实时需求响应本身就是基于能源互联网和实时电价的一种需求响应，因此必然成为未来需求响应的主要模式之一。

3.2.4 实时电力需求响应的应用场景

随着用户侧分布式能源单元渗透率的提高以及能源互联网的建设发展，需求响应将逐渐向着实时需求响应方向转变。未来用户的用能行为选择将在需求响应中发挥更为重要的作用，更多的响应行为是用户基于市场信号和交易情况所做的策略优化，是用户的自愿行为，系统的集中控制和指令在需求响应实施过程中将逐步弱化。分散的能量市场将使得需求侧资源能够基于局部（配电网/区域能源互联网）的市场情况和价格信号进行直接交易。去中心化的分散能量市场也将降低需求侧资源参与市场交易门槛，小体量的需求侧资源也可以通过市场交易获利，从而利用市场机制充分调动需求侧资源。因此，实时需求响应有着广阔的应用前景。

1. 用于新能源（特别是分布式电源）的消纳（场景一）

新能源特别是分布式电源是能源发展的一大趋势，但同时分布式电源的出力又具有间歇性和不确定性的特点，在电力市场运行过程中，一方面可能由于发电量与销售的电量不足而导致被惩罚的风险，另一方面是因为发电量超出销售的电量而导致弃风弃光现象。不仅如此，从安全性方面考虑，分布式电源参与调度时，需要预留足够的旋转备用应对出力的偏差；同时其出力具有一定的反调峰特性，在用电低谷时段大量的弃风弃光也会造成一定的资源浪费。

为支持分布式电源的发展，就需要全方位提升电力系统的灵活性和适应性，以支持能源的分散开发，就近消纳，提高电网对分布式电源的渗透率和能源的利用效率。为了解决这些问题，不少地方要求分布式电源配置一定的储能装置，除了在硬件上需要统筹分布式电源的发展与配套电网规划建设外，还需要推动和完善"源—网—荷—储"协同的市场化运营机制，实现分布式电源和多元化负荷的开放接入和双向互动，而需求响应与可再生能源之间就具有良好的互补特性。实时需求响应机制就能综合聚合多种分布式电源、可控负荷资源、储能装置，或是其中的任意组合资源进行协调优化运行，并参与到电力市场交易中，从而保障了含有大量随机特性分布式电源的电力系统的可靠、经济和可持续运行。

特别需要说明的是，随着分布式电源的发展，负荷聚合商以及负荷零售商将会逐渐拥有自主产权的分布式发电设备，或者所掌握的用户拥有分布式发电设备。这种情况下一方面新能源消纳以及与电力市场互动的情况将更加复杂，另一方面解决这些问题又有先天的优势——既掌握了分布式发电的资源，又掌握了用户的调节资源。此时实时需求响应的作用将变得更加突出，它们可以实时调用用户的可调节能力来应对分布式能源的实时变化，真正实现"源—网—荷—储"的协同优化，以实现分布式电源的全额消纳。

2. 用于负荷零售商和负荷聚合商的风险规避（场景二）

负荷零售商和负荷聚合商作为电力市场的主体之一，其运行和经济收益极大地受限于负荷预测的准确性。预测准确性不足将会带来大量的风险，包括但不限于以下风险：

（1）由于预测电量过低而不得不从现货市场上高价购入平衡电量来满足

用户的风险。

（2）由于预测电量过多，在实际购电量达不到时，被市场管理者进行经济惩罚的风险。

（3）发现电力市场上有低价电甚至负电价时，却因为没办法调动用户的用电能力，导致低价电没法吸纳，相关利润无法获得的风险。

（4）对于有分布式电源的负荷零售商和负荷聚合商而言，由于分布式电源出力预测过高，实际不足时，会导致不得不从现货市场上购买高价电以满足用户需求的风险。

（5）由于分布式电源出力预测过低，在新能源实际出力充盈时无法消纳，或者因为优先消纳分布式电源导致无法履行购电合约的风险。

实时需求响应可以规避或部分规避以上这些风险。出现风险（1）和风险（4）时，实时需求响应会启动实时高电价以获得用户的调节能力，用户会自动削减负荷，从而规避了在现货市场上购置高价电。出现风险（2）、风险（3）和风险（5）时，实时需求响应会启用实时低电价来挖掘用户的用电潜力，或实现新能源消纳，或提高经济效益，或规避市场管理者的经济惩罚。

对负荷零售商和负荷聚合商而言，实时需求响应还可以理解为另一种保险机制。保险机制中负荷零售商和负荷聚合商可以投保来规避市场风险。实时需求响应中，负荷零售商和负荷聚合商可以把本应投保的保金返还用户，给予用户一定的优惠以获取用户参与需求响应，在风险一旦来临时启用实时需求响应以获得相应的风险规避。

3. 作为辅助服务资源参与辅助服务市场交易（场景三）

随着全社会对用电需求的不断增加，电网的尖峰负荷逐渐增大，电网调峰能力和调峰需求的矛盾不断凸显。在传统的垂直垄断结构的电力工业时代，辅助服务是由电力部门的发电侧承担。未来，随着供给侧改革和新电改的深入推进，建立市场化的调峰机制不仅要涵盖发电侧，同样也要涵盖用电侧。需求侧资源将作为一种与发电侧对等的系统资源参与提供系统的辅助服务，需求侧资源可以作为旋转备用、非旋转备用、调频备用等，以提高系统的安全可靠性。实时需求响应作为一种需求侧资源，也可以作为一种系统资源。利用实时需求响应不仅可以将大用户，还可以利用负荷零售商和负荷聚合商将众多分散可控的中小用户聚合在一起作为调峰资源参与到竞争性的电力市场中，通过调整用户用能时间和用能方式，实现电力负荷的移峰填谷，发挥市场主体的作用。实时需求响应可以提供以下辅助服务。

（1）旋转备用：由于发电或输电系统故障，使负荷与发电发生较大偏差时，实时需求响应根据需要的备用容量计算出需要的实时高电价，并将电价下发至用户，用户以分钟（1~10min）为单位可以紧急降低负荷，从而实现系统负荷跟踪服务。

（2）非旋转备用：既然实时需求响应能够提供旋转备用，同样能够提供对实时性要求更低（＜30min）的非旋转备用。

（3）频率控制：实时需求响应能够处理较小的负荷与发电的不匹配，维持系统频率，以使控制区域内负荷与发电的偏差及控制区域之间的交换功率实际值与计划值的偏差为最小。但由于实时需求响应受到电量计量和结算周期的限制，难以做到秒级的频率控制。但可以提供分钟级的频率控制。

随着实时需求响应的发展和推广，实时需求响应可以提供的辅助服务类型也会扩充。

4. 直接参与现货交易以提供能量不平衡的补偿（场景四）

电力市场参与的各主体均有可能出现实际的交易量与计划交易量的不一致的情况，而实施实时需求响应的负荷零售商、负荷聚合商以及大用户均可以把负荷调节能力作为一种补偿电量在电力市场上销售，用于市场主体间交易量与计划交易量的不一致的补偿。

如某发电厂等售电方供电能力不足，却因售电合同不得不向购电方供电，此时售电方可以购买可削减的电量（实际上是购买了所购电的用户和提供需求响应用户的负荷的转移能力或是削减能力）；从而弥补了发供电能力的不足。配售电公司等购电方在购电合同中的购电量不足时，一般可能会在现货市场上购买高价电量以满足用户需要，但实时需求响应提供了另一个选择，就是购买这种可削减的电量，从而满足本身的供电量。

如某发电厂等售电方发电能力充足，多发的电量找不到购电方，此时售电方可以低价向需求响应方售电；或者购电方购置了过多的电量，也可以低价向需求响应方售电；这些同样实现了交易量与计划交易量的不一致时的电量平衡。

5. 用于紧急状态下的负荷平衡（场景五）

由于实时需求响应可以做到分钟级的负荷控制，因此在二次调频里面会起到一定的作用，这种作用在场景三中作为辅助服务资源参与辅助服务市场交易中已经描述。这种资源既然可以在辅助服务市场上交易，也可以作为电网调度或运行部门的二次调频手段。

另外在整个电网出现紧急故障的时候，紧急需要切负荷的时候，电网调度或运行部门可以直接调用负荷控制，把负荷给切掉。这种方式仅限于有直接切负荷能力的负荷，对于大量没有直接切除能力的负荷，实时需求响应提供一种让用户主动切负荷的手段。在实时需求响应的场景下，电网调度或运行部门可以迅速提高紧急电价，让用户自动、主动地切负荷。

6. 更精准的削峰填谷（场景六）

由于传统的分时电价是以小时为单位电价，更精细一点的情况是做到30或15min为单位的一个电价。传统的发电负荷和用电负荷预测也是基于15min为单位的预测。这些情况导致电网很难在一个小时内或者15min内平抑负荷波动，在负荷爬坡阶段或是一些紧急时段负荷波动会比较大。一般需求响应等手段最多能够保证这段时间内的电量供需平衡，却很难控制这段时间内的负荷波动。这些原因是因为负荷不像发电，无法被精准控制。但实时需求响应通过实时电价提供了一种负荷控制的手段。在一小时或者15min范围内，需求响应方可以通过给定的负荷曲线，或者给定的负荷波动范围，乃至于爬坡率等指标，根据所掌握资源的可调节能力模型，计算出实时电价，通过实时电价的波动实现负荷波动的平抑，从而实现更精准地"削峰填谷"。

7. 实现综合能源服务（场景七）

与传统的售电业务相比，在能源互联网背景下提供给用户的是综合能源服务，其能源提供方式和服务方式更加多元化。开展综合能源服务业务既可以提高供电质量，提升能源的利用效率，又能改善电力企业在能源供应市场竞争中的地位，构建以能效为核心的综合能源服务体系。能源互联网的发展重点之一是多能互补，就是以电能为纽带，以互联网技术为支持，推动多能互补区域能源网络的互联互通，实现与能源用户的双向互动。这个互动不仅是技术上可行，还要从机制上保障实施。多样互动用电是实时需求响应的最终应用环节，能源互联网背景下，供能向着互动、高效、智能的方向转变，用户多样化的用能需求和降低用能成本需求，以及能源服务方式的不断创新和市场化的竞争都促进了用电领域的不断发展，基于互动的能源消费模式，用户主动参与能源供应的模式都使得能源供应发生了根本性的变革，通过完善的实时需求响应机制，可以引导供需双方的互动，鼓励用户采用高效的能源消费方式。

通过实时需求响应机制的实施，可以细分不同用户的个性化用能需求，挖掘能源替代潜力，推广实施电能替代的各种技术，例如对于终端用户可以将用户的电、热、冷、气等多种用能需求，因地制宜、统筹开发，互补利用传统能源和新能源，通过冷热电三联供、各种分布式再生能源和微电网等方式，实现多能协同供应和能源的综合梯级利用。对于生产制造领域用电，可以针对不同行业的生产工艺用电进行技术改造和生产方式替换，推进电窑炉改造，电锅炉应用等，最终达到能源的高效传输，资源的优化互补配置。还可以探索电动汽车与电网的双向互动，探索电动汽车在有序充电条件下实现商业运行的技术条件和运营模式，有效引导电动汽车主动响应电网的调峰互动等。

4.

电力负荷分类和需求响应特性分析

　　随着电力体制改革的不断推进，传统的粗放式的经营和管理方式已不能满足电力市场化的改革需要电力消费者需求的变化，因此对电力负荷的分析的日益重要。准确地描述出电力系统负荷变化特性以及准确地估计出电力系统负荷变化的趋势可以为电力市场分析、电力系统规划、以及电力需求响应提供重要的参考依据。

4.1 电力负荷分类及需求响应潜力评估方法

4.1.1 电力负荷的分类

在电力系统中，电气设备所需要用的电功率称为电力负荷或是电力，其中，电功率是指在单位时间内所做的功，是用来表示电能消耗快慢的物理量。目前广泛使用的负荷概念是指国民经济整体或部门对电力电量的消耗量的历史情况及未来的发展变化趋势。

在电力系统被采用过的分类方法有多种，不同的分类方法应用于不同的研究目的。主要的分类方法有以下几种。

1. 按负荷的物理性能分类

负荷按物理性能可以分为有功负荷和无功负荷。有功负荷是指电力系统中用来产生机械能、热能或是其他形式能量的负荷，由发电机发出的有功功率来供应；无功负荷是指在电力系统中不做功的负荷，一般是由电路中的储能元件（电感或是电容）引起。

2. 按电能的生产、 供给和销售过程分类

负荷按电能的生产和传递过程可以分为用电负荷、供电负荷和发电负荷。电力系统中的发电负荷是指在某一时刻电力系统内各发电厂实际发电出力的总和；发电负荷减去各发电厂的厂用负荷之后，就是系统的供电负荷，供电负荷是指发电厂对外承受的总容量，代表了发电厂供给电力网用的电力；供电负荷减去电力网中的线路和变压器损耗之后，就是系统的用电负荷，也是电力系统中各个用户在某一时刻所消耗的电力总和，它反映出对电力系统的需求容量。

3. 按负荷在电力系统中的分布分类

负荷按在系统中的分布可以分为变电站负荷、分区负荷和全系统负荷。变电站负荷主要用来进行电力网方案设计和主变压器选择；分区负荷用来确定区域间功率交换；全系统负荷用来确定全系统所需的装机容量。

4. 按国民经济的统计分类划分

早在 20 世纪 80 年代中期，为了便于用户负荷的分类研究和管理，对用户负荷的分类方法就有了调整，采用将电力负荷划分为八大类别：农林牧渔水利用电，包括了农村排灌、农副业、农业、林业、畜牧、渔业、水利业等用电；工业用电，包括了各种采掘业和制造业用电；地质勘探业用电；建筑业用电；交通运输邮电业用电，包括公路、铁路车站、码头、机场、管道运输、电气化铁路和邮电通信等用电；商业、餐饮业、物资供销和仓储业用电，包括各种商店、饮食业、物资供应单位及仓储用电等；城市上下水道及其他事业单位用电；居民生活用电，包括城市和乡村居民生活用电。到了 20 世纪 90 年代初期，为了适应我国经济结构的变化，并与国际惯例接轨，又将电力负荷按国民经济的统计划分为第一产业（主要是农业）用电，第二产业（主要是工业）用电和第三产业（除第一、二产业外的其他事业）用电和居民生活用电。

5. 按电力的使用目的划分

负荷按使用的目的可以分为动力用电、照明用电、电热用电及通信用电。动力用电包括安装于国民经济各部门，用于各种目的的，以电力作为动力的设备用电；照明用电是指工厂、农村、机关、学校、商店及公共娱乐场所等的照明用电；电热用电包括各种工艺过程中的电热用电、采暖用电、电加热用电热水用电等；通信用电是指各类通信设施的用电。这种分类方法主要用于能源平衡分析，在电力规划或是电力系统运行控制中一般不采用这种分类方法。

6. 按用户的重要性划分

长期以来，我国按照用户的重要性程度不同将负荷划分为三类，即一类负荷、二类负荷和三类负荷。

（1）一类负荷是指中断供电时将造成人身伤亡或是经济、政治、军事上的重大损失的负荷，包括涉及国民经济的命脉及人民生命财产安全的用户，或是停电及突然停电会造成损失太大的用户，如冶炼、医院、重要的军政机关等，这类负荷必须要采取措施以保证高度的供电可靠性。

（2）二类负荷是指中断供电后将影响重要用电单位的正常工作，或是在政治经济上有较大损失的负荷，即中断供电将造成严重减产、停工、局部交通阻塞、居民的正常生活秩序会被打乱，其在国民经济中的地位不如一类负荷重要，对其停电造成的经济损失虽然也不小，但还不是无可挽回的，这类负荷在电力系统中至少要有中等程度的供电可靠性。

（3）凡是不属于以上一类负荷和二类负荷的就是三类负荷，这类负荷短时停电造成的损失不大，与人们的生命财务安全关系不大，中断这类负荷的供电带来的供电损失是最少的。三类负荷的划分，在不同的历史时期有不同的内容和要求，在电力系统运行管理和用户用电管理时需要考虑。

4.1.2　电力负荷需求响应潜力的评估方法

需求响应项目的执行效果需要更多的关注不同类别用户对于项目的参与度以及项目执行中各种外界因素对于不同用户响应能力和意愿性的影响，所以具有很大的不确定性。面对特性差异较大且数量众多参与用户，如何评估其需求响应的负荷调节潜力和节电潜力，如何制定合理的激励手段来挖掘上述潜力是需求响应研究的关键问题之一。因此，有必要针对不同类别的用户分析他们的用电特性，进而分析各类用户实施需求响应的潜力，才能提出针对不同用户的需求响应措施建议。目前需求响应潜力评估方法可分为三类。

1. 自下而上方法

该方法抽取行业典型用户负荷作为样本进行响应潜力评估。根据样本负荷容量占行业总负荷的比例，将评估结果作线性映射，进而得到该行业的需求响应潜力。该方法所需的数据量与工作量较少，在负荷曲线相似度较高的行业中具有一定的应用空间，其缺点在于典型用户选取带有很强的随机性与主观性，放大过程过于依赖工作人员的经验。基于此方法，全美 2019 年负荷响应潜力可占到高峰负荷的 20%，2023 年中国北方电网的负荷需求响应潜力将占到高峰负荷的 14.37%。

2. 用电过程分析方法

针对不同类别负荷的用电数据，分别评估他们的需求响应潜力。该方法所需数据量多，涉及不同行业的具体生产流程，收资内容具体，评估工作量大。当部分收资数据公开可能降低企业机密、影响核心竞争力时，企业将拒绝配合，将导致评估过程中断。

3. 价格弹性系数方法

基于电力需求弹性，可以建立负荷对电价政策和激励政策的响应潜力评估模型。该类方法得到的潜力为基于价格弹性的响应极限，但是需要考虑与实际负荷特性有关的约束。

4. 单设备潜力聚合法

在能源互联网的背景下，随着信息通信技术的发展，特别是能源互联网接入设备的普及，对单设备的需求响应潜力评估可以做到非常准确。这是因为：一方面用户能够通过能源互联网接入设备与电网进行交互，设置设备的需求响应策略，用户可以根据响应策略在某时刻对单设备的调节十分及时，调节的负荷量十分精准，如设置用户的热水器在电价提高五分钱时果断切除，设置空调在某时段采用托管模式等；另一方面，通过人工智能等技术能够识别用户的行为习惯和偏好，根据用户的习惯和偏好，能源互联网接入设备能智能计算响应策略，包括在不同时段、不同电价下的调节能力。在明确了单设备、单用户的调节能力后，整个区域的可调节能力可以通过这些调节能力的聚合得到。

4.2 不同类别负荷的用电特性及需求响应潜力

4.2.1 工业负荷用电特性及其需求响应潜力

1. 钢铁行业

（1）行业用电特点。因产业生产工艺、使用设备的要求，钢铁行业一般需要消耗大量的电力，占工业负荷的比重较大。概括而言，钢铁行业的用电特点主要有：

1）生产设备运行时间连续。钢铁企业一般是三班四运转 24h 连续运行，工作日与周末工作时间相同。由于生产工艺具有流程长、各生产系统密切相关、中间产品不可存储的特点，该行业的多数用电设备采取连续性工作制，如高炉、焦炉、烧结机、转炉、制氧机等；部分设备可间歇性生产，如机加工设备、焦化上煤配煤系统、烧结上料系统等。

2）用电设备供电可靠性要求高。钢铁行业用电设备要求供电可靠性高，大部分生产设备为一级或二级负荷，对一级负荷突然停电，会造成人身伤亡的危险，或重大设备损坏且难以修复，或者在经济上造成重大损失；对二级负荷突然停电，将产生大量废品，大量减产，损坏生产设备，在经济上造成较大损失。

以大型钢铁厂生产过程为例，属一级负荷的有高炉炉体冷却水泵、泥炮机、热风炉助燃风机，平炉倾动装置用电动机、装料机，转炉的吹氧管升降机、烟罩升降机构以及铸锭吊车、大型连渣机、加热炉助燃风机、均热炉钳式吊车等。属二级负荷的有立井的提升机或露天矿排水泵、烧结机、高炉装料系统、转炉上料装置、各型轧机的主传动及辅助传动设备等。

3）轧钢设备用电影响电力系统稳定运行。轧钢设备容量大，运行中冲击性负荷很大（如咬钢或加大压下量时），对电力系统稳定运行有较大影响。拖动轧机的直流电机采用可控硅整流装置供电时，在轧辊咬住钢坯瞬间，电机从电力系统立即汲取大量有功和无功功率，对电力系统形成冲击性负荷，又由于可控硅的调相调压非线性特性，引起电网电压波形畸变，还产生高次谐波分量，给电力系统带来不利影响。

（2）行业负荷特性。

1）日负荷特性。钢铁企业的日负荷较高，以一典型钢铁企业为例如图 4-1 所示，最大负荷值出现在 22 时，最小值出现在 15 时。由于该行业用电容量大，且冲击负荷大，如轧钢等，全天负荷曲线呈现出一定的波动性，负荷波动较为明显的时段安排的是 6~16 时的正常上下班时间。

2）年负荷特性。由钢铁企业的年负荷曲线可以发现，钢铁企业为连续性生产企业，气候、天气等自然条件影响较小，在一年中负荷基本持平。典型钢铁企业年负荷曲线如图 4-2 所示。

（3）实施需求响应的潜力。

1）错峰生产潜力。根据负荷曲线的特点，钢铁行业虽然负荷率较高，但是由于各个时段负荷情况有所差别，企业可以利用负荷波动特点，自发调整生产，改变用电模式，将用电量尽可能转移至低电价时段，从而改变钢铁行业的

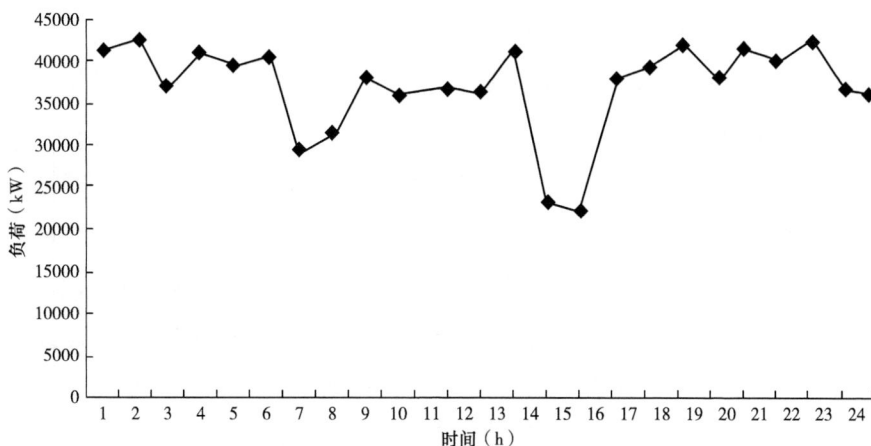

图 4 - 1　典型钢铁企业日负荷曲线

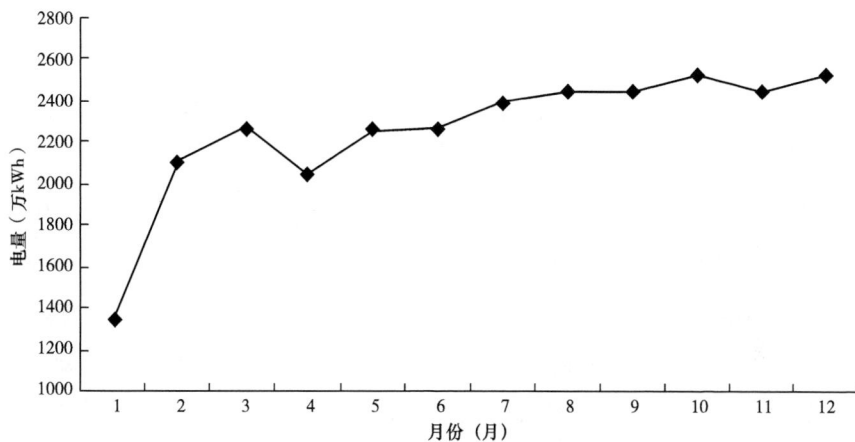

图 4 - 2　典型钢铁企业年负荷曲线

负荷特性，降低系统峰谷差。

a）钢铁企业尤其是电炉炼钢的企业，其生产工艺决定了钢铁企业的日负荷在短时间内变化较大，在电炉开启时负荷急剧上升，关闭时负荷急剧下降，从而造成了典型日负荷曲线呈现明显的锯齿形变化。因此，钢铁企业如果将电炉开启时间与日负荷高峰时段避开，那么可以很大程度上减轻电网调峰的压力。

b）高炉喷煤粉车间的磨煤及煤粉储备，烧结、焦化车间的原料储备，炼钢分厂的生产准备环节可以避开电网高峰，转为在非峰时段消耗负荷。一班或两班制生产的辅助部门，如机修、原料厂、动力供应等也可以尽量避免安排在电网的非峰时段用电。

2）避峰检修潜力。由于生产设备检修时间一般根据订单情况来安排，钢铁企业的检修安排和调整生产计划可以避开系统高峰负荷，将其安排至供电紧张的月份，在其他时段进行满负荷生产，从而实现削峰填谷的作用。

a）将设备日常检修时间安排在日电网高峰时段，可转移很大一部分高峰负荷至非峰时段。如特大型联合企业若将各轧钢分厂（轧机、滚道）日常检修安排至电网高峰时段进行，可以削去很大一块高峰负荷。

b）由于通常情况设备大修是随机安排的，可以将主要生产设备如高炉、炼钢、烧结、轧机、制氧机等的大修时间有计划地安排在电网高峰季节，每次检修一般持续几个小时，检修负荷为 3 ~ 10MW。

3）可中断负荷潜力。根据钢铁企业用电特性，一般的钢铁公司均有一定比例的用电设备属于可中断运行的设备。钢铁企业焦化、烧结和冶炼生产设备多为一类负荷，如果突然中断供电，会对设备或人身造成伤害。若必须中断供电，炼铁的主要设备中需提前 1h 预告停电，但用于冷却的水泵房不可停电，炼钢厂需提前 1h 预告，部分设备可停电，但制氧不得长时间停电，水泵不可停电。即使这样，中断供电还会影响设备的使用寿命，因此利用该部分可中断潜力时需综合考虑。轧钢生产线的设备多属于二类负荷，具有可中断的潜力。对于轧钢设备可以提前 1h 预告，对于其附属设备也可提前 1h 通知。

（4）需求响应措施建议。

1）大力推行分时电价、尖峰电价以及季节性基本电价。通过峰谷电价，引导钢铁企业在电价较低的平 - 谷时段满负荷生产，在电价较高的时段为75% ~ 85% 负荷运行。通过尖峰电价，引导钢铁企业在晚高峰时段调整生产，减小系统早晚高峰差。通过季节性基本电价，促使相关企业进行季节间转产，降低用电高峰季节的产量和负荷水平。

2）引导企业合理组织生产、检修。调整间断生产设备的组织方式主要是改变作业时间，将生产时间安排在低谷或平段进行。如焦化配煤上煤系统、烧结原料系统在低谷或平段将原料备足；机修铸钢、机加工躲过尖峰和高峰时段安排低谷或平段生产。调整连续生产设备的生产组织方式主要是调整品种，考虑在尖峰时段生产耗电小的产品，在其他时段生产耗电相对较多的品种。

将设备检修安排至系统高峰时段，对于小的设备检修，可以安排在一天中的日高峰时段进行。对于大的系统检修，可以安排在一年中负荷最紧张的时期，如夏季或冬季紧缺时期。

3）出台"可中断负荷补偿"政策，实行可中断负荷电价。针对晚高峰时出现限电严重，影响人们生活的问题，在可中断负荷补偿等政策的基础上，对于具有可中断潜力的二类设备负荷实行可中断负荷电价，使企业每天停产、让电 1~2h 为宜，并进行补偿。

2. 机械制造行业

（1）行业用电特点。机械制造行业包括通用设备制造业和专用设备制造业两大类子行业，统计数据表明，中国机械工业已经由高速增长转而进入稳定增长时期，行业用电量占全社会用电量比重较大，主要的用电特点如下。

1）热加工用电设备是主要的耗电设备。机械制造行业主要生产工艺都要经过热加工，冷加工和装配等工序。热加工用电设备是主要的耗电设备，其他随生产班次运行或常年运行，因此热处理的能源消耗一般在机械制造企业中能够占据为 20%~30%。在该类设备中，电热炉一般耗电功率大，工作持续时间长、占用工厂较大用电负荷。由于热加工用电设备的耗电量取决于设备本身技术状况、装料的多少和生产调度，集中连续开炉、提高装载率是提高电能利用率的有效措施。

2）产品种类决定生产用电。机械制造工业一天 24h 内负荷变化幅度较大，企业会根据产品种类决定生产方式为连续性或非连续性。重型机器企业一般采用一班制或两班制，机床及其他专用机械制造多为两班制。

3）设备供电可靠性要求相对不高。机械制造行业中的设备供电可靠性要求并不是最高，除电炉炼钢保温和冷却用电外，机床等设备在突然停电时不会造成太大的生产损失，送电后可立即恢复生产。但是需要注意的是，频繁的停电可能会对设备寿命造成影响。

（2）行业负荷特性。

1）日负荷特性。机械制造工业的主要负荷特点是负荷变化大，自然功率因数低，一般低于 0.8。典型机械制造企业的日负荷曲线如图 4-3 所示，呈现出明显的峰谷特点，19 时~第二日 7 时是负荷的低谷时段，10 时负荷最大，0 时左右负荷最小。这是主要是因为，在大多数情况下，机械制造企业的生产能力要高于市场需求，不需要 24h 连续生产。该行业用户在深夜低谷时段除部分金工、铸造、热处理工作外，其他生产都安排在白天进行。

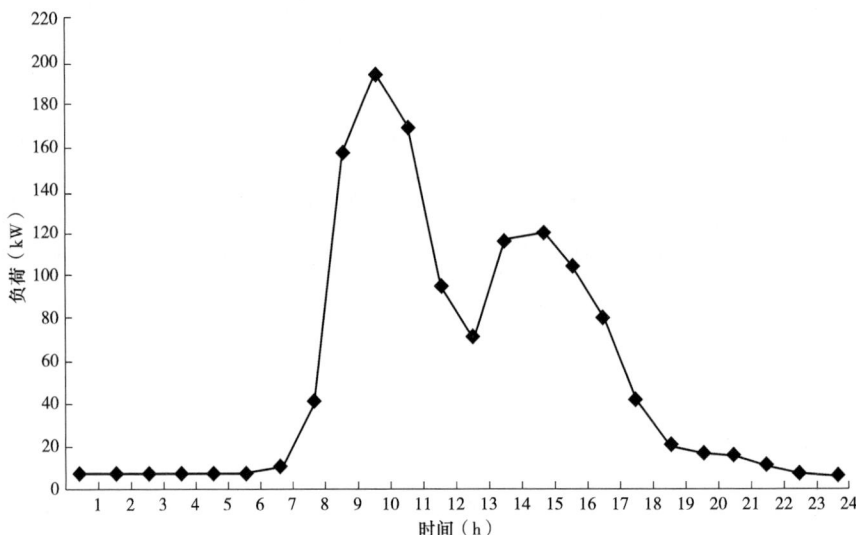

图 4-3　典型机械制造企业的日负荷曲线

2）年负荷特性。典型机械制造企业年负荷曲线如图 4-4 所示，可以看出，其生产受市场影响较大，有的月份负荷明显上升，呈现出明显的市场影响。由于市场变化的规律性，这类负荷的波动性及其对负荷特性造成的影响也是规律性的、可预测的。

（3）实施需求响应的潜力。

1）错峰生产潜力。由于日负荷曲线呈现出明显的峰谷特点，机械制造行业具有较大的错峰生产潜力，转移负荷能力很强。如大型机床、热处理炉、空气压缩机等的使用可以尽量避开高峰时段；用电焊机加工，高峰时段安排电焊

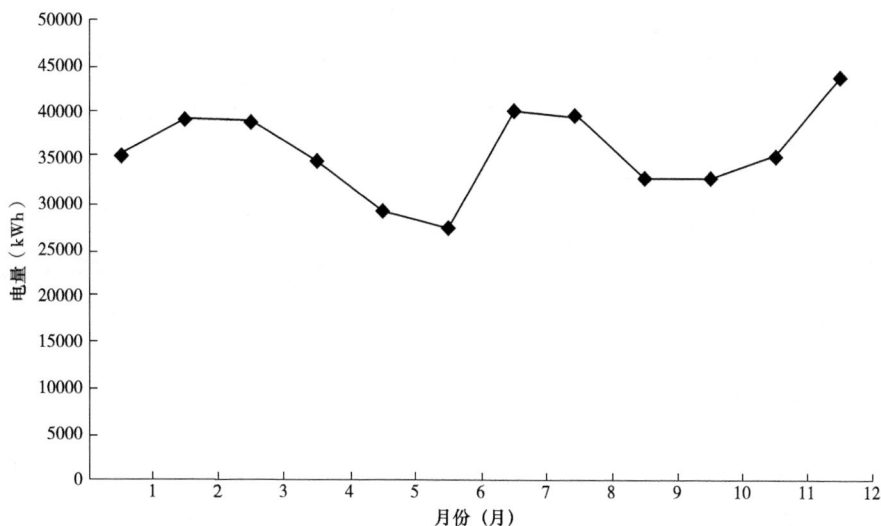

图 4 - 4   典型机械制造企业年负荷曲线

工艺,满焊部分移至平、谷时段进行。机械行业的电弧炉、电焊设备、锻压设备等冲击性负荷和电加热炉等设备转移到电网低谷时段消耗,可以转移很大一部分高峰负荷。

2)避峰轮休潜力。由于一般机械制造企业视订单的交货周期安排为一班生产或两班生产,机械加工环节的负荷比重不大,可以通过将有序用电预案设置为强制周休或轮休,发挥机械设备的避峰潜力。

3)可中断负荷潜力。机械企业中,除电炉炼钢保温和冷却用电外,其他用电设备对供电可靠性要求不高,如铸造环节的用电设备,电弧炉、中频炉等,均属可中断负荷,可以鼓励其参与电网避峰。

(4)需求响应措施建议。由于机械制造行业普遍峰谷差较大,日负荷率较低,且用电设备绝大部分为感应电动机,负荷可转移,因此各种优惠电价形式、可中断负荷管理等错峰避峰措施都适用。

1)拉大峰谷分时电价等电价差。机械行业的转移负荷能力很强,实施峰谷分时电价可以促使企业将一部分生产负荷转移到谷段和平段,但是考虑到夜间工作的增加的成本,所以峰谷电价的价差应当适当拉大,且实施对夜间工作有一定的激励性引导政策,鼓励用户主动把负荷调到夜间。

2）加大尖峰电价优惠。机械制造焊割尖峰错峰的潜力很大，特别是在生产任务不满的情况下，可以通过加大尖峰电价优惠，鼓励用户主动考虑尖峰电价而降低负荷，错开尖峰的高电价时段，利用夜间低谷时段优惠电价组织生产。

3）可中断负荷管理。由于机械企业对供电可靠性要求相对不高，可中断负荷比重占据较大，可以注重制定合适的可中断负荷电价，充分发挥该部分负荷对电网避峰产生的作用。

3. 纺织行业

（1）行业用电特点。

纺织行业用电主要在照明、机器设备、空调等方面。整个行业主要能源消费量以电能为主，电费占生产成本的比重较高。纺织企业一般都是无间断连续性生产企业，且实行 30 天/月工作日，实行三班 24h 三运转，无节假日，并采取动态检修（随坏随修）的检修原则。各个工艺生产线保持均衡生产，否则会造成生产陷入瘫痪。

（2）行业负荷特性。

1）日负荷特性。由于纺织业的生产工艺特点，造成纺织企业的日负荷特性比较平稳，无明显的早高峰、午高峰与尖峰，日负荷率、峰谷差率变化平稳。典型纺织企业的日负荷曲线如图 4-5 所示。

2）年负荷特性。典型纺织企业的年负荷曲线如图 4-6 所示，上半年的负荷较高，下半年负荷较低。三月份负荷最高达到 160 万 kWh，七月份负荷只有不到 20 万 kWh。这主要是由于纺织企业的生产通常受订单的影响造成。对市场的依赖使得负荷曲线呈现出市场导向的周期性，负荷波动较大。

（3）实施需求响应的潜力。

1）移峰填谷潜力。由于生产工艺要求用电设备长时间连续运行，纺织行业中的企业一般为昼夜 24h 连续生产，日负荷率一般在 80% 以上，日最大峰谷差约为 20%，并且年负荷曲线存在一定波动，因此还是存在一定的移峰填谷调整潜力。纺织企业可采取调整生产班次、错开上下班时间、增加深夜生产班次、错开中午休息和就餐时间、将日常设备检修安排在低峰时段用电等措

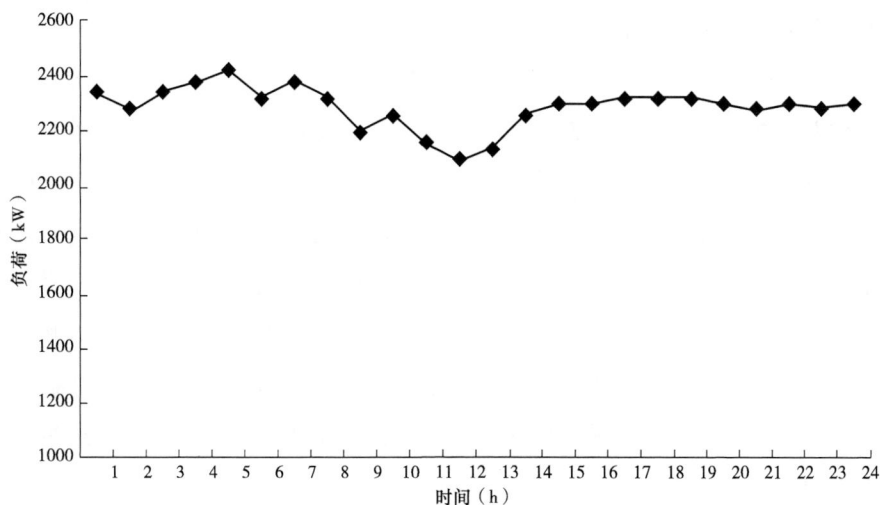

图 4 – 5 典型纺织企业的日负荷曲线

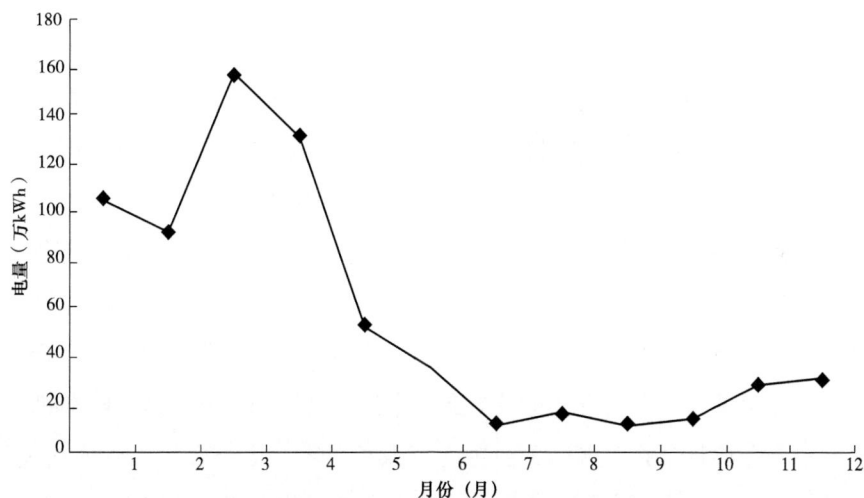

图 4 – 6 典型纺织企业的年负荷曲线

施，转移用电高峰。此外，机修、动力供应等生产辅助部门的电力消耗也应尽
安排量在电网的非峰时段。

但是由于纺织服装行业属于劳动密集型产业，工人一般日生产时间均长达
12h，劳动强度极大已到身体极限，而电费成本占总成本的比例较低，移峰填
谷经济上补偿不能让用户动心，除非行政措施限电调整，且企业定单任务紧急

又无自备发电机组使用时，才可能调整生产班次用电。

2）可中断负荷潜力。虽然纺织业均为连续性生产，但是很多设备的可靠性要求并不高，因此可以这部分可中断负荷加大利用，如编织机、纺纱机可以按照要求全部或一定比例随时停机。但是，由于纺织行业可靠性要求较高的生产设备昂贵，采取补偿措施无法补偿大型织造、染整工业突然中断负荷时造成的损失，因此总体来看，这部分可迅速压减的电力、电量情况较少。

（4）需求响应措施建议。根据以上分析可以得知，经济激励调节并不能很有效地影响纺织业的电力需求潜力用电模式，真正影响负荷特性的是市场景气程度和订单情况，需求响应的潜力并不大，因此建议不对纺织业实施过多优惠电价政策，而是主要配合一些行政手段，从鼓励纺织企业实施隔日通知的限电、厂轮休制、可中断负荷管理角度入手，通过移峰填谷与在电网高峰期中断部分负荷的方式缓解电网压力。

4. 化工行业

（1）行业用电特点。化工行业的工艺物流多为高温高压、有毒有害、易燃易爆、腐蚀性强；工艺过程链环长、工艺技术复杂。为满足自身行业生产要求，化工企业的用电情况有着与其他行业不同的鲜明特点。

1）配电、用电设备种类多。大型化工企业拥有数十套乃至上百套各类生产装置，根据供电要求相应地建有各电压等级的变电站，形成一个小电网。输配电线路、电力变压器、各类高压开关、断路器、低压开关柜等一应俱全。在生产中最为常见的用电设备就是各类交、直流电动机和照明灯具，电动机多达万台，照明灯具几万套。根据工艺生产特点和要求，还备有各类电加热设备、调速设施。为满足化工生产对蒸汽的需要，多数石化企业还建有锅炉和自备发电机。

2）供电可靠性要求高。化工生产装置多数为一级、二级负荷，对供电的可靠性要求高。主变系统多采用双电源、双母线形式。各 6、10kV 变电所采用双电源、单母线形式，同时配有 UPS 电源、充电机、应急发电机等多种电源以确保供电可靠性。

3）正常生产期间负荷相对平稳。化工企业的生产装置大多保持长周期连续性生产，其峰、谷、平各时段的用电量相差不大。

4）检修期间负荷低。化工装置有着易燃、易爆、腐蚀性强的特点，为确保安全生产，每隔2～3年就要进行1次大检修。由于化工生产上、下游紧密相连的特点，通常安排所有化工装置全部停车，进行检修。此时生产用电负荷下降较多，期间的平均负荷是正常生产时负荷的35%～40%。

（2）行业负荷特性。由于生产的连续性与均衡性，化工行业的负荷特点是负荷量大，正常情况下日用电负荷率在90%左右；电力负荷集中，不论年负荷还是日负荷，负荷变化都比较小。这主要是因为化工企业一般采用电热、电动设备为主，其生产工艺要求化工企业的生产为连续化、不间断的生产。典型化工企业日负荷曲线和年负荷曲线分别如图4-7和图4-8所示。

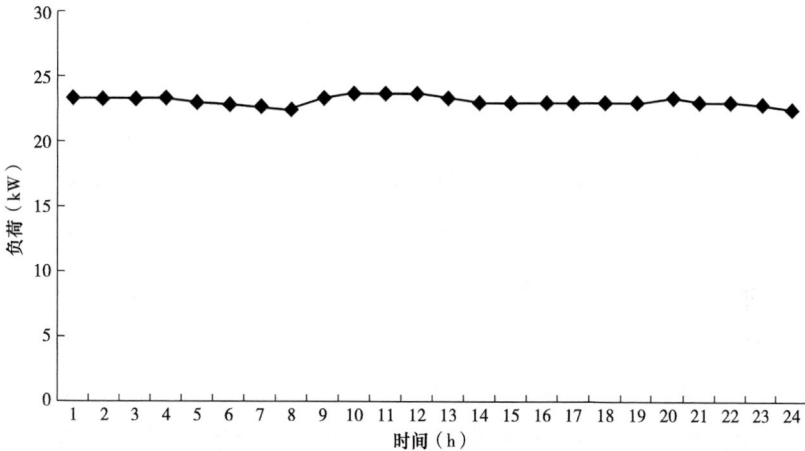

图4-7　典型化工企业日负荷曲线

（3）实施需求响应的潜力。

1）错峰生产潜力。从负荷曲线特性可知，由于化工行业的特殊生产用电需要，用电负荷平稳、负荷率高，受季节、节假日因素影响很小，峰谷差非常小，故峰谷分时电价、尖峰电价等政策刺激化工行业调整用电方式的力度有限，错峰潜力不大，但是还是能起到一定的调控作用。

2）避峰检修潜力。化工企业因其生产设备的要求，需要进行按期检修，通常检修期间用电负荷只是正常生产负荷的35%～40%。作为用电大户的化工

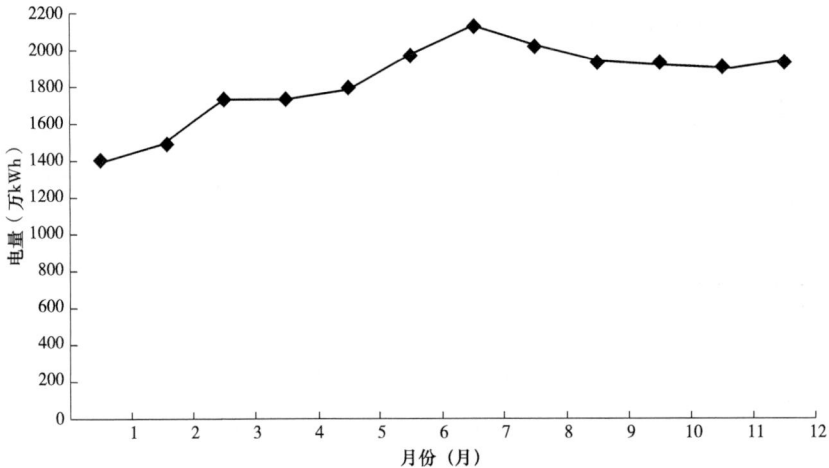

图 4-8　典型化工企业年负荷曲线

企业如果有计划地将设备检修安排在日高峰时段,设备大修安排在电网高峰季节,那么就可以在很大程度上缓解电网高峰压力。

3)可中断负荷潜力。由于化学工业生产必须具备可靠的供电电源,大多数化学工业关键生产工艺流程用电负荷属于一级用电负荷,一旦停电,将会造成化工装置爆炸、起火、人身中毒等恶性事件。化工行业属于可中断负荷的部分只是包括机修、动力供应等生产辅助部门,因此机修、动力供应部门应当尽量避峰用电。

(4)需求响应措施建议。由于电费占化工行业产品成本的比重很大,因此电价政策是引导该类用户的用电需求的重要手段,建议对其实施季节性基本电价,加大基本电价的比重,促使相关企业进行季节间转产,降低用电高峰季节的产量和负荷水平。其中,由于石化企业检修期间用电负荷只是正常生产负荷的 35%~40%,该部分调节潜力效果较为显著,因此可以通过大力推行季节性电价来鼓励石化企业合理安排检修时间,错开用电高峰月份。

5. 有色金属行业

(1)行业用电特点。有色金属行业的分系统中,铝消耗能源占比最高,其次为铜、锌、铅。电解铝生产能耗占有色金属生产综合能耗的 85% 以上,用电量占全国的 5% 左右。由于电费成本占生产总成本比重较大,可达一半左右，因此行业内企业对应用节能技术、节能设备的积极性较高。

有色金属生产过程中主要环节包括电解和型材的深加工等环节，电解环节因生产工艺需要，属一类负荷，不具备移峰填谷的潜力。其他工艺环节中部分负荷属于二类负荷，具有一定可中断负荷比例。

（2）行业负荷特性。由于有色金属行业的用电设备大多属于连续运行工作制，日负荷比较均衡，波动不大比较平稳，工作日与休息日负荷无差别。年负荷方面，由于全年生产均衡，各月最高负荷基本相同，行业负荷没有季节性变化态势。

典型有色金属企业夏季典型日负荷曲线如图 4－9 所示，图中几乎为一条直线，日负荷率 97%，日最小负荷率 91.3%。日最大负荷发生在 14 时，最小负荷发生在 1 时。

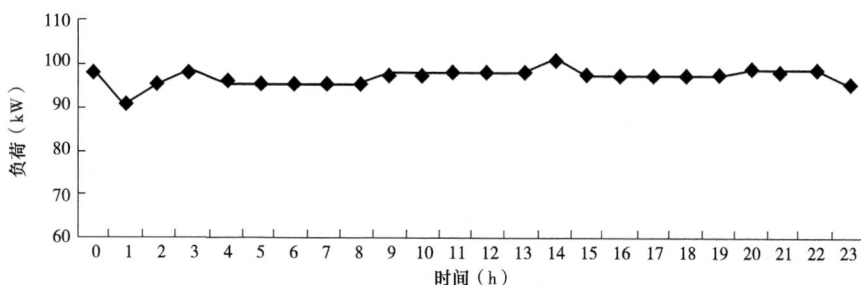

图 4-9　典型有色金属企业夏季典型日负荷曲线

典型有色金属企业冬季典型日负荷曲线形状与夏季相似，如图 4－10 所示，基本为一条直线，日负荷率 96.7%，日最小负荷率 93.9%。日最大负荷发生在 1 时，最小负荷发生在 8 时。

（3）实施需求响应的潜力。

1）错峰生产潜力。有色金属行业内用电设备大多是 24h 连续生产，全年负荷平稳，因此日移峰填谷潜力很小。以电解铝行业为例，其调荷潜力主要是对电解铝生产工艺的微调和非三班生产部门，如铝材车间、机修车间生产班次的合理安排；通过对电解铝生产工艺的微调，可使负荷曲线更趋平缓，甚至出现"负高峰"，即将该工艺的负荷高峰微调至电网晚低谷时段。

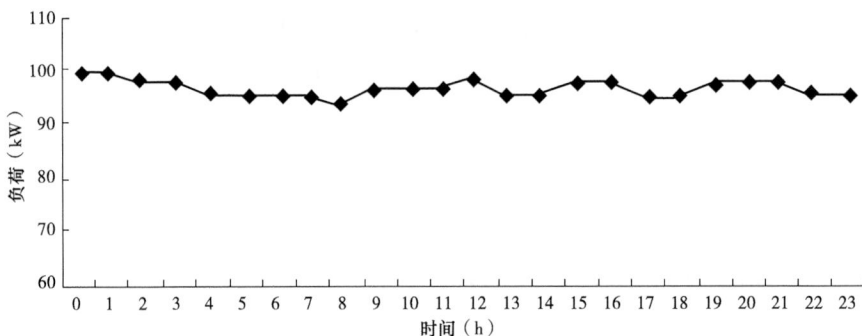

图 4 – 10　典型有色金属企业冬季典型日负荷曲线

电解铝生产过程的主要环节包括电解和型材的深加工等环节。几乎没有移峰填谷的潜力，型材加工视订单情况安排生产，可以通过将时效炉、机械加工等设备错峰生产，将高峰负荷转移至低谷时段。但是这部分可转移负荷比例不大，大约只有 15% ~ 20%。如果电价政策的刺激不大，一般来说很难达到转移负荷的目的。因此，峰谷电价政策对有色金属行业负荷曲线形态的影响很小，错峰潜力不大。

2）避峰检修潜力。铝电解车间检修时间一般视电解铝槽设备情况而定，无固定的检修时间，因此企业可以根据电网负荷特点安排检修计划。如企业可以安排铸造（轧）、铝型材加工、氟碳幕墙设备检修在 12 月 ~ 次年的 1 月之间进行，一般性的周修及日修多安排在电价的高峰时段进行。

3）可中断负荷潜力。有色金属行业的生产过程涉及一级、二级负荷。电解铝的电解环节因生产工艺需要，属一类负荷。车间生产为 24h 连续作业，对供电的可靠性要求高，若是突然中断供电，会减短电解铝槽的使用寿命，损失较大，因此电解车间无可中断负荷潜力，无避峰生产潜力。其他工艺环节中部分负荷属于二类负荷，具有一定可中断负荷比例。如果必须停电，铸造（轧）车间、铝型材加工车间、氟碳幕墙车间需要至少提前 4h 通知，其他附属设备需要至少提前 1h 通知。

（4）需求响应措施建议。由于生产的连续性和均衡性，工艺的限制，有色金属行业用电负荷较平稳，峰谷电价通常难以发挥作用，对有色金属行业用电方式影响较小可以考虑加大基本电价的比重，增设尖峰电价，同时峰谷时段电价浮动幅度做出调整。

考虑到有色金属行业中可中断负荷容量小，所占电费总额少，因此可以设定合适的可中断负荷电价，充分调动企业对可中断负荷的响应。

6. 建材行业

（1）行业用电特点。建材行业包括建筑材料、非金属矿和无机非金属新材料工业等。水泥行业是建材行业的主要用电消耗产业，因此以水泥行业为代表分析建材行业的情况。

水泥生产三班连续运行，因而其生产时间是连贯性的，耗电量大，并且设备运转周期较长，负荷曲线波动较小，负荷率较高，工作日和周休日的用电基本没有区别。企业生产用电设备通常供电可靠性要求较高，有一级负荷与二级负荷的差别。

（2）行业负荷特性。建材行业负荷的主要特点是负荷曲线波动较小，负荷率较高，不受季节影响，要求供电可靠。

1）日负荷特性。典型水泥生产企业用电日负荷曲线如图 4-11 所示，负荷较高，最高负荷一般出现在电价低谷和平段，日峰谷差率较大，在 30%~50% 之间。自 17~24 时日负荷曲线形状呈"V"字形，20 时、21 时负荷值最小，0 时负荷值最大。

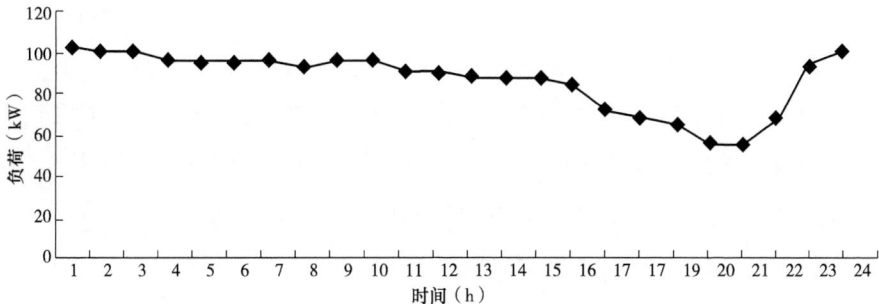

图 4-11 典型水泥生产企业用电日负荷曲线

2）年负荷特性。水泥的生产受建筑业影响较大，在一年中建筑行业的淡季也影响到水泥的生产。从典型水泥生产企业的年负荷曲线（见图 4-12）来看，一年内最低负荷在 1~3 月份及 8 月份较低，其他月份负荷较为平稳，波动不大。

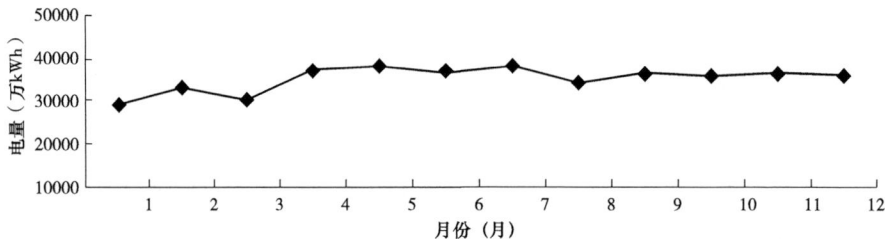

图 4-12　典型水泥企业的年负荷曲线

（3）实施需求响应的潜力。

1）错峰生产潜力。这里所统计的建材行业主要是水泥生产企业，除了水泥制品外，还包括玻璃制造等。由于是电耗强度高的行业，加上生产工艺允许，水泥企业可以通过调整部分生产线的工作时间至低谷用电时期，在系统负荷较低时段满负荷生产，在系统负荷较高时段约 75%~85% 负荷运行。如水泥制造要经过"两磨一烧"三道工序，其中，原料、熟料粉磨用的球磨机用电量最大，占整道工序的 75% 左右，但原料、熟料可以储存，水泥厂在用电高峰时段可以暂停球磨机的使用，将"两磨"工序转移到夜间谷时段。但是从行业负荷情况来看，由于负荷曲线波动较小，负荷率较高，只有在尖峰时段企业为了降低成本关停水泥磨机及一些附属设备，减少小部分负荷，因而移峰填谷潜力不大。

2）避峰检修潜力。水泥行业全年生产比较均衡，负荷在第一季度较低，因为春节前后水泥市场需要量有所下降，水泥企业也可以在这期间安排机组检修。而用电高峰期的 7~9 月正是其生产高峰期，水泥行业一般不将年检安排这期间进行。因此，水泥行业的年错峰检修潜力也不大，只是在每周、每日的小规模检修中发挥避峰生产的作用，调节电网负荷。

3）可中断负荷潜力。水泥行业虽然也是连续生产的企业，但是所有的设备均可中断运行，虽然设备可以中断运行，但是突然的中断也会带来较大的经济损失，特别是磨机和烘干机。可临时中断的负荷只有水泥磨机及一些附属设备，且水泥磨机只能全停 5 小时左右，停的时间太长，其熟料库满了会堵塞机器。很多企业会根据经营、销售情况等，调整生产班制。根据调研，水泥行业一班制、两班制、三班制的企业均有，不过为降低电费成本，大多数水泥企业采用三班制或四班制组织生产。

（4）需求响应措施建议。

1）加大分时电价价差激励。由于水泥行业是电耗强度高的行业，加上生产工艺允许，实施峰谷电价后，水泥生产企业能够普遍充分利用低谷电量，调整部分生产线的工作时间。因此政府应当加大对电价价差的激励，通过调整工作时段转移一部分负荷。

2）推行可中断负荷电价。水泥行业虽然也是连续生产的企业，但其大部分用电负荷属二级负荷，少部分是一级和三级负荷。湿法回转窑厂的一级负荷一般占全厂负荷的 2.5% 左右，干法回转窑厂一级负荷占全厂负荷的 1.5% 左右，所有设备均可中断运行。水泥厂若需全线停电，至少需要提前 72h 通知，压负荷需要提前 4h 通知。在制定电价标准的同时，应当注意运用这部分特性，通过可中断负荷电价机制引导企业削峰填谷。

7. 工业负荷实施实时需求响应的潜力分析

通过对上述不同类别的工业负荷特性分析可知，不同类别的工业负荷具有不同程度的错峰生产、避峰检修及可中断供电的潜力，即不同类别的工业负荷都能对电价进行不同程度的需求响应，如果对各类工业负荷实施实时电价，则工业负荷的实时需求响应潜力也还是会有差异。

概括来讲，工业负荷是希望在保障用电安全性和可靠性的基础上，通过灵活用电等方式来节省电费支出，如果负荷的生产工作时间灵活，就存在避峰生产的空间，如果负荷的电费支出较大，也就存在实施响应的动力，如机械和水泥行业；但是如果用户的如果是属于连续生产的高耗能企业，即使企业的电费支出占成本的比重较高，但是受到生产工业限制，改变用电习惯、避峰生产的潜力也是有限的，如纺织、化工行业。同时还要考虑到将企业的生产转移到低谷时段进行生产时，企业的用电习惯改变会增大管理难度，增加更多的人工成本，如果实时电价低谷时段的低电价不足以弥补这个成本，也会导致用户实施实时需求响应的动力不强。

4.2.2　非工业负荷特性及其响应潜力分析

1. 行业用电特性

非工业用户主要包括学校、医院、车站、市政机关以及其他公共事业单位或管理组织。非工业用户集中用电时段及系统负荷高峰时段见表 4 - 1，非工业用电是造成系统上午和下午峰负荷的主要因素之一。

表 4 - 1　　　　非工业用户集中用电时段及系统负荷高峰时段

系统负荷高峰时段	主要非工业用户用电时段			
	学校	医院	车站	市政机关
10：30 ~ 12：00 13：30 ~ 17：00 20：00 ~ 23：00	8：00 ~ 12：00 13：00 ~ 15：00	9：00 ~ 22：00	8：00 ~ 23：30	8：30 ~ 12：00 14：00 ~ 17：30

从日负荷特性来看，非居民类用户的昼负荷明显高于夜负荷。峰负荷主要集中在 10：00 ~ 12：00 和 14：00 ~ 17：00。从周负荷特性来看，由于存在周休日，非居民用户休息日负荷明显低于工作日。从年负荷特性来看，由于非居民类用户用电存在较大的空调负荷，使得夏季制冷和冬季取暖的空调负荷很大，从而在一定程度上导致了夏季和冬季的系统高峰负荷。

2. 实施需求响应的潜力

（1）移峰填谷潜力。根据非工业用户的用电特点，用电量电价弹性较小，对峰谷电价及尖峰电价不敏感，并且目前非工业用户中蓄冷蓄热空调技术的应用率相对较低，因此，当前非工业行业的移峰填谷潜力不大。

（2）可中断负荷潜力。非工业的有些用户，如学校等，具备一定的可中断负荷潜力；而医院、机场、车站、电视台等一些要求高供电可靠性的单位则不具备可中断负荷潜力。因此，当前非工业用户可中断负荷潜力也不大。

3. 需求响应措施建议

非工业用户用电主要是照明、相关设备（主要指电动机系统、变压器）与蓄冷蓄热空调，因此研究需求响应措施实施建议时也主要从以下几方面考虑。

（1）针对部分非工业用户供电可靠性高、可中断负荷潜力小的特点，可设计高可靠性电价，进一步引导用户合理用电并提高供电服务质量。

（2）可以进一步优化峰谷电价比例，并提供贷款、补贴等优惠政策，引导非工业用户在改造或新上空调系统时，采用蓄冷蓄热空调技术，合理避峰用电，开拓低谷电力市场。

4. 非工业负荷实施实时需求响应的潜力分析

如前分析，非工业负荷的用电特性和负荷特性与电网的负荷曲线特性变化规律是一致的，当前进行移峰填谷和可中断供电的潜力有限，并且部分非工业用户对供电可靠性的要求极高。如果对非工业负荷实施实时需求响应，期望用户能对电价做出灵敏响应，在短期内仍难以实现，但是随着未来能源互联网的发展，计量与通信技术的提升和广泛应用，非工业负荷利用先进的需求响应技术就能摆脱原有的用电习惯和用能限制，从实时需求响应中获益，从而使非工业负荷实施实时需求响应的可能性增大，需求响应的移峰填谷潜力和可中断负荷潜力充分发挥。

4.2.3 商业负荷特性及其响应潜力分析

1. 行业用电特点

商业负荷，主要是指商业部门里的照明、空调、动力等用电负荷，覆盖面积大，且用电增长平稳。商业负荷同样具有季节性变动的特性，并且商业负荷中的照明类负荷占用电力系统高峰时段相当比重。此外，商业部门由于商业行为在节假日会增加营业时间，成为节假日中影响电力负荷的重要因素之一。

随着第三产业的不断发展，其在国民经济中所占比重的不断增加，推动了商业以及餐饮、供销、仓储等行业的发展，使其用电量迅速增长。这类负荷的快速增长使电网扰动负荷大幅度增加，电网供电负荷率变小，加大了系统的峰谷差。近年来由于大量空调等降温负荷量的增加，使夏季迎峰度夏的压力越来越大。尤其是商业等第三产业负荷高峰时段与居民用电负荷高峰时段重合，直接影响系统峰值负荷的变化。

2. 行业负荷特性

商业负荷中以超市和百货公司为例进行分析，超市和百货公司由于面对的消费人群，营业时间的不同，各自负荷特性也存在一定的差别。超市由于经营时间更长，其用电负荷尤其是晚间负荷较百货公司相对平缓。但都表现出明显的季节性、时间性特征。日负荷集中的时段均为白天上班时间，年负荷集中时段主要为夏季月份。典型百货公司日负荷曲线和年负荷曲线分别如图 4 - 13 和图 4 - 14 所示。典型超市日负荷曲线和年负荷曲线分别如图 4 - 15 和图 4 - 16 所示。

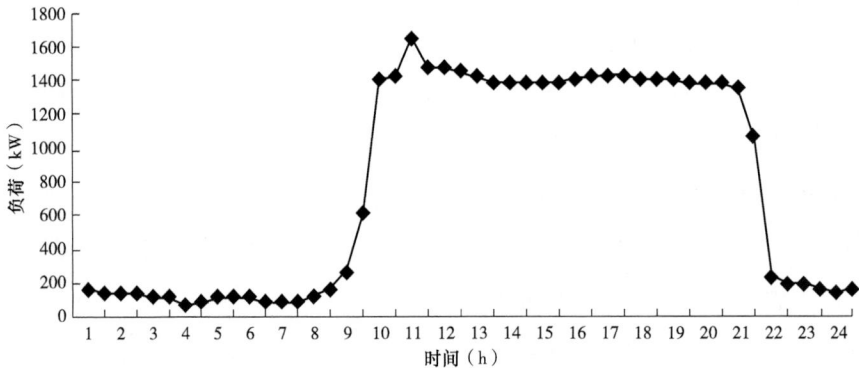

图 4 - 13　典型百货公司日负荷曲线

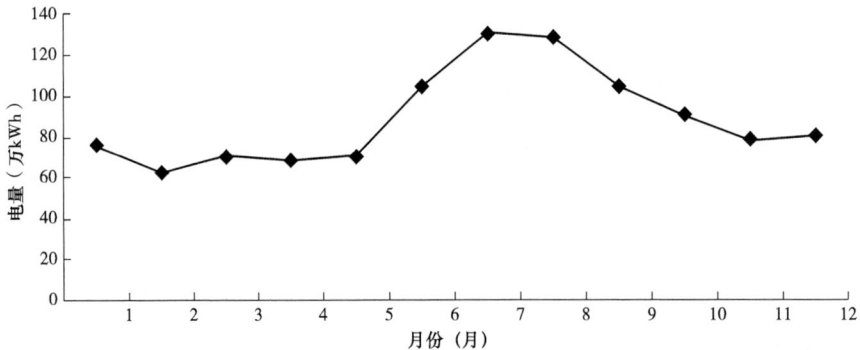

图 4 - 14　典型百货公司年负荷曲线

总结而言，商业负荷主要表现在大型商场、高级写字楼和宾馆酒店等的负荷变化，主要的负荷特性如下。

（1）空调负荷占的比重较大，总体负荷特性表现出极强的时间性和季节性。而这种变化主要是这类用电部门越来越广泛地采用空调、电梯、制冷设备之类的与气候敏感电器所致。

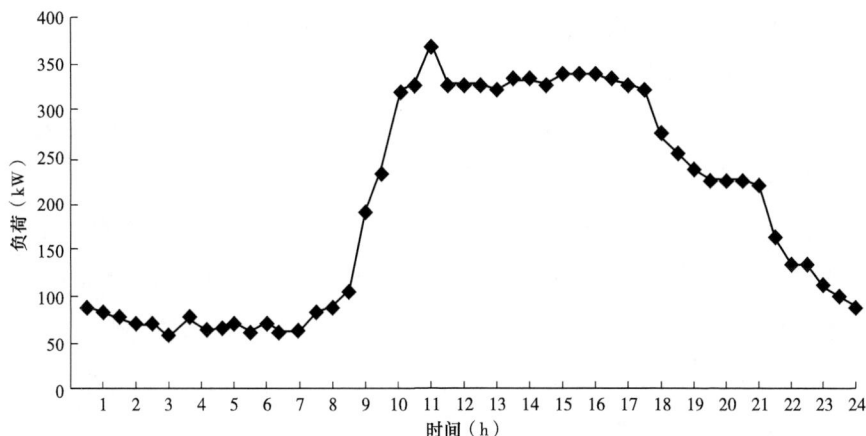

图 4 – 15　典型超市日负荷曲线

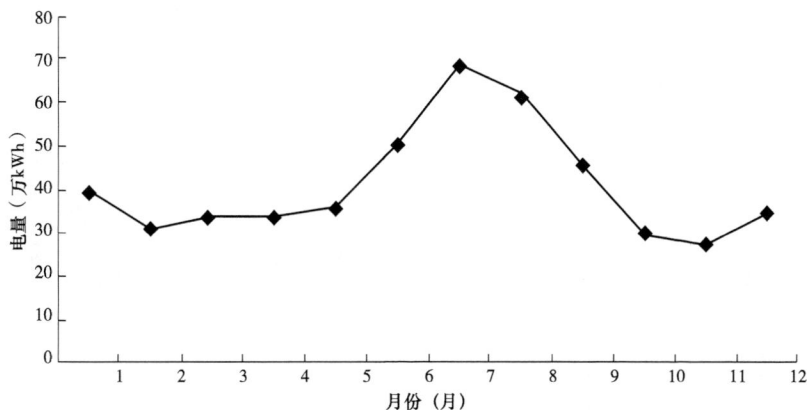

图 4 – 16　典型超市年负荷曲线

（2）大型商场的高峰与平段负荷较高，低谷时段负荷很低，峰谷差极大，负荷率较低，其负荷高峰段和电网总体负荷的高峰重叠，与温度变化关系密切。

3. 实施需求响应的潜力

根据商业的营业性质，商业用户用电设备使用时间固定，基本不存在可中断负荷，错避峰潜力也不是很大。因此，实施需求响应的潜力主要从用电设备入手，主要的节电潜力如下。

（1）空调设备。对于饭店、商场等集中在白天用电的用户，建议使用蓄冷空调设备，起到移峰填谷的作用。采用空调蓄冷的用户利用深夜低谷时段低价电制冷，以冷冻水或冰的形式储存冷量，需时冰融化释放冷量以达到制冷的效果。与传统空调相比，蓄冷式空调系统不仅可充分利用夜间谷值负荷的廉价电力，大幅度节省电费开支，还可均衡电网峰谷负荷，从而使发、供、用三方都受益。

（2）绿色照明。照明容量通常占商业用户报装容量的40%～50%。日光灯（加权平均功率为40W）用T8（36W）或T5（28W）荧光灯替代，节能率为10%～30%。普通电感镇流器（9W）用节能型电感镇流器（5W）替代，节能率约为40%。白炽灯（加权平均功率为40W）用紧凑型荧光灯（9W）替代，节能率约为40%。综合考虑，商业用户推广节能灯具的节能率约为30%。

4. 需求响应措施建议

（1）加速出台峰谷电价等激励措施。采用价格杠杆来引导用户调节负荷应当是需求响应的主要手段。但是，当前针对商业用户的电价政策研究不够，如商业分时电价政策尚未实施，需要根据商业用户特性出台相应的峰谷电价等激励措施。

（2）推广使用节能技术设备。由于商业负荷构成相对简单，用户实践需求响应的措施也比较单一，技术调荷是最根本的途径。考虑到节能技术设备初期投资资本较大，可以考虑通过补贴与电价优惠的策略，对新近建设的有条件的客户推广节能技术设备。

5. 商业负荷实施实时需求响应的潜力分析

如果对商业负荷实施需求响应，根据上述实施需求响应的潜力分析，商业负荷主要是靠使用蓄冷空调和采用绿色照明来进行响应，这就使用户要对采用这些设备的投资和回收期进行评估，如果实施实时需求响应带来的收益使得这些前期投资的回收期短且效益显著，用户就会经济参与响应，反之，实施实时需求响应带来的收益使得这类设备投资的回收期长，成本高，实时需求响应对用户就会缺乏吸引力，用户就不会表现出参与积极性。

4.2.4 居民负荷特性及其响应潜力分析

1. 行业用电特点

随着近年来经济的发展，居民生活水平的提高，各类高中档家用电器的使用越来越普及，居民用电占全社会用电的比重越来越重，特别是经济发展比较快的地区。由于居民用电的高峰多为 18 ~ 22 时，直接导致系统的晚高峰的形成。由于居民生活用电要求供电可靠性较高，即使在系统电力供应紧张的时刻也不能对居民采取拉闸限电的措施，所以需要以经济杠杆来合理引导居民优化用电方式，提高节能意识。

此外，居民用户的住宅面积、家庭收入、家庭支出、上下班时间和生活习惯都会对其用电负荷有一定影响。一般来说，住宅面积与家用电器拥有量呈正相关关系，家庭收入和家庭支出都与电器拥有量和电器使用率呈正相关，上下班时间和生活习惯决定电器使用时间段。

2. 行业负荷特性

从负荷的特性看，地区间呈现不同的特点，如夏季的南方由于大量空调投入，负荷剧增；而北方的冬季在取暖器投运后，也会造成用电负荷增长。在同一天内，负荷也极不平衡，生活用电的高峰往往和电力系统高峰段重叠。下面以北方居民生活的典型日日负荷曲线（见图 4 - 17）为例进行说明。

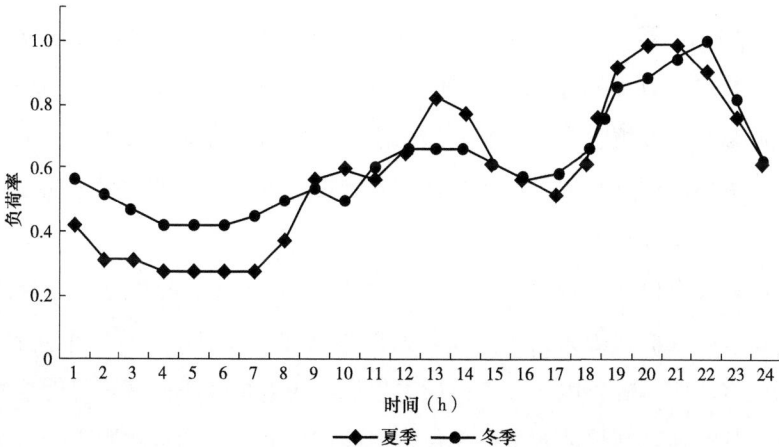

图 4 - 17 北方居民生活的典型日日负荷曲线对比图

居民生活用电受季节性影响较强，由于采暖负荷对北方地区居民用电负荷影响较大，所以居民冬季负荷水平普遍高于夏季负荷水平。一般会出现两个高峰即早高峰、晚高峰。峰谷差较大，早高峰出现在 12 ~ 13 时之间，晚高峰出现在晚上 21 ~ 22 时之间。同时，冬夏季日负荷变化趋势相似，基本上与人们的日常生活规律相一致。

总结而言，居民生活负荷的总体特点大致有以下几点：

（1）负荷变化大：年内的日变化和日内的时度变化较大，一天之内每小时的负荷量也不同，白天负荷大，夜间负荷小，季节性负荷较为突出，冬夏季节负荷明显。

（2）负荷率跨度大，负荷同时率高：因为市政及居民生活负荷的负荷利用小时数低且不确定，所以负荷率的跨度比较大，一般年负荷率为 0.75～0.95，日负荷率为 0.7～0.95；但是这类负荷的同时率高，为 0.7～0.9，容易形成一至两个日负荷高峰负荷。

（3）负荷功率因数低：市政及居民生活负荷的设施大多属于感性负荷，这类负荷的功率因数一般在 0.4～0.65。如排给水设施负荷，城市交通机车负荷，城市路灯（大多是气体放电灯）负荷，居民负荷中的电冰箱、电风扇、电炊具、电视机、空调等家负荷器负荷。

3. 实施需求响应的潜力

（1）潜力人群。对居民实施需求响应措施的错避峰潜力主要依靠经济杠杆自觉调整，一方面对于居民负荷，用户需求响应的投入成本高，获得收益低，居民参与移峰填谷和需求响应的意愿不强，另一方面，实施需求响应一般利用人工手段的调整家用设备运行状态来实现，需求响应的效果不明显，设备的可调节潜力难以充分发挥。

实施峰谷电价和尖峰电价等电价刺激后错避峰效果最明显的人群应该是中、偏低收入人群，因为只有这部分人群愿意迎合优惠电价而改变生活习惯。若对居民客户实行峰谷电价，支付能力较低、用电量较小的客户可能会减少高峰用电，从而达到削峰的效果；支付能力高、用电量大的客户则不会减少高峰和低谷用电需求；而处于中间层的客户则可能适当减少高峰负荷，并通过购买大容量用电器（如电热水器）或延长晚上空调开机时间增加低谷用电量。

总的来说，虽有一部分居民有意愿参与需求响应，但因为成本收益率低，居民总体参与程度不高。

（2）潜力设备。现阶段家庭用电的基本负荷主要由电冰箱及电热水器等家用电器组成，其中电热水器只在要用热水时才打开使用，因此这部分负荷变为峰值负荷；空调及取暖器构成家庭用电的季节性负荷且集中在晚间高峰时使用；彩电及照明灯、电脑等则是典型的晚间高峰负荷。在使用时间的分布上，居民主要在电网高峰用电，可转移的用电负荷主要是可控的电热水器、洗衣机。其中电热水器年用电量在居民年用电中所占比例最大且其用电时间又较好调整，若采用蓄能电热水器在夜间低谷时段使用，用低价电加热水至合适的温度保温到白天或傍晚使用则移峰潜力较大。

4. 需求响应措施建议

由于居民的负荷率较低、日峰谷差较大，与系统高峰时段重叠，但是供电可靠性又要求较高，在引导居民参与需求响应时主要应当采用经济手段。

以峰谷电价为例，居民应当采取自愿原则，可选择峰谷电价，也可选择原电价不变。在电价制定过程中，需要在不增加居民负担的原则下，合理拉大峰谷电价差距，但上下浮动比例不宜过大，可以将居民分时电价上下浮动比例分别设计为 10%~30% 和 15%~30%。这样通过设计峰谷分时电价，可以引导居民多用低谷电力，起到转移高峰负荷的目的。

在运用经济手段的同时，需求响应的技术支撑手段要跟上，尤其是利用边缘计算和智能终端等手段使得居民用户自动参与需求响应，从而使得需求响应投入成本大幅降低。另外，进一步推广信息通信和自动化技术，使得用户投入边缘计算和智能终端的成本也大幅降低，从而使得用户参与需求响应的收益增加，意愿增强。

5. 居民负荷实施实时需求响应的潜力分析

对居民负荷实施实时需求响应的情况和非工业负荷实施实时需求响应的情况是类似的，居民负荷的用电变化规律与系统负荷一致，高峰时段是重叠的，而且对供电可靠性的要求高。如果实施实时需求响应，居民负荷也只能在高峰时段有限地关闭部分非必需的生活用电，将一些辅助性的生活用电转移到低谷时段使用。但是如果在未来能源互联网的背景下，呈现的是综合能源服务和多样互动用电的情况，用户的用电需求将扩展为用能需求，能源的供需协调将充分得到优化，需求响应的潜力将大大增强，实时需求响应的优越性将显著提升。

4.2.5 农业负荷特性及其响应潜力分析

1. 行业用电特点

农业用电在我国指的是农村生活用电和农业生产用电,其中农业生产用电包含排灌、农副产品加工等用电。在一些发达国家,农业用电不仅包括种植业和畜牧业用电,甚至农业前部门(为农业提供生产资料的部门)和农业后部门(农产品加工、储藏、运输、销售等部门)的用电也包括在内。农业用电负荷一般属三级用电负荷,但排灌用电在防洪、抗旱阶段不允许长时间停电,以保证农业丰收。农业用电在全部电力消耗中的比重较小,即使像我国这样的农业大国,其农业用电量在全国电力消耗中的比重仍然很低。

由于城市和农村的差别很大,农业生产与工业生产的条件不同,农业负荷与工业负荷的特点有明显的区别。我国农村负荷具体有如下几方面的特点。

(1)季节性强。农业负荷的季节性是由农业生产的季节性所决定的。灌溉和农副产品加工负荷的季节性决定了春秋两季农业负荷比其他季节高,防洪排涝负荷的季节性特点更为突出。所以季节性强是农业负荷最基本和最重要的特点。

(2)年最大利用小时数低。我国农业负荷年最大负荷利用小时数在 2500 ~ 3000h 之间,所以农村负荷年最大负荷利用小时数较低。

(3)负荷密度小。我国农村地域辽阔、生产分散,决定了农村负荷具有密度小、分布不均匀的特点。

(4)功率因数低。由于农村负荷主要是小型异步电动机,其容量占农业总负荷 95% 以上,无功功率需要量较大,所以功率因数很低。同时,农村电力网络很少装设无功功率补偿设备,致使农村负荷的功率因数只有 0.6 ~ 0.7,甚至有的地区低至 0.4 ~ 0.5。功率因数过低是造成农村电力网能源损耗、电压损耗大的主要原因之一。

(5)农村负荷的结构变化大。随着农村经济的发展、农村产业结构的变化,农村负荷的结构也随之发生变化。国家对农网大力改造后,使得农网的电能质量、可靠性逐步提高,电价下降,负荷水平有很大提高,农村生活负荷增长很快，农业生产负荷量也相应增加，所以农村负荷的结构随着农网改造的进行发生了很大的变化。

2. 行业负荷特性

农业负荷特点既不同于工业负荷，也不同于其他类别的负荷，它有自身的特点。一般来讲，农业负荷在年内是很不均衡的，其中农村生活用电在日内的变化与城镇居民生活负荷用电特性基本一致，但是农业生产用电在日内的变化却比城镇居民生活负荷平稳一些，原因是我国农村生活负荷水平很低，所占比重不大，而农村负荷的主要部分是农业排灌和农村工业。农村工业的负荷特点接近于城市工业特点，日内变化相对稳定，不像城镇生活负荷变化那么大。但是排灌负荷季节性很强，在年内变化极大，在非排灌季节排灌负荷为零，而在排灌忙季其负荷量很大。

3. 实施需求响应的潜力及措施建议

农村生活用电的用电特性与城镇居民用户的用电特性基本一致，所以负荷变化规律也相应一致。对于农村生活用电实施需求响应，可以参照城镇居民生活用电的措施，采用电价等经济刺激措施引导其多用低谷电力，起到转移高峰负荷的目的。

而进行农业生产的用电特性往往季节性明显，因为农业生产具有一定的时效性，所以农业生产用电也会根据生产的作息时间而发生改变。对于进行农业排灌之类的农业用电，负荷可调潜力小，实施需求响应的效果不明显；但是对于进行农副产品加工的农业生产用电，其生产过程和工艺接近普通的城市工业，可以采用类似于城市普通工业的经济措施来实施需求响应，优化负荷用电方式。

4. 农业负荷实施实时需求响应的潜力分析

农业负荷在我国全社会供电中所占比例不高，特别是农业排灌之类的农业生产用电，农业负荷实施实时需求响应的潜力应该还是分布在农村生活用电和农副产品加工的农业生产用电上。对农村生活用电实施实时需求响应的潜力分析类似于居民负荷的用电分析，对农副产品加工的农业生产用电的实时需求响应潜力分析类似于对工业负荷的用电分析，这里就不再累述。

5.

电力需求响应的市场机制

　　电力市场建立的前提是电能可以像商品一样交易，但是电能与其他普通商品相比，具有特殊性，这种特殊性使得电力市场的构架和电能交易与其他商品市场的特性有一定区别。在电力系统中，电能供应和消耗需要每时每刻保持平衡，所以电力市场的机制必须保证供用电资源的选择和调度在短时内都能保证系统的电能平衡，这也造成了电力市场中各个交易时段的电价往往是不一样的，即使是相同数量的电能在不同时段进行交付，结果也会不一样。电力需求响应的实施就是用户根据电力市场的价格信号或是激励机制而做出的反应，参与电力系统的调控，并改变传统电力消费模式的市场参与行为。

5.1 电能交易市场简介

5.1.1 开放式电能市场

市场就是一种帮助买卖双方进行协商并达成交易的平台，买卖双方的相互作用最终会达到一个均衡点，此时的价格恰好实现市场出清，也就是供应等于需求。在理想的开放式电能市场中，一般采用双边交易和电力库模式。

1. 双边交易

在双边交易模式中，购电者和售电者双方可以自由签订双边合同，无须第三方参与或是推动。依据交易数量和时间间隔的不同，购电和售电双方可以选择不同的双边交易形式。

（1）中长期合同交易。中长期合同可以通过竞价产生，也可以通过供需双方私下协商来签订，在一定时期内进行交易的交割。中长期合同涉及的交易电量一般很大（数百或是数千兆瓦时以上），时间跨度也较长，对于长期合同，交易是基于年度的基本负荷，对于中期合同，交易是基于季度、月或周的基本负荷。所以在购电和售电双方交易的电能数量非常大时，这类合同才比较合适。

（2）日前交易。日前交易与中长期合同交易可以统称为提前电力交易市场，但是日前交易主要应用于短期数量较小的电能交易。日前交易规定了一天之内各个时段应该交付的电能数量，如果购电者和售电者在交易发生前的短时间内想对交易进行调整，可以采用这种方式。

可见，上述交易形式都有一个相同的特性，就是每一笔交易都是由购电方和售电方双方独立决定的，竞争更加充分。但是双边交易也被认为偏离了电力系统的物理实际情况，因为电能从发电机流向负荷时是混合在一起的，因此，也有人认为电能交易也应该是通过集中的方式进行，并且全部的购电者和售电者都必须同时参与才行。正是在这种背景下，电能交易就有了电力库模式。

2. 电力库

在电力库（Pool）模式下，电能交易必须在 Pool 中进行，它采用了一种系统化的方法来确定市场的均衡点，其基本运营方式如下。

（1）发电方针对交易时段提供发电报价，标明它的供电数量和对应的价格需求，发电报价按照从低到高的顺序进行排列，根据这一序列就可以得到一条表示价格与累积电能数量的关系的曲线，这就是市场上的供应曲线。

（2）采用同样的方法，用户也要提交包含量和价信息的投标，并按照价格从高到低的顺序进行排列，就可以得到市场上的需求曲线。

（3）市场的均衡点就是供应曲线和需求曲线的交点，所有价格低于或是等于市场出清价的报价都会被接收，发电商只需要按照他们的中标报价所对应的电能数量组织电力生产，对于用户，所有价格高于或是等于市场出清价的投标都会被接收，用户可以依据他们中标所对应的数量从系统中获得电能。

（4）市场出清价也可以被称为系统边际价（system marginal price），不管发电方和用户提供的报价与投标是多少，发电方均以系统边际价出售他们生产的全部电能，而用户则需要按系统边际价来支付所需的电能。

这种通过电力库来实现电力竞争的方式与双边交易模式相比，引入竞争的程度要稍弱一些，电力库以非常集中化的方式进行电力系统的管理，它不仅涉及所有的物理电能交易，往往还需要承担输电系统的运营职责，职能的综合避免了机构的分化。在该模式下，电网运营机构直接制定出符合安全要求的交易计划，很容易实现安全与经济之间的协调。但是电力库模式也被认为交易的透明度不如双边交易模式，因为从经济学的角度来看只有生产者和消费者之间的直接讨价还价才是实现最优定价的关键，电力库被认为只是一种接近于市场的机制，而不是真正的市场。

5.1.2　集中现货市场

电能在上述开放式电能市场中签订的合同购买量和实际销售量或是合同购买量与实际购买量之间总是会存在一定的差异的，也就是说，总会出现用户的实际负荷需求不会恰好等于其预测值，或是发电机组会发生一些不可预测的故障等导致电能不能准时交付的情况。这些误差和不可预测故障均会导致供电与用电之间存在偏差，即电力供需存在不平衡。这就需要对上述市场机制下的电能差异进行校正，要么调整电能的生产水平，要么调整电能的消费水平。集中现货市场就提供了一种补偿电能不平衡量的机制，平衡的电能来自市场成员的自由投标，投标价格由他们自己决定，同时，报价与投标的中标情况取决于系统运营商，而不是双边交易，所以它是一种集中市场。

系统运营商通过现货市场来平衡电能，现货价格反映了市场成员愿意进行电能调整的意愿程度。没有满载的发电机组可以提交增出力的报价，也可以给出减出力的投标。除了常见的发电机组进行增减出力的投标外，电力用户同样也可以提供平衡资源，如果价格高于用户认定的电能使用收益，用户将选择减少电力消费，反之，在价格低时，用户就可以增加他们的电能消费量，需求响应的一个重要优点就是它可以在非常短的时间内实现。所以现货市场中常常是用价格来决定不平衡量的决算的。

平衡资源的投标是在实时运行前很短的时间内提交的，为了让系统运营商有时间进行系统平衡，电能交易需要在实时运行前的某一个时点停止，即市场关闭，市场关闭之后，发电方和用户需要将合同的成交情况，也就是双方准备在各交易时段生产或是消费的电能数量通知给系统运营商，系统运营商综合各个合同以及他对系统所做的短期负荷预测信息，确定出系统可能会出现多少不平衡量。如果发电量超过用电量，就说明系统存在电能冗余，反之，则认为系统存在电能短缺。系统运营商就必须决定使用哪些平衡报价与投标来消除电力系统中的不平衡现象。

集中现货市场对其他市场具有相当大的影响，如果现货市场的价格走低，电能购买者就不会非常担心电能短缺的问题，因为他们可以在现货市场上以合理的价格购买到需要补充的电能，同时他们还可能会减少在远期市场上的购买量。相反，如果现货市场价格上涨，为了尽可能以合理的价格购得所需的电能，购买者可能会选择在远期市场上买进更多的电能。

5.1.3 辅助服务市场

参与市场各方的预测误差导致的电能不平衡量是有限的，变化也缓慢，可以在一定程度上把握。但是系统故障带来的电能不平衡通常会比较大，也比较突然，难于预测。对于第二类不平衡情况，需要在电能的辅助服务市场中来解决。当发生扰动时就需要采取校正措施，以便将扰动的影响限制在一定的范围之内，在传统的电力体制下，电网调度部门掌握了进行校正所必需的全部资源，然而当电力市场建立之后，这些资源不再能被随意调配了，这些资源已经变成了一种需要进行付费购买的商业服务，可以称之为辅助服务。这种在系统范围内扰动带来的校正措施可以归在辅助服务市场中，如自动发电控制（AGC）、旋转备用、非旋转备用、电压控制与无功支持、黑启动、稳定服务等。

系统运行人员获得辅助服务的方式主要有基本辅助服务和有偿辅助服务。基本辅助服务是要求系统成员按照有关规定必须强制提供的辅助服务，这是系统成员进入电力系统的先决条件。对于所有入网的发电机组会要求：

（1）装设调差系数为 4% 的调速器，这样就保证了所有机组均会对频率调节起到相同的作用。

（2）在功率因素为 0.85 ~ 0.9 这一范围内都能正常运行，并且安装有自动电压调节器，这就强制要求所有机组都能参与到电压调节，确保电压稳定。

有偿辅助服务是将辅助服务的供应市场化了，需要在辅助服务市场中有偿购买使用。与基本辅助服务相比，有偿辅助服务更具有灵活性，也更具有经济效率。如对于需求量在很长时间内基本不变或是变化很小的辅助服务，以及主要取决于设备参数的辅助服务，可以签订长期合同，黑启动、非旋转备用、电力系统稳定器等一般就可以通过长期合同购买。对于那种在一天之中会产生较大波动的辅助服务，就可以在现货市场进行交易，如自动发电控制，旋转备用等。

辅助服务所形成的电能交易量相对较小，实际上，不仅是发电机组可以参与到辅助服务市场中，用户同样也可以以需求响应的形式进入到辅助服务市场。如采用可中断负荷来满足备用需求时，那么预留作备用的发电容量就可以适当减少，发电机组就可以将更多的容量投入到发电中，所以用户进入到辅助服务市场是可以增加资源的利用效率的。当用户的数量众多，且出现故障的概率比发电机组要小得多时，不能准时交付重要辅助服务的概率就非常的小；当用户参与到辅助服务市场中后，辅助服务提供者的数量就将增多，这也会促进辅助服务市场的竞争。

可以看出，用户以需求响应的形式参与辅助服务市场时，是很具有竞争力的，特别是实时需求响应能在一个非常短的时间内就能够进行响应，并提供服务。需求响应有些服务其实很难严格区别出到底是参与到现货市场还是参与到辅助服务市场中，因为现货交易和辅助服务交易之间是存在密切的耦合关系的，所以用户其实可以根据电力市场的运行机制根据自身的特点进行联合优化交易。

5.2　参与需求响应的主体分析

实时电力需求响应的实施依托于集中现货市场等市场交易机制，这就必然给市场中各主体，如系统运营商、负荷零售商及用户等带来一定的冲击和挑战。随着电力市场逐步完善和放开，参与主体也趋向多元化，特别是售电主体的改变直接导致需求响应实施主体的变化，由原来单纯由电网企业主导实施需求响应变成了多主体实施需求响应，市场化的推进使得负荷零售商、负荷聚合商和大用户等都能参与需求响应，实施机制、商业模式等都发生较大变化。

1. 主体构成

由于在不同国家或是不同地区电力市场的构架设计和发展速度会有差异，所以下述的主体有可能不会在每一个需求响应市场都存在，一个企业或是一个机构也有可能兼顾多个主体所具有的功能。

（1）独立的系统运营商（independent system operator，ISO）。ISO 的主要职责是保证电力系统安全、管理阻塞、维持输电网的可靠性和安全性。在竞争性的环境中它不能偏向某些市场成员，或者不利于另外一些市场成员，即提供无歧视的准入，ISO 通常拥有监视和控制电力系统所必需的计算与通信设施，同时还有系统运营的职能。

（2）电力交易中心（power Exchange，PX）。PX 负责管理和匹配电能购买者和销售者所提交的电能投标（offer）和报价（bid），PX 还需要负责结算中标的投标与报价，这就意味着 PX 其实就是提供了一个电能交易的平台。发电商、零售商等通过 PX 对电能供给量和需求量进行协调平衡后向 IOS 提交能量交易计划和辅助服务计划，甚至是需求响应交易计划及报价。

（3）发电企业（generating company，Genco）。Genco 拥有或掌握发电资源并生产电能，保证电力供应的安全与质量，它们除了向系统运营商出售电能外，还可以出售辅助服务，如自动发电、电压与无功控制等。一个发电企业可能只拥有一座电厂，也可能拥有不同类型的电厂。

（4）输电企业（transmission company，Transco）。Transco 拥有线路、变压器和无功补偿设备等输电资产，它们需要按照 ISO 发出的调度指令运行输电网络，有些电力公司有可能会同时拥有输电公司和发电厂，但如果是独立的输电企业，是不允许拥有自己的发电厂的。

（5）配电企业（distribution company，Disco）。Disco 拥有并负责运营配电系统，在传统的电力体制下，配电企业垄断了连接在其网络上所有用户的电能销售业务。但是在电力市场的环境里，电能的销售业务与配电网的运营、维护及建设等业务时分离开的，诸多的负荷零售商可以展开电能销售竞争，当然一些负荷零售商也可能是一个区域配电企业的下属子公司。

（6）负荷零售商（retailer）。retailer 可以在批发市场上购买电能，然后转售给那些不愿或是不被允许参加批发市场交易的用户，负荷零售商不需要拥有任何发电、输电和配电资产，负荷零售商的所有用户也不一定非得全部连接在同一个配电公司的网络中。

（7）负荷聚合商（load aggregator，LA）。LA 是为了充分挖掘大量中小用户负荷资源的调节响应潜力应运而生的市场主体，它可以聚合中小容量的用户从而达到参与电力市场的准入门槛，它可以代表用户参与各种市场竞争，提供多种服务以获得收益。从系统运营商的角度，LA 可以被看作是一个类似的大型发电企业（虚拟电厂）或是负荷资源，提供可调度的发电容量或是辅助服务。

其他市场主体也都可以申请成为一个 LA，如负荷零售商既能参与电力市场交易，又拥有大量的终端用户资源，所以负荷零售商可以兼职做 LA，也可以全职成为一个真正的 LA，因而负荷零售商是成为 LA 的最佳人选。此外，配电企业拥有并管理着自己的配电系统，向负荷零售商提供配电服务，往往也拥有自己的一些下属负荷零售商从事购售电业务，类似地，配电企业也可以从事负荷聚合业务，拥有自己的一些下属负荷聚合商。当一个企业或是机构兼顾了负荷聚合商和其他的主体的功能时，这个企业或是机构就不只是具有负荷聚合的功能，还会拓宽到电能销售等其他功能。

（8）用户（customer）。customer 就是购电自用者，用户又可以分为大用户和普通用户。大用户往往会直接在市场上购电，积极参与市场竞争，有一些大用户还能对负荷进行控制，所以 ISO 还能将其当作一种可调用的系统运行资源，甚至少数规模极大的用户有时还会直接与输电系统相连。普通用户不能直接参与市场竞争，只能通过负荷零售商购买电能，在大多数情况下，它们只能从众多的负荷零售商中挑选一个进行电力零售交易。

（9）监管者（regulator）。regulator 一般是由政府机构担任，它可以决定或是批准电力市场的规则，调查可能出现的市场力滥用情况，以确保电力市场的公正和有效运营。监管者甚至还可能会负责设定垄断型电力企业提供的服务与产品的价格。

2. 主要参与主体分析

（1）负荷零售商。负荷零售商的售电业务主要分为电能趸售和贩售自家电厂电能，其所拥有的自家电厂往往是装机容量小的分布式电源。负荷零售商既可以直接向外部发电厂买电，获取买卖电差价；也可以贩售自家电能，获取增值。在电力市场初期，购售电差价将是负荷零售商的主要利润来源。因此如何利用不同市场的价格差和电价的波动，降低从外部买电成本的同时降低经营风险，是负荷零售商在发展初期所面临的主要问题。随着售电市场发展逐渐成熟，其买卖电差价的空间将逐渐缩小，电能本身的销售价值空间将逐步固定化，负荷零售商所掌握的电力资源和用户资源将变成其主要竞争优势，其中用户资源则更为重要。需求响应和能源托管将成为新的盈利点，即负荷零售商不断完善和优化用户负荷预测的精确度，结合大数据分析，积极整合引导用户资源参与需求响应项目、配合电网的调峰调频调度，获取市场化收入将成为负荷零售商未来盈利的重要渠道。

此外，负荷零售商在电力消费的增值服务手段上也将拥有广阔的实施和利润空间。负荷零售商可提供具有多样性的用户服务。

1) 开发用户个体电能管理系统和相应的移动应用：如家庭用电检测及电费管理、智能家居远程监控、电动汽车辅助管理等。

2) 针对不同的用户提供不同的购电方案，帮助客户降低用电成本，如针对不同工作性质的家庭单位设定差异化用电套餐、并且提供私人定制化服务。

3) 借助智能电表和节能设备，为用户提供更为合理的用电方案，并引导用户积极参与需求响应项目，提升客户用电智能化的水平。

4) 在公司的业务服务系统（如用电查询网址、公司手机 App、官方微信微博号等）中拓展其他业务，如定制化的信息服务、与其他服务商的广告推送、家庭式分布式电源的安装指南、简单的节能用电行为引导等。

更重要的是，负荷零售商的成立还有利于分布式电源的管理与消纳。在传统的电力体制下，大多数分布式电源难以像集中式电源一样直接在电力市场上竞争。而随着负荷零售商的成立，大批分布式电源可以通过负荷零售商与大电网产生经济和技术上的联系，有效地促进了分布式电源的利用范围以及利用效率。政府也出台了相应的政策鼓励售电商购积极消纳分布式电源，从而使分布式电源的利用效率最大化。

（2）负荷聚合商。随着实时需求响应资源参与进市场，市场新主体——负荷聚合商应运而生。负荷聚合商通过聚合可整合用户资源，一方面为用户提供智能表计安装及技术支持等服务，另一方面以市场投标的方式参与现货市场，建立了参与市场的分层架构。一旦投标成功，就要负责为用户制定调度计划，并提前通知用户削减负荷，以及对完成对削减用户的奖惩。

前面章节已经分析了用户侧的资源参与到电力市场的调节中具有灵活性高、响应速度快、有利于市场竞争等优点，但是用户侧的资源参与到市场调节是需要满足特定的性能要求和容量门槛的，许多具有调节弹性的中小用户就会因为无法满足参与条件而不能参与进市场。负荷聚合商能整合这些中小用户资源，并通过专业技术手段充分发掘出他们的需求响应价值，使之满足市场参与条件。可见，负荷聚合商参与市场就相当于代表和管理着用电侧资源的市场成员，在整合用户的弹性资源后代表其参与电力市场的投标。

参照国外现有的负荷聚合商主体，负荷聚合商所聚合的用户资源主要有居民用户，也有中小型工商业用户，还包括小型发电机、备用电源等。具体可以分为可削减负荷、储能装置和分布式的电源等。其中可削减负荷包括空调、照明系统等；储能装置包括飞轮储能等固定储能以及电动汽车等可移动式储能；分布式的电源分装在用户侧，为市场提供调峰服务等。负荷聚合商（LA）的控制资源如图 5-1 所示。

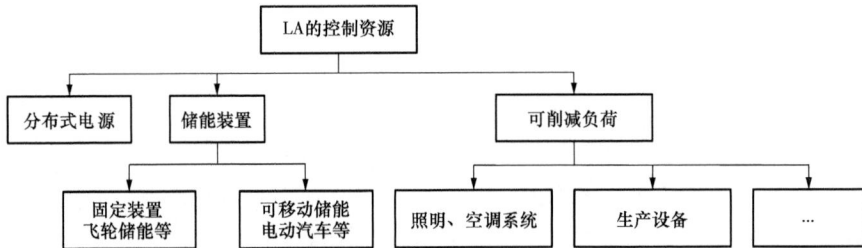

图 5-1 LA 的控制资源

参照澳大利亚和欧美市场中的负荷聚合商，由负荷聚合商为用户免费提供智能量测及监控设备的安装，其对用户的控制手段有如下三种：

1）主动需求响应。在电网需要进行负荷减载的情况下，将现行的实时电价、尖峰电价等电价信息和实时激励信息发送给用户，对规定时间内中断负荷，完成需求响应任务的用户给予电价优惠或经济补贴。

2）直接负荷控制（DLC）。负荷聚合商通过与用户签订削减合同，获得一定数量负荷的管辖权，拥有对于合同中规定负荷的完全控制能力，可以将有相似需求响应策略和补偿标准的用户进行统一控制。

3）提前制定调度计划。由于用户的用电习惯和基本用电需求的约束，有些用户不可以直接被控制断电，需要负荷聚合商提前制定调度计划，并提前一定的时间通知用户，而且必须满足用户的中断次数、最小削减持续时间和最大削减持续时间的约束。用户收到削减的通知后，依照合同约定调整用电量和用电时段。

前面已分析过，负荷聚合商与负荷零售商两者既有区别又有联系，在实际需求响应市场中，参与主体往往既具有负荷零售商的角色，又具有负荷聚合商的角色。也就是说它既能参与电能趸售与贩卖自家的电厂的电能，同时还掌握了大量的中小用户资源，可以聚集这些用户的资源参与电力需求响应。

（3）大用户。在理想的电力市场中，由于大用户用电需求量大，用电类型单一，是可以像负荷零售商一样直接进入到开放的电能市场中向发电商进行购电或是在电力库中直接进行投标的。同样，大用户也可以直接进入到集中现货市场中为消除电力不平衡现象而根据现货市场的价格进行需求响应。

类似地，大用户需要同负荷零售商一样向结算系统提交他们在各个交易时段的购买电量，包括合同电量和在现货市场上的电能交易数量，大用户在现货市场上交易的电能数量就是向系统购买或是出售的电力供需不平衡电能，这个不平衡电能往往就是靠大用户的需求响应来实现的。在实际需求响应中，大用户一般采用直接负荷控制和可中断负荷控制进行响应，大用户会根据需求响应的需要，促进内部相关生产和运行部门调整计划进行生产。

（4）普通用户。在传统的需求的响应中，由于普通用户（包括普通居民用户和一般工商业用户）成本高、效益低、响应速度慢且过程复杂，它们都不会单独作为需求响应的主体而存在。但能源互联网的发展，特别是能源互联网接入设备的出现，边缘计算和人工智能的发展，使得低成本、实时性高的需求响应成为可能。另外在能源互联网的背景下，去中心化的分散能量市场将降低需求响应的需求侧资源，小体量的需求侧资源也可以通过市场交易获利。因此普通用户作为需求响应的主体不仅成为可能，而且成为一种趋势。

随着能源互联网和电力市场的发展，未来普通用户最终将直接成为电力市场的主体之一。但目前来说，普通用户由于体量小，同时整体数量又极为巨大，在现阶段的电力市场中一般不直接作为电力市场的主体参与，而是通过负荷零售商或负荷聚合商参与电力市场，成为需求响应的主体。

1）负荷零售商参与市场。由于负荷零售商的售电业务主要分为电能趸售和贩售自家电厂电能。因此负荷零售商可以从电力市场采购电能进行零售，也可以自主的销售自家电能。在销售电能的时候，由于新能源发电存在间歇性和不确定性，这种电能销售的价格也将会随着间歇性和不确定性而变化。另外，在电力市场中，特别是现货市场上购置的电能价格波动较大，为了实现这种供需的实时平衡，在与用户签订的售电协议框架下，负荷零售商可以提高或降低电价，普通用户可以对这类电价进行响应。普通用户也可以将负荷托管至负荷零售商，参与全自动需求响应。

2）负荷聚合商参与响应。普通用户负荷也具有可调节性，但由于单个负荷的可调节性很小，大量的普通负荷分布又极为分散，一般这种负荷不参与需求响应。但负荷聚合商就可以把这类负荷的可调节能力聚集起来参与需求响应。这种响应方式包括：①将自己的负荷托管给负荷聚合商，让其直接控制负荷参与全自动需求响应；②负荷聚合商直接将现货市场等电力市场的电价传导到用户，用户直接根据电价信息参与需求响应；③负荷聚合商有权利在签订的框架协议下，可以制定更加灵活的电价以促进普通用户参与需求响应，使得负荷的可调节能力得以充分挖掘，把挖掘的可调节能力聚集起来在辅助服务等市场上获利，并将获利通过电价优惠等方式反馈给普通用户，从而获得用户的黏性，保证自己的用户不流失。

3. 主要参与主体的业务职责

在实施需求响应时，大用户只要评估现货市场价格和在该价格下的自身负荷调节能力就行了，只要进行负荷调节后的收益大于调节成本，就可以积极参与需求响应。但是对于负荷零售商和负荷聚合商而言，面对的是众多的中小终端用户，不仅仅只是购电成本与售电收益的评估，在实施需求响应过程中还包括了其他业务职责。负荷零售商和负荷聚合商在用户侧的业务职责主要包括：

（1）用户资源调节潜力分析。负荷零售商和负荷聚合商必须研究不同类型的负荷及它们需求响应的潜力，如响应的时间跨度、响应限制等，掌握不同用户的负荷需求弹性大小，根据用户资源具体的用电习惯、用电约束以及调节用电的可获益性，制定具体的用户侧合同，为其制定最匹配的服务，根据其响应速度和用电调节量安排其参与特定的市场。挖掘最有调节潜力的用户，为其制定最合适的策略，使得需求响应参与市场的效果和价值最大化。

（2）提前制定调度计划。与发电机组不同，用户必须满足自身基本用电需求，不可以任意中断用电，负荷零售商或负荷聚合商需要提前制定调度计划，提前通知用户做好准备，并将对其正常用电的影响降至最低。制定调度计划必须考虑用户用电的物理约束，并计及其削减用电或是转移用电的成本，从而得到经济性最优的调度组合策略。

（3）提供设备安装和技术支持。随着智能用电的发展，用户侧智能化表计和用电设备普及率越来越高，负荷零售商、负荷聚合商与用户之间的信息互动及控制信号传达更易实现。随着能源互联网的发展，相关商业模式和增值模式的成长，越来越多得用户会有意愿安装能源互联网接入设备从而成为能源互联网的用户。通过这些设备，用户向负荷零售商或负荷聚合商传达用电意愿、用电量测信息，负荷零售商、负荷聚合商则向用户传达电价信号、激励信号以及启停控制信号等，并且负荷零售商和负荷聚合商根据掌握的用电量测信息值，确定用户的实际削减量和调节量，评估其需求响应效果，从而给予相应的奖励或者惩罚。

（4）设计激励机制。根据量测信息确定用户的削减量后，负荷零售商和负荷聚合商需要评估其响应效果，负责对用户结算和奖惩。为激励用户更好地参与，合理的经济激励机制至关重要。补偿价格由负荷零售商、负荷聚合商与用户协商，并根据具体提供的服务类型来制定。此外，为了提高自身参与市场的效果，还需要制定一定的惩罚规则，来约束用户的行为，避免出现过多用户不响应而导致系统运行不可靠的情况发生。

（5）制定实时零售电价。电力市场中的电价反映了电力的供需关系。区域内的电力市场反映了区域内的电力供需关系，而跨区域的电力市场反映了跨区间的电力供需关系，每一个实时需求响应的主体内部也有供需关系。负荷零售商和负荷聚合商的供给侧存在间歇性和不确定性的新能源发电，以及在电力市场上按计划购置的电量，需求侧就是用户的负荷，为了达到供需平衡，在供给侧调节能力不足时，根据供给侧的负荷预测和用户资源调节潜力分析，在合同框架范围内制定波动而合理的实时零售电价，促进用户参与需求响应，以达到供需平衡。

5.3 基于电价的需求响应机制

合理的电价机制能有效调配电力资源，是实施电力需求响应最为直接的市场化实施手段。常用的电价机制有分时电价、实时电价和尖峰电价，无论哪种电价机制，用电侧在进行需求响应时，参与响应的主体在交易过程中需求响应情况是有差异的，可以分为在系统层面的实施和在负荷零售商和负荷聚合商层面的实施。需求响应实施层面如图5-2所示。

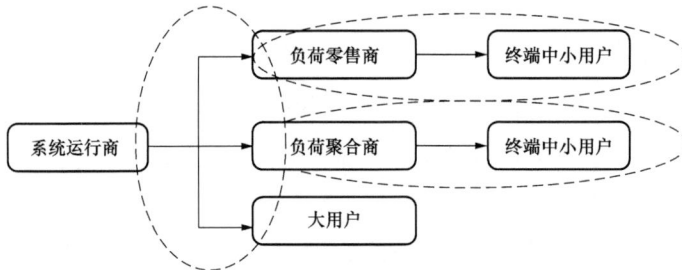

图5-2 需求响应实施层面

在系统实施层面，参与实施的主体是系统运营商和负荷零售商、负荷聚合商还有大用户，负荷零售商、负荷聚合商和大用户则作为用电方参与实施响应；在负荷零售商和负荷聚合商层面，参与实施的主体是负荷零售商、负荷聚合商和终端的各中小用户。负荷零售商和负荷聚合商作为供电方，而终端的中小用户就是参与实施响应的用电方。

1. 系统层面基于电价的需求响应机制

根据前面章节的叙述可知，电能在交易的过程中，在开放电能市场中签订的合同交易数量与电能的实际需求量之间是会存在一定差异的，也就是合同的履行情况是不可能那么恰好的，一旦电能的生产数量与合同规定数量不一致，或是电能的消费数量与合同规定数量不一致，为了保证电力系统运行的稳定性，系统运营商就需要在集中现货市场上安排购买或是销售这种不平衡电能来进行平衡管理。

对于发电商来说，当他在交易时段内的实际电能生产量减去合同电量差量为正时，发电商就向系统出售了多余的电量，反之，如果差量为负时，发电商就被视为从系统中购买了该差量。类似的，所有大用户、负荷零售商和负荷聚合商也要计算他们的实际电能消耗量和合同电量的差额，根据差额的正负情况，大用户、负荷零售商和负荷聚合商就可以看作是向系统购买和出售了这一不平衡量，所以不平衡电能的结算就是现货市场的价格。因此，电力市场中系统层面的市场主体针对市场价格信号而做出反应，参与电力系统的调控，并改变传统电力消费模式的市场参与行为其实也是需求响应中的基于价格激励的需求响应类型。

大用户的响应过程相对简单，当大用户预测出自身的负荷差额后，一方面需要评估自身的负荷调节能力，另一方面还要评估进行需求响应的成本和收益。当收益大于成本，并在自身调节能力范围之内，大用户就可以积极参与需求响应了。对于负荷零售商和负荷聚合商而言，在系统层面他们是以用电方的主体形式参与需求响应的，但在下一级实施层面，他们又是以供电方的主体形式参与需求响应，响应过程就要复杂得多。

2. 负荷零售商和负荷聚合商层面基于电价的需求响应机制

在负荷零售商和负荷聚合商层面，一旦负荷零售商和负荷聚合商通过短期/超短期预测发现原来的负荷预测不足，或者短期所拥有的分布式电源出力不足，有可能需要从现货市场购买高价电量时，负荷零售商和负荷聚合商的控制系统立即统计和计算出所有用户的调节能力，并确定出对应的零售电价，这个零售电价应该与负荷缺口呈正相关的关系，负荷缺口越大，电价就越高。终端的用户将会根据已设定的需求响应策略进行计算、确定响应行为，并自动进行响应，切除或调整负荷。从而达到需求响应的效果。反之，如果原来的负荷预测充足，电能有富余，负荷零售商和负荷聚合商同样也要统计和计算出所有用户的调节能力，并确定出对应的零售电价，只不过这个零售电价就比较低，终端的用户同样就会根据设定的需求响应策略进行用电调整，将峰时段的用电调整到这个时段。

负荷零售商和负荷聚合商在实施需求响应时，应该要注意平衡自身和用户的利益，为了保证用户参与需求响应的积极性，负荷零售商和负荷聚合商是不能提高电价的平均水平来增加其收益的，否则会造成他们和所经营的用户之间的利益不平衡，会限制向用户推广需求响应的积极性。为了平衡两者之间的利益，负荷零售商和负荷聚合商在制定向用户推行的零售电价时应该要与他们在现货市场上的购买电价相适应，要考虑自身和用户的社会资源配置效益的均衡，即零售电价和购买电价采用联动模式比零售电价采用固定模式要更加合理，当负荷零售商和负荷聚合商在现货市场上的购买电价高时，对用户的零售电价也应该高，当购买电价低时，对用户的零售电价也应该相应的低，这样以维持一个稳定的电价平均水平。

5.4 基于激励的需求响应机制

激励机制设计的目的是通过经济刺激手段使得需求响应项目的整体效益和各参与方的个体效益均衡分配，合理的经济激励机制能在需求响应项目实施过程中有效地激发参与方的动力，挖掘需求侧负荷调节资源的潜力。基于激励的需求响应项目往往是在系统出现紧急状态或是市场上电价较高时需要对用户负荷进行削减时采用的。同时，价格型需求响应机制的实施是需要有完备的硬件技术设施进行支撑的，特别是实施实时电价机制时，对于硬件系统的运行速度、可靠性指标等要求就更加严格了，在硬件设施尚不完备的情况下，有效实施价格型需求响应会受到限制，所以这时就可以重点推行激励型需求响应机制。

对于参与需求响应的主体，无论是负荷零售商、负荷聚合商还是大用户，在激励型的需求响应机制下都是通过改变他们的负荷需求曲线的形状来满足系统电能的供需平衡，这种响应与通过调节发电机组的出力来平衡电能相比，不仅响应速度快，而且具有更高的灵活性和更低的成本，所以，现阶段实施激励需求响应的主要目的就是为了增强系统运行的可靠性。前面章节已经分析过，目前常采用的激励型需求响应的措施有直接负荷控制、可中断负荷等等，而这些措施又是通过不同的激励机制来实现的，一种是通过签订双边合约的形式进行采购，一种是在电力市场中以类似于发电资源的形式参与投标竞价。

1. 通过双边合约来进行采购

基于合约的需求响应是指参与需求响应的主体，包含负荷零售商、负荷聚合商和大用户直接与系统运营商进行协商，并签订需求响应的购买合同，这个合同的执行的时段和内容通常是系统运营商根据系统运行的需求确定的，比如夏季或是冬季的用电高峰期的可中断负荷量和奖励，一旦合同签订了，参与需求响应的各主体就不能自由调整和变更需要执行的内容，当出现合同约定的情况时，系统运营商可向用户发出降低需求的指令，奖励需求降低到规定水平的用户，并处罚未将需求降低到规定水平的用户。与采用竞价方式进行需求响应的方式相比，签订合约的方式没有投标竞价和确定市场出清价的过程，流程相对简单，对通信和数据传输的硬件要求也相对较低，更容易实现。通过合约来进行需求响应服务的采购措施主要有以下几种。

（1）直接负荷控制。在这种方式下，参与直接负荷控制的用户方将安装可以由系统运营商直接控制的设备或是装置，系统运营商根据运行需求可以远程控制负荷而无须用户的参与，在中断供电时甚至也不会向用户提前发出通知，当然中断负荷后是会按照合约规定给用户一定的经济补偿的。直接负荷控制措施一般只适用于对供电可靠性要求不高的负荷，这种负荷不仅对停电敏感性不高，还要能接受停电不事先通知的情况。

直接负荷控制一般不会在系统运行中大范围采用，只是在系统可靠性运行的极端情况下采用，针对的往往是采用具有用电灵活性设备的用户，并且这些负荷单体容量较小，但是数量众多，如空调、冰箱和热水器等设备。

（2）可中断负荷控制。可中断负荷控制一般是通过双边合同的方式来决定响应的特性的，比如参与响应的门槛值，实施响应的中断时长和中断量及提前通知时间等。参与可中断负荷控制的负荷虽然不是被系统运营商直接控制，但是需要由系统运营商提供进行响应开始和结束的提示信号，并且还要根据合约对用户的中断执行情况进行监视和确认。

参与可中断负荷控制的用户一般不会要求太高的响应速度，所以响应用户都会提前得到中断供电通知，但是他们需要承受较长的中断供电时长。执行可中断供电的用户可以得到电费上的折扣或是直接获得经济补偿，这取决于参与用户和系统运营商共同协商签订的合同规定，反之，如果用户没有按合同执行可中断供电，也同样会接收惩罚。

（3）紧急需求响应。紧急需求响应是系统运营商在系统紧急情况下，向电力用户发出削减负荷的请求，用户进行响应的一种需求响应。系统在紧急的情况下频率会发生较大偏差，所以系统运营商一般会根据系统的运行情况设置一个触发频率设定点，当频率将至这个设定点时，参与紧急需求响应的用户就会根据事先签订的合同削减负荷以阻止频率的下降，用户是不能得到事先通知的，作为回报，用户可以获得相应的电费折扣或是经济补偿，当然用户如果不响应中断请求也不会受到惩罚。

在系统紧急状态下进行频率控制时，紧急需求响应与发电机组来进行调频相比，紧急需求响应能非常快速地进行响应和调节，这是以牺牲部分用户供电为代价的，所以紧急需求响应可作为阻止系统频率快速下跌的最后一个应急措施。

2. 参与电力市场的竞价进行采购

基于市场竞价的需求响应是指参与需求响应的主体以自己的负荷调节能力为资源，可作为负的发电资源参与能量或容量市场，或者作为运行备用资源参与辅助服务市场，在电力市场中与发电方一起参与投标竞价，市场的出清机制将决定投标的需求响应是否被接受以及最终的市场出清价格是多少。在这种机制下，由于参与需求响应的用户采用的是投标竞价方式，所以有足够的自由度去选择响应的时间、响应的方式和响应的数量。用户需承诺根据市场规则提供事先规定的负荷削减量，否则将面临惩罚。这种投标竞价方式需要有精确、快速、可靠的通信系统作为技术支持，因为需要传递成千上万条的交易信息和数据，所以交易成本和费用是很高的。一般只支持大型电力用户参与，大多数中小型用户只能是通过负荷聚合商或是负荷零售商整合起来才能参与到市场的竞争中。通过市场竞价来进行需求响应服务的采购措施主要有以下几种。

（1）需求侧竞价项目。需求侧竞价项目是需求侧资源参与电力市场竞争的一种实施机制，用户、负荷零售商和负荷聚合商通过改变用户自身的用电方式和用电时段参与到电力市场的投标竞价中。与上述其他措施相比，需求侧竞价项目的重点是在对负荷曲线的调整上，即对负荷曲线进行移峰填谷上，而不是对系统运行可靠性的保障上。所以在这种方式下，更加强调的是用户用电的灵活性而非响应的快速性。通过需求侧竞价项目，系统运营商可以对系统进行更有效的运行和更加经济规划，特别是在分布式新能源的渗透率不断提高的情况下，更需要进行需求响应来配合新能源的消纳。

（2）容量市场／辅助服务项目。容量市场和辅助服务项目是在系统高峰时期为了保障电能的供需平衡，以需求响应作为替代发电机组的一种容量资源进行投标的形式，在参与投标时需要提供未来系统用电高峰时期负荷的可削减量。容量市场项目主要是为了保证系统的中长期电能供需平衡的冗余度，而辅助服务市场则主要针对的是短期和超短期的电能供需平衡，响应速度要求快，一般是以分计。

对于系统运营商来说，将需求响应纳入电力系统运行中不仅能降低系统运营成本，还能更有效的以一个相对低的成本保证系统具有必需的安全备用容量。对于参与响应的用户、负荷零售商和负荷聚合商来说，不仅参与响应的电能数量需要付费，参与响应的容量也是要付费的，即使系统不需要参与方进行需求响应，参与方仍然可以获得一定的容量补偿费用。如果参与方在系统需要时未按要求进行响应，同样也会处以罚款。

激励型需求响应项目类型见表 5 – 1。

表 5 – 1　　　　　　　　　　激励型需求响应项目类型

类型	项目	目的	目标参与者
通过双边合约进行采购	直接负荷控制	避峰用电	主要为居民用户
	可中断负荷	可靠性，紧急响应	传统上仅向最大的工商业用户提供
	紧急需求响应	可靠性，紧急响应	大型用户、第三方负荷聚合商
参与电力市场的竞价进行采购	需求侧竞价项目	容量（等同于负的发电量）	大型用户、第三方负荷聚合商
	容量市场项目	电量（等同于负的发电量）	
	辅助服务市场项目	运行储备	

5.5 其他需求响应的互动激励机制

对需求响应实施模式中的主要参与主体和影响因素之间的关系进行的分析，是需求响应激励机制研究的基础，国内外的需求响应实践中针对激励机制的分析和制定主要是从两方面展开，一个是从电价机制展开，即基于电价的需求响应机制，如分时电价、尖峰电价和实时电价等；另一个是从经济激励机制展开，根据需求响应的实施规模、数量和种类的不同，提供经济奖励和补贴等。除了常见的这两大方面，不同的国家和地区针对自身电力营销终端市场的具体情况及各自电能调节需求，在上述两种机制的基础上提出了各种具有不同特色的需求响应互动激励机制。

5.5.1 基于节能意识的能效账单机制

传统的节能降耗方案将激励重点集中于节省用能费用和支持环境保护等道德说教层面，这种说教很难广泛且有效地激励用户做出响应，故效果甚微。用户开展需求响应的积极性不强，其根本原因在于促使其作出需求响应行为的激励不够，动机不足。事实上，国际上已有通过非价格的激励手段有效实施需求响应的成功先例，美国弗吉尼亚州能源管理服务公司 Opower 从行为科学的角度出发，在不依赖动态电价和硬件设施建设的情况下，借助一张能效账单，通过软件系统与用户及时沟通，就能有效地实施了需求响应，降低了用电高峰时的负荷峰值。

1. 原理介绍

能效账单是以直观、感性的方式反映用户及其所在地一定范围内的同类用户用能情况的账单。能效账单将用户的用电情况进行分类列示，分析用户本身及其邻近同类用户的用能情况，并作出了一系列的横向对比。从行为科学的角度对用户用能的心理和行为做出相关分析的结果表明，这种对比能够很容易地激起用户参与需求响应的积极性。

美国弗吉尼亚州能源管理服务公司 Opower 于 2007 年成立，主营业务包括为用户提供用能服务，以及帮助售电公司建立更稳定的客户关系和实施需求响应。Opower 最为成功的业务之一是为居民用户提供用户用能分析和节能建议，由于居民用户的用电量较少，电价相对低廉，用电费用在大多数居民的生活支出中占比很小，故通常情况下居民用户并不会非常在意其用能情况，为了促使居民用户开始关心其用能情况并开展可持续的节能活动，Opower 推出了面向居民用户的能效账单，在能效账单中，对用户家中的制冷、采暖、基础负荷、其他各类用能等用电情况以柱状图、折线图等形式进行具有可视化效果的分类列示，并将用能情况与用户的邻里进行比较，还根据用户的用能情况，在账单或报告上印上"笑脸"或"愁容"的图标。

通过将用能情况以简洁、清晰、直观、感性的方式呈现在能效账单中这种方法，可以在极短时间内对用户造成有效冲击，便于引导用户的下一步行动。在出现高峰负荷的前一日，Opower 会通过邮件、电话联系用户，向用户提出第二天的节电方案。若用户参与了需求响应，除直接的节能收益外，在部分项目中 Opower 还会对用户给予相应的奖励。Opower 做到了在不依赖动态电价机制和硬件设施建设的情况下，仅通过软件系统与用户开展实时有效的沟通，成功实施需求响应，降低了用电高峰时的负荷峰值。事实上，Opower 做出的有关统计结果表明，与一些基于动态电价、智能用电设备实施的需求响应方案相比，这种技术方案更经济，且取得了更好的效果。根据 Opower 的历史数据统计，接受其服务后，在能效项目中平均每个家庭能够节省 1.5%～2.5% 的能源；在需求响应项目中，通过提前一天通知负荷高峰并给出需求响应建议，平均每个家庭能够在负荷高峰日降低 5% 左右的负荷。Opower 个性化、定制型的服务思路，有效吸引了用户对节能活动的广泛参与，据不完全统计，Opower 已累计帮助用户节省了超过 80 亿 kWh 的电力，节省电费超过 10 亿美元，减排二氧化碳超过 110 亿磅（约合 540 万 t），随着用户规模逐渐增大，这些数据正以加速度增长。

事实上，为达到某种激励目的，类似于能效账单的这种模式早已出现且被越来越广泛地使用，如第三方支付平台支付宝推出的"蚂蚁森林"，利用种植树木的排行榜来增加用户打开并使用支付宝的频次。在此之前还有通信工具微信推出的"微信运动"功能，虽然在此之前大多数人们都了解运动对于身体机能、心理健康、保持体形的重要性，但仍会因忙碌、懒惰等原因或借口不运动，不断推广运动的好处或高喊"全民运动"口号等说教式行为的激励效果甚微。借助微信推出"微信运动"功能，用户可以通过关注微信运动公众号查看自己每天行走的步数，同时也可以和其他用户进行运动量的比赛，还可以为其他用户点赞。许多微信用户都使用了这一功能开始运动并与其他用户进行步数比较，长此以往还可能养成每天运动的习惯。对于企业而言，能效账单可以作为该企业为环保事业做出卓越贡献的有力证明，对于提升企业的形象和名誉具有深远意义。

2. 机制设计

Opower 能效账单对应的需求响应核心：提前知晓用户负荷高峰，借助能效账单激励用户减少负荷高峰时期的用能，进而达到为用户节省用能费用的同时降低电力系统用能高峰时期负荷压力的目的。对于我国现阶段实时电价机制和硬件设施建设缺失的情况而言，这种模式非常值得借鉴，同时鉴于我国能源危机和环境问题日益严峻，亟须提高可再生能源在能源生产消费结构中的比例，故现阶段需求响应的任务不仅只是移峰填谷，还要考虑平抑可再生能源渗透率不断增加情况下电力系统中的强随机性，由于 Opower 的能效账单并未包含用户的可再生能源相关使用情况，不能有效地激励用户增加可再生能源的使用量，且由于可再生能源的出力情况往往与系统整体负荷变化情况并不一致，按照 Opower 的现有模式实施需求响应无法有针对性地减少由于可再生能源渗透率增加造成的传统系统备用。为了实施符合我国现阶段实际情况的需求响应，在 Opower 能效账单的基础上，加入可再生能源用能情况，设计出适用于我国需求响应情况的能效账单。能效账单已经在笔者承担的科技项目中试用。

能效账单的目标用户初步确定为居民用户、工业用户和商业用户，账单周期设置为一天，能效账单包含如下主要内容。

（1）用户基本信息。用户的基本信息主要包括用户代称、用户类型、参与能效排名的用户总数、账单日期及当天温度。其中，居民用户的用户名称为户主姓名、工业用户为企业名称、商业用户为商家名称。用户类型可以选定为居民、工业和商业，后期可视情况扩增用户类型。对于居民用户而言，参与能效排名的用户可选定为同一个单元/同一栋居民楼/同一个小区的居民电力用户。对于工业用户而言,参与能效排名的用户可选定为同一园区或生产同种商品的工业电力用户(若将电解铝企业等用能很多的工业企业与用电量较少的工业企业放在同一张能效账单中进行横向比较意义不大)。对于商业用户而言,参与能效排名的用户可选定为同一商圈或同种类别的商业电力用户。在能效账单中标示出温度的原因为温度与用能情况之间有显著的相关关系,可将温度作为解释用户用能行为的依据。(如温度较高时,空调的用能量会明显增加。)

(2)电费与用电量情况。电费情况主要包括电费总额及可再生能源电力部分电费额及占比,用电量情况主要包括总用电量及可再生能源电力部分用电量及占比。其中,电费总额和总用电量可以让电力用户对当天的用能情况产生初步认知,可再生能源部分电费、用电量及各自占比可以在一定程度上反映用户承担可再生能源出力的情况,数值越大、比例越高的用户相对地承担了更多的可再生能源出力,其中可再生能源用电量占比数值还将作为能效得分的组成部分。

可再生能源部分电费占比公式为

$$P_{rf} = \frac{F_r}{F_t} \qquad (5-1)$$

式中　P_{rf}——可再生能源电力电费占比;

　　　F_r——可再生能源电力部分电费额;

　　　F_t——电费总额。

可再生能源部分用电量占比为

$$P_{rc} = \frac{C_r}{C_t} \qquad (5-2)$$

式中　P_{rc}——可再生能源电力用电量占比;

　　　C_r——可再生能源电力部分用电量;

　　　C_t——总用电量。

(3)分类用能情况。分类用能情况主要包括不同类型用户的各类用电电量及其占总用电量比例及排名情况。其中，用能类型的界定取决于用户的类型，居民用户的用能类型可通过家用电器进行划分（如划分为空调用能、冰箱用能、洗衣机用能、照明灯用能等），工业用户和商业用户的用能类型可通过电能的用途进行划分（如划分为生产用能、管理用能、照明用能等）。各类用电电量及其占总用电量的比例及排名情况可以让用户直观地判断出可通过减少哪种类型的用能来节省总用能费用。需要注意的是，由于能效得分主要用于衡量用户承担可再生能源出力的情况，而不用于衡量用户的节能情况，故用户减少电量使用的行为虽然能够达到节省总用能费用的目的但并不会直接提升其能效得分。

各类用电电量占比为

$$P_{ic} = \frac{C_i}{C_t} \qquad (5-3)$$

式中　P_{ic}——第 i 类用电的用电量占比；

　　　C_i——第 i 类用电的用电量总额；

　　　C_t——总用电量。

（4）可再生能源出力匹配情况。可再生能源出力匹配情况主要包括用电负荷与可再生能源发电出力匹配度及匹配度排名。此部分内容是能效账单的创新点，也是重中之重，主要通过评价用户的负荷情况与可再生能源出力情况的匹配程度衡量用户参与需求响应的情况，需要注意的是，匹配度与可再生能源用能占比同为能效得分的组成部分。

可再生能源出力匹配度为

$$M_r = \frac{\sum_{k=1}^{n} |O_k - O_{avg}| |L_k - L_{avg}|}{\sqrt{\sum_{k=1}^{n} (O_k - O_{avg})^2} \times \sqrt{\sum_{k=1}^{n} (L_k - L_{avg})^2}} \qquad (5-4)$$

其中

$$O_k = \frac{O_{ak}}{O_{amax}} \qquad (5-5)$$

$$O_{avg} = \frac{\sum_{k=1}^{n} O_{ak}}{n \cdot O_{amax}} \qquad (5-6)$$

$$L_{k} = \frac{L_{ak}}{L_{amax}} \qquad\qquad (5-7)$$

$$L_{avg} = \frac{\sum_{k=1}^{n} L_{ak}}{n \cdot L_{amax}} \qquad\qquad (5-8)$$

式中 O_{k} ——k 时刻可再生能源出力的标定值；

O_{ak} ——k 时刻可再生能源出力的实际值；

O_{amax}——一天内可再生能源出力的最大值；

O_{avg} ——可再生能源出力标定值的平均值；

L_{k} ——k 时刻用户负荷的标定值；

L_{ak} ——k 时刻用户负荷的实际值；

L_{amax}——一天内用户负荷的最大值；

L_{avg} ——用户负荷标定值的平均值。

（5）能效排行榜。能效排行榜用于反映各参与能效排行的用户能效得分的排名情况。能效排行榜是能效账单的核心部分，各用户的能效得分是其参与需求响应成果的直观反映，能效得分的排行情况是激励用户参与需求响应的原动力。

能效得分为

$$E_{r} = P_{rc} + M_{r} \qquad\qquad (5-9)$$

式中 E_{r} ——用户的能效得分。

3. 实施流程

实施流程大致分为以下两个阶段。

（1）能效账单推送前阶段。在账单推送的前一天，不同类别的用户会收到第二天可再生能源出力的预测结果和各自的用能建议。

（2）能效账单推送阶段。

1）居民用户能效账单。账单推送给居民用户后，简洁明了的界面可以让用户快速地对自身的用能大致情况和水平作出判断，并通过排名这种竞争的方式使得用户借鉴能效得分相对更高的用户的用能行为，有效激励该用户更积极地参与未来的需求响应。

2）工业用户能效账单。工业用户的能效账单内的用能类别仅为示意划分，各类用能划分并不是固定不变的，各类企业可以依据企业情况制定不同的用能类别划分，但参与共同比较的企业间的划分应一致。能效得分和排名情况是工业企业积极参与需求响应的有力证明，一定程度上表征了企业为支持可再生能源可持续发展和解决能源环境问题所做出的努力。用能当天企业以可再生能源出力的出力情况为参照对各类用能做出相应调整。

3）商业用户能效账单。与工业用户类似的，商业用户的各类用能划分也不是固定不变的，各类企业可以依据各自的主营业务制定差别化的用能类别划分，但参与共同比较的商户间的划分应一致。为更好地激励商业用户参与需求响应，可将能效排名情况在商户内部进行展示。商业用户在用能当天以可再生能源出力的峰谷时刻为参照对各类用能做出相应调整。

5.5.2 保险机制

1. 原理介绍

为了提高需求响应参与主体削减负荷的执行力度，同时考虑用户对供电可靠性的不同等级，借鉴车险等保险的方式，提出了适用于需求响应的保险机制。保险制度适用于激励型需求响应项目，主要针对大用户，系统运营商需要与大用户签订一对一的合同，这些大用户，根据往年经验，结合当年度生产计划，自行决定是否参保。用户投保金额越高，在负荷紧张情况下，优先用电权越高（除去保障性负荷），但是在特别紧张的情况下，用户也需服从系统运营商的调度安排，但可获得与投保金额倍率成正比的赔偿。

2. 机制设计

根据用户负荷类型（行业类型）不同，保险机制合同主要包括用户投保负荷量和用户投保金额、赔偿金额两大部分内容。

（1）用户投保负荷量。由用户自行决定。用户根据当年该地区负荷总缺额形势和以往被分配削减负荷指标，结合生产计划以及调整负荷的能力，估算投保负荷量。

（2）用户投保金额、赔偿金额。系统运营商根据行业类型、用户负荷容量等级确定用户单位容量投保金额基准值和赔偿金额基准值。如果用户希望提高自己在负荷紧张时的优先供电权，可提高投保金额，赔偿金额也会按比例提高。系统运营商最终根据投保金额倍率对用户进行排序，同等情况下优先保障投保金额倍率高的用户的供电。

3. 实施流程

实施流程大致分为以下四个阶段。

（1）准备阶段。通过调研，了解用户的负荷特性，可削减负荷的能力等信息。根据调研结果，考虑用户意愿，系统运营商和电力用户签订保险合同，同时开展未参保用户的宣传、安抚和管理工作。

（2）运行阶段。遭遇负荷短缺时，未参保用户先削减用电量满足系统要求，保证所有参保用户的供电；如果不能满足，先切投保金额倍率较低用户的负荷，再切投保金额倍率高用户的负荷，但都需提前通知用户。

（3）结算阶段。年终系统运营商与参保用户结算，如果系统运营商始终保障了该用户的供电，投保金全部归系统运营商所有，如果存在该用户被切负荷的情况，系统运营商从投保金中返还赔偿金额。

（4）评价阶段。运行一个周期后，系统运营商对保险机制的运行效果进行评估，调整保险机制合同。

5.5.3 电力积分机制

1. 原理介绍

电力积分机制是基于信用积分激励理论。电力积分是指在电网紧急状态下，系统运营商因用户响应电网削减用电量而给予积分奖励。综合用户类型、季节和用户信用等级等多种因素，电力积分理论模型具体为

$$S_i = S_{con,i} + S'_{con,i} - S''_{con,i} - S_{cre,i} \tag{5-10}$$

其中
$$S_{con,i} = \sum_t u_i(j) C_i(t,j) \tag{5-11}$$

$$S'_{con,i} = \alpha \sum_t u_{i-1}(j) C_{i-1}(t,j) \tag{5-12}$$

$$S''_{con,i} = \eta(t,x,z) S(y) \tag{5-13}$$

$$S_{cre,i} = \sum_t \gamma(t,x,p) C'_i(t,j) \tag{5-14}$$

式中　S_i　——第 i 年底可兑换积分；

$S_{\text{con},i}$ ——第 i 年因正常需求响应而获得的积分；

$S'_{\text{con},i}$ ——第 $i-1$ 年剩余积分转到下一年的积分；

$S''_{\text{con},i}$ ——第 i 年内已兑换的积分；

$S_{\text{cre},i}$ ——第 i 年内因违反响应协议而扣除的积分；

j ——参与项目类型，包括参与可中断负荷和直接负荷控制等不同实施项目类型；

$u_{(j)}$ ——累计系数，与参与项目类型相关；

t ——响应日期，也代表季节因素；

$C_i(t,j)$ ——第 t 日参加第 j 种项目所削减的电量，kWh；

α ——衰减系数（$0 < \alpha < 1$）；

x ——用户类型，包括居民用户、工业用户和商业用户等类型；

z ——用户信用等级，包括守信标准、一般标准、警示标准和失信标准四类；

$\eta(t, x, z)$ ——兑换影响因子，与响应日期、用户类型和用户信用等级有关；

y ——兑换类型，如兑换电费、可避免电量等；

$S(y)$ ——兑换某种类型的基准，具体数值由供电公司确定；

p ——除用户之外的外界条件影响因子，如气温、供电公司行为等；

γ ——惩罚因子，与响应日期、用户类型和外界条件影响因子相关；

$C'_i(t,j)$ ——按照响应协议第 t 日参与第 j 种项目未削减的电量，kWh。

上述模型充分考虑用户自主性和特殊性，并引入信用制度，有奖有罚，促使用户正当行使响应、兑换权利，确保自身利益。另外，供电公司基于经济利益最大化目标，将进一步优化项目类型，在保证供电安全的前提下，尽可能缩减响应区域和响应总容量，从而将对用户的影响降低到最小。

2. 机制设计

从时间角度出发，电力积分机制包括积分生成和积分兑换两大部分，其中积分生成是指年度积分和惩罚积分之和，而兑换积分是指已兑换积分。

（1）积分生成。

1）年度积分。假设积分生成按照统一标准结算。如电力用户通过需求响应削减 1kWh 可获得 1 个电力积分。

2）奖惩积分。对于不能按协议要求响应的电力用户，需要进行扣除电力积分，这主要针对激励型 DR 项目用户。

（2）积分兑换。

1）积分兑换电费折扣。仅限于电价型需求响应项目。年终用户可以兑换电费折扣，如 200 积分可以兑换 0.1% 的电费折扣。

2）积分冲抵负荷削减指标。电价型和激励型需求响应项目产生的积分都可兑换。用户提前一周申请兑换，如 100 积分可申请兑换当日计划削减量的 5%。

3. 实施流程

（1）准备阶段。政府部门和各个需求响应的实施主体进行调研，并对电力积分机制进行推广宣传，发布积分评价制度细则。

（2）积分阶段。用户根据发布的积分评价制度细则，基于自愿原则，在积分时段安排负荷调整，通过负荷监测装置进行记录。

（3）兑换阶段。用户根据当地需求响应项目类型和自身负荷调整能力，进行积分兑换，扣除相应积分。

（4）评估阶段。表彰响应度较高的电力用户，根据当年需求响应实施情况调整下一年电力积分机制细则。

5.6 电力需求响应的市场交易

随着技术的不断进步及电力市场的不断完善，需求响应在系统运营方面的地位越来越重要，它不仅可以在电力系统面临紧急情况时充当低成本的容量资源以供调度，还可以影响电力市场定价方式，起到减小电价波动、遏制市场力的作用。但是要充分发挥需求响应的作用，是需要有合适的商业模式来保障和规范其进行市场交易的。需求响应的商业模式又会受到市场机制、电力系统的特性、系统资源以及系统内硬件设施等多种因素的影响。

电力需求响应最早提出来的目的是通过改变用户的用电模式来调整负荷曲线形状从而增强电力系统的运行可靠性和延缓电力设施建设。随着电力市场的建设和不断完善，特别是系统中配套的先进测量、通信设施的建设，电力系统的运行不再是传统的"发电跟踪负荷变化"的运行模式，需求响应不仅能抑制峰荷、优化负荷曲线，还减少了市场中的价格波动，增强电网的安全可靠性。市场环境下需求响应项目形式多样，控制策略灵活，要充分发挥不同需求响应项目的作用是需要有合适的商业模式来保障和驱动其进行市场交易并实施的。传统的需求响应实施往往是集中在电力系统的运行环节，在市场环境下根据价格或激励信息实时调整的动态需求响应将是未来的发展趋势，所以需求响应最终将主动参与进电力市场运行的各个环节，如图 5-3 所示。

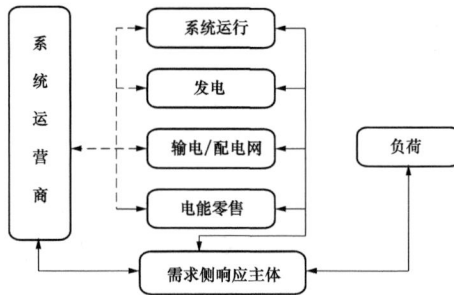

图 5-3　需求响应与电力市场各环节的联系

需求响应不仅是一个技术行为，更是一种商业模式，它会受到众多因素的影响，比如市场结构，电价因素，发电容量和电网传输容量的限制等。对于相同的一个需求响应措施，在不同的电力市场中有可能会有不同的特性和实施目的，实施的商业模式和市场交易形式也会有差异，以下将从需求响应参与到电力市场不同环节所具有的商业模式和交易形式进行分析。

5.6.1　参与系统运行的需求响应市场交易

需求侧资源以其能快速、灵活地改变负荷曲线形状的特点被认为是优化系统运行的重要组成部分，需求响应参与到电力系统运行中的商业模式和市场交易形式如图 5-4 所示。

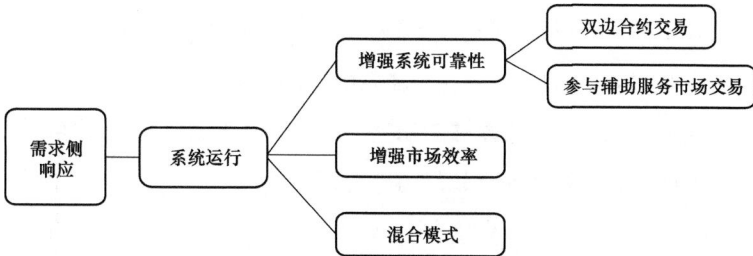

图 5-4　需求响应参与系统运行

1. 增强系统可靠性的市场交易

系统运营商利用需求侧的调节资源来增强系统运行可靠性的模式一直以来都是广为应用的。在这种交易模式下，当电力系统的电能供需平衡被打破，系统运行的安全稳定裕度降低，参与需求响应的主体就会根据系统运营商的需求进行需求响应，与发电机组进行电能调节相比，需求响应的优点是响应时间短、调节的速度快，具有很高的可靠性。利用需求响应来增强系统可靠性的商业模式和市场交易有以下几种形式。

（1）通过双边合约来交易。通过双边合约的形式来进行需求响应交易的模式在前面章节已介绍过，参与需求响应的主体与系统运营商直接进行协商并签订双边合同，参与需求响应的主体可以是负荷零售商、负荷聚合商，也可以是大用户，合同的内容和实施时间是由系统运营商根据系统运行的情况确定的，如系统用电的高峰时期或是系统紧急状况下。当系统运营商和参与实施需求响应的主体签订了双边合约后，实施方是不能自由调整和变更合同内容的。通过双边合约来采购需求响应服务的种类有以下几种。

1）直接负荷控制。参与直接负荷控制的需求响应实施主体和系统运营商将签订一个合同，系统运营商根据系统的运行情况在需要时将不通过用户而直接对用户的供电负荷进行断电控制，在中断供电后会按照合同规定对用户进行一定的经济补偿。参与直接负荷控制的负荷一般是对停电敏感性不高，并且能接受停电不事先通知的负荷。美国佛罗里达州的 Florida Power and Light（FP&L）公司推出了"On Call"项目就是一个成功的直接负荷控制例子。"On Call"在每年的四月到十月电力需求高峰时实施，在此时段内，用户的供电在每 30min 内可能会循环中断 15 ～ 17.5min，但不会超过 6h 的时间周期。参与的用户一般是一周内至少有四天的下午 3 ～ 5 时会用电的用户，如果用户有多个用电设备，这些用电设备将会被轮流中断供电。作为回报，如果用户参与了"On Call"在这七个月中会得到 FP&L 公司电费账单的折扣。

2）可中断负荷控制。与直接负荷控制不一样，参加可中断负荷项目的用户是在得到系统运营商的提示后自己进行断电，中断供电的时长（如 4 ～ 8h），提前告知时间，中断供电量的大小，中断供电的补偿形式（是电费折扣还是直接经济补偿）等都是事先由系统运营商和参与响应的主体共同协商后签订合同规定了的。与直接负荷控制相比，可中断负荷服务对负荷响应的快速性要求不高，因为会给中断供电的用户一个提前告知时间，但是用户需要承受的中断供电时长比直接负荷控制要长。与直接负荷控制一样，在需求响应项目中，两者都是属于增强系统可靠性的商业模式。美国 ERCOT 市场实施的紧急负荷服务项目（emergency interruptible load service）和 PJM 市场实施的紧急负荷响应项目（emergency load response program）就是典型的可中断负荷控制的例子。

3）紧急需求响应。在紧急需求响应模式下，参与响应的用户会自动根据系统参数的偏差进行负荷削减，通常这个参数是系统的频率。系统运营商会设定一个启动触发阈值，当系统频率超过这个触发阈值时，参与紧急需求响应的用户就会根据事先签订的合同削减负荷以阻止频率的下降，用户是不能得到事先通知的，作为回报，用户可以获得相应的电费折扣或是经济补偿，当然用户如果不响应中断请求也不会受到惩罚。

（2）通过辅助服务市场来交易。与通过双边合约的形式来进行需求响应交易不一样，需求响应的参与主体可以像系统中的发电资源一样，利用他们的负荷调节能力在辅助服务市场进行竞价投标，市场的出清机制决定了投标的需求响应服务是否被接收以及最终的出清价格。与合约型的交易相比，在这种商业模式下，参与需求响应的主体可以自由选择他们愿意参与响应的时段和响应量。一旦投标成功，不仅参与响应的电能数量需要付费，参与响应的容量也是要付费的，即使系统不需要参与方进行需求响应，参与方仍然可以获得一定的容量补偿费用。

参与辅助服务市场的需求响应主体不仅要有一定的负荷可调节能力，还要要响应快速，同时还需要配备有传输速度快，精度高的通信系统和量测系统。例如进行针对短期和超短期的调频服务时，需求响应用户要能以分和秒级速度来增减负荷，用户响应的信号可以就是传统的自动发电控制（AGC）信号。在保证系统的中长期电能供需平衡时，需求响应用户可以以备用容量的形式来保持系统的冗余度，系统运营商就能在未来负荷高峰期也可以减少对发电资源的依赖。

需求响应参与到辅助服务市场中不仅可以帮助系统运营商降低运行成本，提供更有效的系统规划，还可以一个较低的成本维持系统必需的安全备用容量。美国的6大主要运营商（CALISO，ERCOT，MISO，PJM，NYISO和ISO–NE）都将需求响应引入到辅助服务市场中，此外，澳大利亚、英国、新西兰等国的辅助服务市场都有不同的需求响应项目投标。

2. 增强市场效率的市场交易

与增强系统可靠性的商业模式不同，增强市场效率的需求响应更加强调的是用户电能消费方式的灵活性和断电的时效性，这种灵活性和时效性能帮助系统运营商能更加经济和有效的规划和运行系统，用户电能消费的灵活性比响应的快速性更加重要，所以系统运营商更加注重的是用户的负荷曲线的整形能力，如负荷转移、移峰填谷等形式，这种市场交易也就更加适合于在实施需求响应时能承受较长时间断电，但不必具有很快的响应速度的用户。增强市场效率的需求响应实施目的更多的是出于系统运行的经济性而非可靠性，在实施中常常采用的是利用电价信号来作为交易实施的信号。

在新加坡的电力市场中，当现货市场的价格上涨，参与需求响应的主体就会收到削减电能消费的激励信号，以此通过需求侧的用电调节来平抑电价。美国加州的需求响应代理项目（Proxy Demand Response，PDR）也是另一个通过需求响应来增强市场效率的例子，当预测的电价超过需求响应主体的投标报价后，就会启动需求响应，参与的主体也会得到相应的经济补偿。新西兰电力市场中的需求侧投标与预测项目（Demand – side Bidding and Forecasting）也是类似项目，但是补偿给用户的是电费折扣而不是经济补偿。

随着分布式电源渗透率的不断提高，分布式电源所特有的随机性和反调峰性给系统的运行带来了新的挑战，特别是像风能发电这样在夜间出力较大，而负荷用电又恰好处于低谷时段的情况，如果能发挥需求响应的作用，在夜间用电低谷时段增加用电，就能解决分布式电源投运带来的问题，使系统整体运行更加经济和有效，所以将各种分布式电源纳入进需求响应的研究必将是未来增强市场效率的需求响应的发展重点和方向。

3. 混合模式的市场交易

上面需求响应的两种市场交易形式是分开来分析的，但是事实上不同的交易形式其实很难划分出一个严格的边界，相同的一个需求响应措施是会影响到系统运行的诸多方面，或者说同一个需求响应措施的实施其实是可以达到多个复合目标的，这就是需求响应的混合市场交易形式。在这种商业模式下，系统运营商可以要求实施需求响应后既可以达到保持系统运行可靠性又能维护系统运行经济性的目的，如可以在系统运行的紧急情况下，也可以在电价增长过高时实施可中断负荷或是直接负荷控制。

加拿大安大略省的系统运营商 IESO 推出的需求响应领航员项目（Demand Response Pilots）就是一个需求响应的混合市场交易模式，项目包含了三个方面：5min 负荷追踪、每小时负荷追踪和"机组"投入。对于参与 5min 负荷追踪的需求响应的用户，IESO 将根据安大略省的实时电力需求情况，每 5min 发出相应的负荷调节指令，用户必须实时的在这 5min 内进行响应调节；对于参与每小时负荷追踪的用户，调节的时间间隔扩大到小时级别，用户根据发布的时前的计划进行用电调节；"机组"投入部分中的"机组"并不是指真正的发电机组，而是将用负荷的削峰能力等效于发电机组的发电能力，参与的用户在日前市场或是实时市场的前 4h 根据计划进行削峰，同时参与用户还有资格获得投标担保，以保证用户实施响应时的成本有效性，如当用户按投标报价进行响应削峰时，实时市场的出清价格比用户的投标价格还要低，用户将会获得 Demand Response Bid Guarantee（DRBG）提供的经济补偿，补偿两者间的差额，可见，通过项目的实施，增加了 IESO 对未来电力市场中电能消费行为的可预见性。

5.6.2 参与发电运行的需求响应市场交易

目前已有的需求响应基本都是集中在系统的运行环节，随着电力市场的健全，分布式新能源渗透率的不断提高，需求响应不仅可以参与到电力系统的系统运行环节，还可以参与到系统的发电环节，需求响应参与发电环节中的商业模式和市场交易形式如图 5-5 所示。

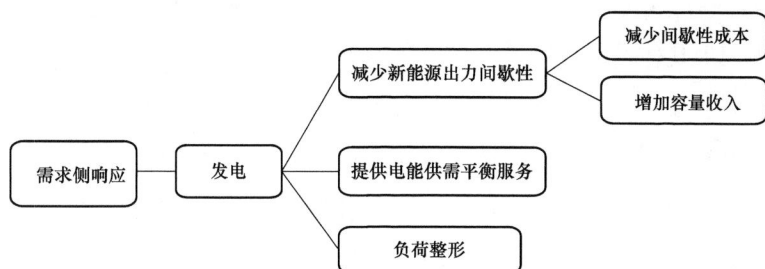

图 5-5 需求响应参与发电环节

1. 减少新能源出力间歇性的市场交易

参与电力市场的发电方是要按照投标时确定的预定发电计划进行发电的，如果发电方不能按照计划执行将得不到预定的收益。对于出力具有明显间歇性的新能源发电方来说，如风能发电、太阳能发电，由于出力会受到季节和气候因素的影响，不能保证按照预定计划进行发电。而需求响应就是一个非常好的互补资源，具有很好的相关性，如果将发电方与需求响应结合起来，就能极大提高新能源发电的渗透率。在这种商业模式下，参与发电运行的需求响应主体除了具备所需负荷调节能力外，一般还要装有储能设施以增强负荷调节的可调性和灵活性，也才能更好地补偿新能源发电出力的间歇性。

（1）减少间歇性成本。在电力市场中，出于系统安全稳定运行的考虑，像风能发电、太阳能发电这种出力不稳定的新能源在系统运行时可能会根据需要会被削减，或是会被要求承担一部分系统进行供需不平衡调节的成本，这就直接或是间接的削减了这些发电方的收益。如果发电方与需求响应主体进行市场交易，联合形成一个共同的商业体，在发电方出力偏离预定计划时，就可以由需求侧资源来进行响应补偿，特别是具有储能设施的资源来补偿掉发电方的这个出力偏差。在发电方出力超过计划时，用户可以利用已有的储能装置进行充电，吸收多余的电能，反之在发电方出力不足时，就进行放电操作。通过发电方与需求响应主体的市场交易，就能保证两者的联合输出满足既定的发电计划，发电方就无须在超过计划时只能以一个极低的价格销售多余的电能或是直接进行削减出力，出现弃风、弃光的现象了。

（2）增加容量收入。在一些电力市场，发电方在系统负荷高峰时段即使没有出力，但是他们的有效发电容量是会被补偿的。对于像风力发电这样的新能源，具有明显的反调峰性，风电出力的高峰时段一般是夜间，特别是半夜，而负荷用电的高峰时段往往又是在白天，两者是完全相反的，发电方就只能获得很低的容量补偿费用。如果发电方和需求响应主体进行市场交易，利用需求侧的储能资源来改变发电方的出力曲线，使之符合系统负荷的用电规律，发电方就能获得更高的容量补偿费用了。

2. 提供电能供需平衡服务的市场交易

在开放的电能市场中，大用户是可以直接与发电方进行双边交易的，但是购电方和售电方都没有自己的输配电网络，他们需要向系统运营商提前告知在输电网络中预期的注入和输出电能，并支付网络使用的费用。当售电方和购电方的电能供需出现偏差时，他们需要承担这种偏差带来的额外费用。如果发电方和需求响应主体签订交易合同，就能利用需求侧资源的负荷调节灵活性来补偿这种电能供需的不平衡，通过需求侧资源的响应调节，维持发电方按预定计划向输配电网络中注入的功率，原来需要支付的由于电能不平衡造成的额外费用就可以节约下来在自己和需求响应方之间分享。但是这种商业模式对参与需求响应负荷的分布位置是有要求的，参与响应的负荷必须靠近发电方的接入位置，才能控制发电方对网络的注入功率。

日本电力市场的电力公司（Power Producer and Supplier，PPS）就实施了提供电能平衡服务的市场交易，PPS与需求响应资源签订合同，利用需求侧的负荷增减来确保PPS在输电网络中是按照预先计划注入功率的，以避免供电偏差造成的高成本，节省下来的费用和需求响应用户进行分享。

3. 负荷整形的市场交易

对于发电机组来说，特别是火电机组的启、停成本是很高的，发电机组也会由于电能的需求情况在非经济区范围内长时间运行，为了减少这些运行成本，发电方可以和需求响应主体进行交易实施负荷整形，在负荷整形的模式下，需求响应主体可以根据自己负荷调节的能力调节出一个发电方希望的用电负荷曲线，将需要发电机组运行在非经济区范围内供电的部分负荷转移到经济运行区内以减少运行成本。

目前这种商业模式还是使用较少的，因为光靠参与需求响应用户进行负荷调节，调节能力还是有限的，必须是用户具有足够的储能装置才能持续维持负荷曲线按预期的变化规律进行响应。但是随着电动汽车的普及，电动汽车具有的灵活充电特性为负荷整形的市场交易提供了发展动力，电动汽车既可以集中充电，也可以分散充电，还可以根据规划需求在预定时段进行充电，它是一种很好的负荷调节资源，充分利用电动汽车可以得到一个期望的用电负荷曲线，当然也就可以利用这个调节特性去参与负荷整形的市场交易。

5.6.3 参与输配电网运行的需求响应市场交易

对于输配电网来说，在运行中如果网络中某些部分趋于功率极限，就会使电力系统运行承受很大的风险，这就是通常所说的网络阻塞问题。网络的阻塞对于输配电网的安全稳定、最优经济运行都会产生负面影响，可以说缓解电力网络的阻塞是保证电力市场环境下系统安全运行的关键，也是输配电网络在运行时需要优先考虑的问题。缓解阻塞可以通过常规的投资新建和升级电网的硬件设施来实现，但由于这种技术方法投资大，建设周期也相对较长，所以一直以来其他的缓解手段、预防策略及分析方法也在同时开展研究并实施，需求响应就是一个快速有效的缓解阻塞的手段。需求响应参与到输/配电运行环节的商业模式如图 5-6 所示。

在这种商业模式下，需求响应的参与主体利用他们在电网中所处的合适位置在网络发生阻塞的有限时段内进行负荷调节以缓解阻塞，所以通过需求响应，就能减少或是延迟输配电网的网络建设。需求响应参与到输配电网的运行

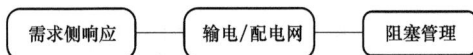

图 5-6　需求响应参与输/配电网运行环节

还有另外一种情形，在一些偏远地区，网络设施老化而且网络连接薄弱，特别是如果这些地区还有分布式新能源的接入话，就更加增加了输/配电网络的运行压力，如果需求响应参与到输配电网的运行中，就能缓解这种压力，提高网络的运行稳定性，还能延缓网络建设投资。

当然，在进行输/配电网阻塞管理时很少单独只利用需求响应来进行缓解，阻塞管理时一个复杂的过程，需求响应一般只是作为阻塞管理中的其中一个可操作步骤。美国的 Con Edison 电气公司推出的配网负荷缓解项目（The Distribution Load Relief Program，DLRP）和网络缓解项目（Network Relief Program，NRP）就是这种商业模式的例子，对存在阻塞问题的区域，具有位置优势的需求侧资源就能利用他们可以进行负荷调节的灵活性参与需求响应，当然也能获得相应的经济回报，参与主体既能获得调节容量的补偿，又能获得参与调节电能数量的补偿。

5.6.4　参与电能零售的需求响应市场交易

在电能零售环节，需求响应的交易应该是发生在负荷零售商和他们所供电的中小用户之间，这种需求响应不仅会影响负荷零售商电能采购交易的形式，还会影响零售电价机制。需求响应参与电能零售环节的需求响应商业模式如图5-7所示。

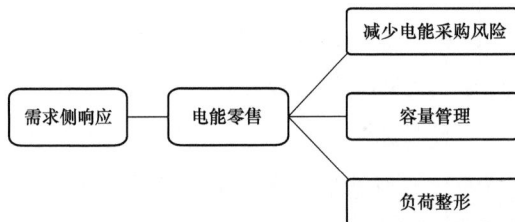

图 5-7　需求响应参与电能零售环节

1. 减少电能采购风险

负荷零售商在对用户进行供电时也会碰到供需不平衡的情况，如由于负荷预测误差造成了签订的合同电量不足，或是由于用户的用电行为突然改变造成了供电存在缺额，在这种情况下，负荷零售商就只能在现货市场中购买所缺的电能，现货市场中的电价是波动的，如果需要购买的电能多，现货市场的电价就会趋于上涨。另外负荷零售商是以一个相对固定和稳定的零售电价向他所供的用户售电，如果负荷零售商在现货市场中以较高的电价采购所需的电能缺额，但是又只能以一个较低的零售电价销售给他的签约用户，这就使得负荷零售商会面临着向用户卖电反而会亏本的风险。为了减少这种风险，负荷零售商可以采用系统运营商为维持系统稳定采用的做法，负荷零售商可以和他所供的用户进行需求响应交易，当在电能零售过程中出现电能缺额或是负的电价差时，可以要求用户进行需求响应来补偿这个缺额，以避免负荷零售商去现货市场中采购高价电能。常采用的响应措施就是可中断负荷控制。

在电能零售环节采用的可中断负荷控制的交易方式和在系统运行环节采用的可中断负荷控制是类似的，可以将负荷零售商与系统运营商之间的可中断服务的交易模式借鉴到负荷零售商与用户之间，用户根据零售商的需求进行削峰操作，负荷零售商就可以利用用户响应情况调整现货市场中的购电计划，特别是在电价高时尽量少的采购电能。作为回报，负荷零售商应该向执行可中断服务的用户支付补偿，这个补偿可以是直接的经济补偿，也可以是用户的电费折扣，无论哪种补偿方式，都应该要考虑执行可中断服务双方的利益，负荷零售商向执行可中断服务的用户支付的补偿不应该要高于在现货市场中购买相同电量的成本，用户执行可中断服务所获得的收益也应该要大于中断供电所遭受的损失，这样的可中断负荷服务才是可以长期执行的。

2. 容量管理

在一些电力市场，如美国的 PJM 市场，为了保证系统的安全稳定，负荷零售商是会被分配一定的电能容量，这个容量是基于他们的峰值容量，如果超过这个既定容量，负荷零售商就要支付额外费用，当负荷零售商需要更多的容量时，就需要在市场中购买。

需求响应就给负荷零售商提供了其他途径去进行容量管理。负荷零售商可以利用需求响应来调整负荷曲线，确保负荷不会超过规定的容量，避免了未来可能需要在市场中购买多余的容量，或是因为短时的容量越限就受到惩罚。

3. 负荷整形

在电能零售环节的负荷整形交易与在发电环节的负荷整形交易在本质上是一致的，只是参与的环节不一样，服务的对象也不一样。在电能零售环节的负荷整形交易用户利用自己的负荷调节能力达到负荷零售商的期望供电曲线，以减少负荷零售商的购电成本和增加收益。

这种模式下，需要用户具有负荷转移的能力而不是强调用户的削峰能力，当负荷零售商采购电能时的电价较高，就希望用户将一部分负荷转移到电价低时。目前这种交易相对较少，这是因为虽然对用户调节响应的速度要求不高，但是需要参加的用户进行负荷调节的时段较长，负荷调节的能力也要强。随着电动汽车和各种储能装置的普及，用户进行负荷调节能力的增强，这种交易模式必将会越来越应用广泛。

5.7 电力需求响应市场业务架构

电力需求响应总体业务信息流程主要包括实施前期工作、事件决策规划、事件信息交互、用户侧响应执行，以及执行效果评价与结算等环节，以在负荷零售商和负荷聚合商层面实施需求响应为例，说明其具体业务和信息流程如图5-8所示。电力需求响应的主要参与角色包括负荷零售商、监管者、负荷聚合商和用户（包括大用户和普通用户）。负荷零售商和负荷聚合商是需求响应策略的制定者和方案发布者，是需求响应服务的需求方。监管者一般是政府，对需求响应业务的过程和执行效果进行监管。其中，负荷聚合商作为第三方服务商，为分布广泛、个体需求响应资源量较小的需求侧资源提供了统一的进入市场的渠道。

电力需求响应的业务架构如图5-9所示。以支撑电网削峰为例介绍业务运作流程：首先需求响应服务管理者根据调度发来的负荷缺口，制定需求响应计划，并向负荷零售商、负荷聚合商和电力大用户下达负荷削减量，这一般是

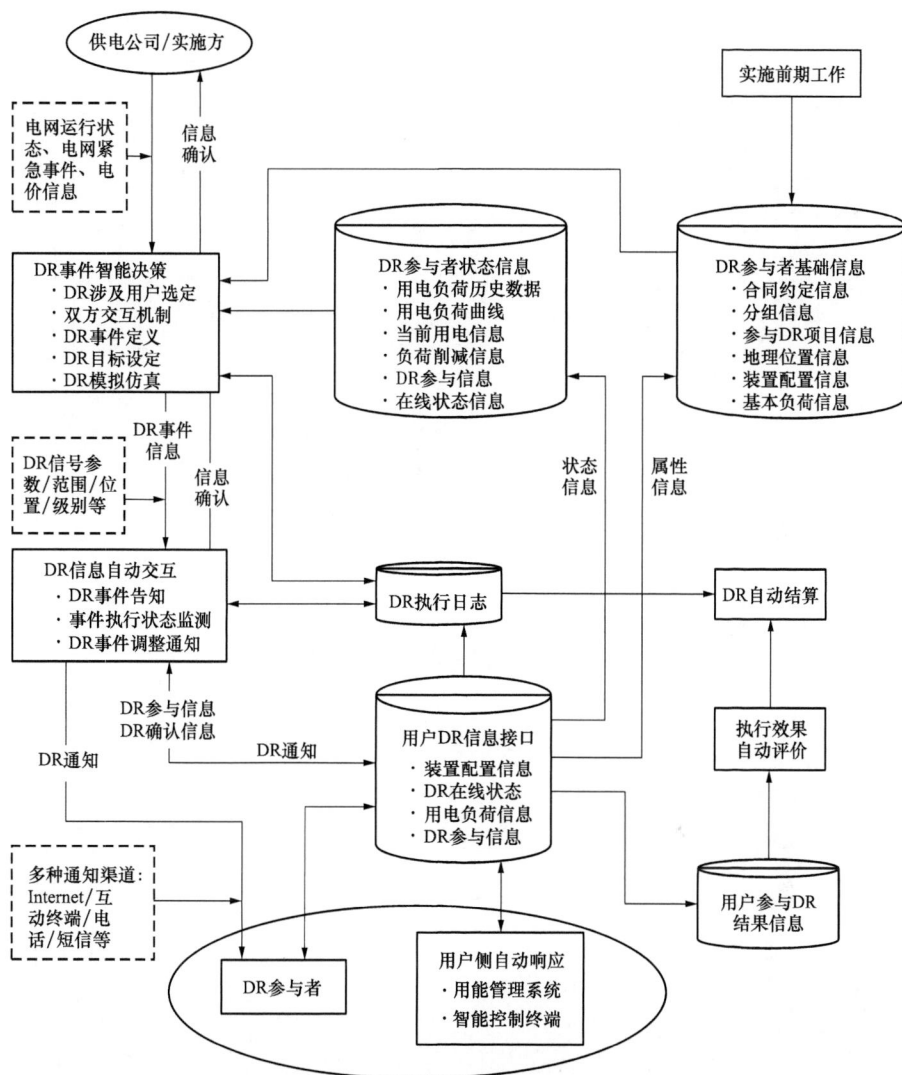

图 5-8 电力需求响应总体业务信息流程

由系统运营商来承担；然后负荷零售商、负荷聚合商和电力大用户认购后，由需求响应服务管理者确认其认购信息；最后在电力用户执行完负荷削减量后，由需求响应服务管理者或者是负荷零售商及负荷聚合商对其所对应参与响应的电力用户进行评估结算。

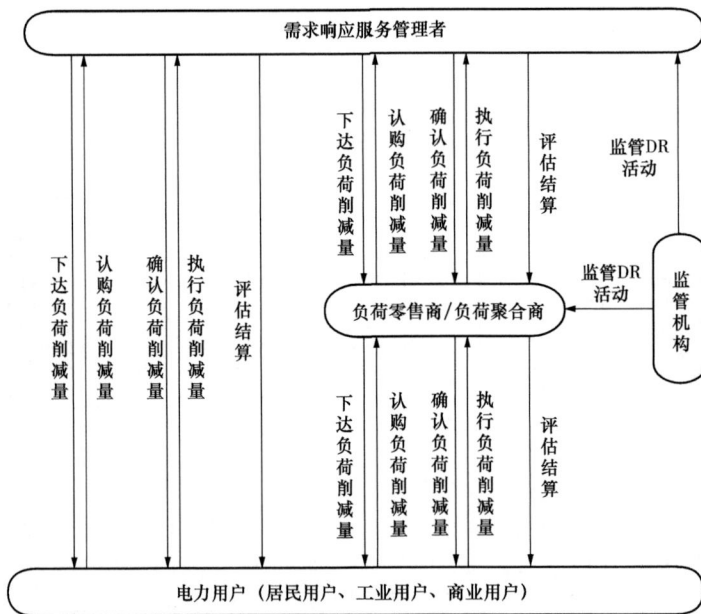

图 5 - 9 电力需求响应的业务架构

6.

基于负荷调节能力模型的实时需求响应

实时需求响应（RDR）就是利用实时电价作为信号，促进需求方主动进行负荷调节的自动需求响应。概括来说，实时需求响应有三方面的含义：①利用实时电价作为信号；②需求方的主动响应；③自动需求响应。凡是满足这三个方面的都可以理解为实时需求响应。因此实时需求响应的响应模式、应用场景、具体算法理论将有很多种。本书仅以基于单设备潜力聚合法的负荷调节能力模型和价格弹性模型等两种模型为基础，以负荷零售商和负荷聚商对自己的内部用户实施实时需求响应为例，结合有限的场景来介绍实时需求响应理论。

本章介绍前一种模型的实时需求响应理论，即基于单设备潜力聚合法的负荷调节能力模型。

6.1 实时需求响应理论的相关问题

6.1.1 实时需求响应的关键问题

如前面章节分析，电力市场中实施需求响应来调控电力供需平衡时，是离不开经济刺激的，电价就是一个经济刺激的核心内容，也是实施需求响应的一个最为重要的经济杠杆。影响电价的因素是多种多样的，实施的电价机制也有多种，无论哪种电价机制，一个合理的电价机制必须是公平合理的，必须要考虑到两个方面，即在电能的供应侧要能反映电能的生产成本，在电能的需求侧要能反映负荷的用电特性。实时电价作为需求响应策略的一种，被认为是引导用户理智、高效用电的一种最有效的工具，实时电价可以说是现货市场价格的最终发展形式，其对调节用户的用电行为，实现移峰填谷有重要意义，也是未来电力市场不断完善和发展的趋势所在。

电力需求响应的重要作用是促进电能的供需平衡，在实时电力需求响应中，能够反应实时供需平衡最重要的信号就是实时电价信号，所以实时需求响应的关键问题就是电价的计算。如果用户能够近似实时地掌握系统和市场的实时供需关系信号——实时电价，用户侧的能量管理系统能够对电价信号做出实时响应，响应结果影响着供需关系，只要供需关系没有达到平衡，实时电价就会实时调整，需求侧也会响应一直调整，直到达到电力供需平衡为止。

因此，实时电价的计算问题是实时需求响应的关键问题。电价计算实时、准确，需求响应过程就快，供需平衡就能快速达成。反之，需求响应过程很慢，有可能达不到供需平衡状态，无法实现实时需求响应的最优性，甚至造成功率振荡，给电网安全稳定造成影响。前面章节已经分析说明过，实时需求响应具有实时性、最优性、主动参与性及响应端智能性等基本特征。因此实时电价理论相应也具备以下特性。

（1）实时性。也就是必须要能够得出下一分钟应该实行的即时电价。如果是计算出的，这就需要对电价的理论算法要足够简单快速，易于收敛。如果是电力市场撮合出的实时电价，要求就更高，首先是市场主体的策略计算要简单快速，易于收敛；其次是必须实时地、自动地、智能地、自主地市场交易，再次是要有快速的负荷控制机制。

（2）电价计算不完全依赖外部条件，要能够自适应调整。实时电价应该避免过度依赖于外界条件，虽然外界条件越来越多，竞争越准确，可是一旦外在条件没有或是不足的时候，它应该能够根据以往的一些基本情况，通过估计整个电网的相关参数来推出这个合理电价，并跟踪电价执行的需求响应效果，并依据电价响应结果的偏差来自动调整参数，从而逐步逼近理想参数，使得电价最终达到一个合理值。这点类似于根据偏差进行调节的自动控制。

（3）实时电价要便于分布式计算，特别是适应于需求响应终端的边缘计算。对实时电价的响应最终是由需求响应终端执行，因此电价不仅要考虑到管理方，还要考虑到需求方。需求响应终端接收到电价信息后，自动判断运行工况，用户喜好，综合能源控制策略等，然后优化出一个新的运行方式，自动控制相关设备按新的运行方式执行。

（4）实时电价的间隙粒度短，为了达到实时供需平衡的目的，计算出的实时电价应该是以分钟为间隙单位的实时电价。时间间隙越短，需求响应越精准，响应过程也越短。

随着能源互联网和实时需求响应的发展，更多的实时需求响应理论将会出现，也将越发完善，但无论哪种理论，实时电价问题都将是核心问题之一。

6.1.2　实时需求响应应用模式分析

本书第3章中，提出了实时需求响应的具体应用场景。针对不同的场景中，实时需求响应可以采用不同的应用模式，运用不同的算法来求解。对于实时需求响应来说，不同的响应情况具有不同的模式，只有合理地确定出在不同响应情况下的实时需求响应模式才能全面提升供电方和用电方的互动。下面以负荷零售商和负荷聚合商为例，以及以下几种实时需求响应模式为例来说明基于负荷调节能力模型的相关理论。

（1）第一种模式：根据超短期负荷预测，负荷零售商或负荷聚合商预测出未来某一时段，合同交易电量和预测消耗电量存在差额。这个差额产生的原因有多种情况，可能来自通过超短期预测发现原来的负荷预测不足，或者来自自家电厂电能或分布式能源出力不足等。为了满足电能的供需平衡，这个差额电量可以在现货市场进行交易，但是现货市场中的实时电价高；此外也可以通过实时需求响应进行弥补。如果负荷零售商或负荷聚合商的用户的负荷调节能力充足，能够完全弥补这个差额，负荷零售商或负荷聚合商就可以在内部实施实时需求响应，精准地调动用户负荷调节能力，从而避免在现货市场上采购高价电量带来的经济损失风险。

（2）第二种模式：和上述第一种场景一样，根据超短期负荷预测，预测出未来某一时段存在电量差额，现货市场中的实时电价高，而用户的负荷调节能力不足，不能够完全弥补这个差额，负荷零售商或负荷聚合商只有在进行实时需求响应调节之后，不足部分再到现货市场上进行采购。

（3）第三种模式：负荷零售商或负荷聚合商预测发现现货市场上有低价实时电量，并且所供用户有用电潜力可以挖掘或是用户荷具有负荷转移能力，供电方按需购置低价的实时电量，通过实时需求响应鼓励用户增加或转移负荷来提升效益。

（4）第四种模式：调频辅助服务模式，负荷聚合商把用户的负荷调节能力聚集起来，在电力市场上出售辅助调频服务。出售辅助调频服务的获利返还给每个用户。这是个两级需求响应：①负荷聚合商作为需求响应主体参与辅助服务市场；②负荷聚合商内部实施需求响应以获得电网的辅助调频能力。

6.2 基本模型

6.2.1 基于单设备潜力聚合法的负荷调节能力模型

终端负荷的用电特性各异，对用户负荷进行分类并精细化建模是实时需求响应研究的基础。根据负荷响应目标，可以将负荷分为削峰型负荷和移峰填谷型负荷，其中前者指在负荷高峰减少用能量后，不改变其他时段负荷大小，而后者则在削减后会在其他时段产生负荷反弹。已有的一些研究报道将上述两种可控负荷进一步细化分类，根据负荷响应特性，将负荷分为一般可转移负荷、可平移负荷和可削减负荷。其中一般可转移负荷在满足一定时段总负荷不变的情况下，各时段负荷大小可自由调节；对于可平移负荷，其可以自由选择启动时段，但一般具有固定的负荷持续时间及习惯使用时间，一旦启动就不宜中断；可削减负荷指可以部分降低或全部削减的负荷。另外，在实时需求响应中，用户还可以改变其消费的能源类型来满足负荷需求，因此根据各负荷间的交叉弹性与可替代程度，还可以将负荷分为不可替代负荷和可替代负荷，比如电—气可替代负荷。

在能源互联网的情况下，单用电（用能）设备的调节能力和调节容量可以通过能源互联网接入设备（或用能设备本身）自动识别出来。这种识别包含的因素有用电（用能）设备本身的节能特性、用户的用能行为习惯、用户对用电（用能）设备的模式设置等。对于单个用能设备来说，一般的调节方式是对单设备进行投切，投切的条件是电价达到某个阈值时进行投切。

但是对于某个用户而言，它有很多用电设备，每种用电设备的容量和投切阈值不同，在电价高峰时，会自动进行投切，以实现需求响应。响应的电价阈值，以及可调节容量，是由能源互联网接入设备进行自动识别，因此，基于单设备潜力聚合法的负荷调节能力模型类似于如图 6-1 所示的一个阶梯形曲线。

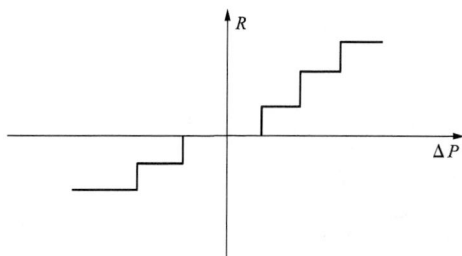

图 6-1 单用户负荷调节能力曲线

图 6-1 中，纵轴为负荷调节能力，用 R（MW）表示，横轴为电价变化，用 ΔP（元/MWh）表示。

为了得出一个聚合了多个用户组成的综合用户负荷调节能力模型，需要将不同用户的负荷调节能力曲线进行累加。用户集合可以包括一个楼宇、一个小区、一个工厂、一个单位乃至一个售电区域等。当综合的用户数量足够多，就可以得到一个连续的曲线，如图6-2所示。但是无论电价如何调整，综合用户的负荷调节能力总是有限的，也即是当电价变化到一定程度，用户的负荷调节能力不会再随电价的变化而变化。

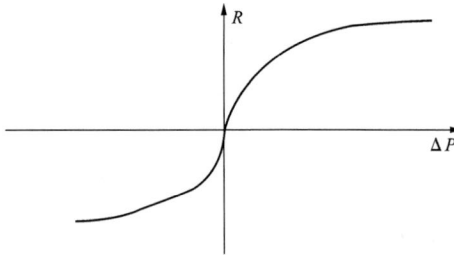

图6-2 多用户负荷调节能力曲线

以上负荷调节能力可以表示为

$$R = f_{调}(\Delta P) \tag{6-1}$$

式（6-1）的另一表达为

$$\Delta p = g_{调}(R) \tag{6-2}$$

式中 $f_{调}(\Delta p)$ 和 $g_{调}(R)$ 互为反函数。

具体 $f_{调}(\Delta p)$ 和 $g_{调}(R)$ 的具体函数形式可能根据市场实际进行分析。对于某些特定区域范围，$f_{调}(\Delta p)$ 和 $g_{调}(R)$ 可以具体化为

$$R = b \times \arctan(a \times \Delta p) \tag{6-3}$$

式（6-3）的另一表达为

$$\Delta p = \tan(R/b)/a \tag{6-4}$$

式中 a——电价比例系数；

b——用户综合调节能力系数。这两个系数可以根据不同供电区域的用户数据进行拟合得到。在不同的供电区域，这两个系数是不同的，甚至在不同的时间段，这两个系数是也是不同的，如在低谷时段，负荷调节能力很低，而高峰时段，负荷调节能力会有较大提升。

由于本模型是每个单负荷设备的调节能力总加获得的，在本模型的实际使用中，不需要对具体参数进行拟合，而是直接总加形成每个电价对应的调节能力的二维表。使用时直接查表即可获得调节能力和电价的关系，极为迅速，适合用于实时需求响应的实时计算。

在不同的运行时段和不同的运行工况下，不同负荷的调节能力模型是不同的。这个调节模型可以根据用户的运行情况，辨识出其负荷调节能力而实时调整。

6.2.2　电价—市场占有率模型

在供电或售电市场上，影响负荷聚合商或负荷零售商市场占有率（Market share）的因素非常多。电价是一个及其重要的因素。考虑到电价的制定是非常复杂的模型。为了简化，可以采用动态模型。即在市场占有率固定的情况下，其电价也达到了相应的平衡。在这个平衡点上，一旦电价下降，市场占有率将有所增加。随着电价继续下降，市场占有率将不会线性增加，会在一定的范围内逐步增加，直至达到一个极限。一旦电价上升，市场占有率将会下降。随着电价的继续下降，市场占有率不会随着电价线性上升，而是逐步上升，直至达到一个极限，如图 6 - 3 所示。

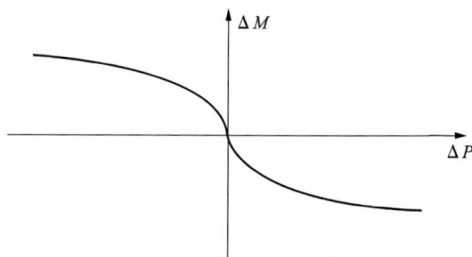

图 6 - 3　电价—市场占有率曲线

图 6 - 3 中，纵轴为市场占有率，用 ΔM（%）表示；横轴为电价变化，用 ΔP（元/MWh）表示。

但是这个模型还有一个缺点，就是没有考虑电价变化的持续时间。如果电价变化很大，但持续时间很短，对用户的影响并不大，市场占有率影响并不大。但是电价虽然变化不大，持续时间很长，将会对用户的影响非常大。因此将模型中的横轴变成了电价的价差与时间的乘积。电价×时间—市场占有率模型曲线如图6-4所示。

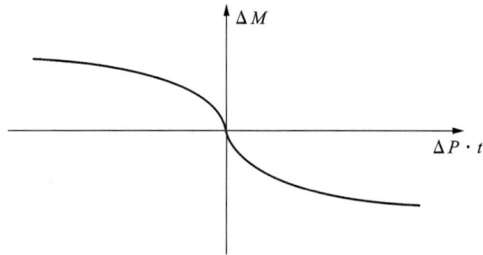

图6-4 电价×时间—市场占有率模型曲线

虽然供电方的市场占有率虽然随着电价和持续时间的变化进行了相应的变化，但由于供电方一般采用的是定期签署合同的方式。市场占有率的上升和下降，一般不会在当期内体现出来，而是在下一期中体现。

对以上模型，可以通过实际供电方的电价和占有率的变化数据进行拟合。拟合的结果可能比较复杂。甚至可能是非线性等。但在实际应用中，更需要关注电价在小区间内变化带来的占有率变化，如果将上述模型在曲线原点处进行放大，此时曲线近似一条直线。因此在电价变化在一定范围内时，其电价×时间-市场占有率可以简化为以下模型曲线，如图6-5所示。

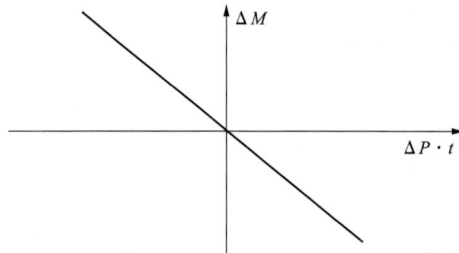

图6-5 电价×时间—市场占有率简化模型曲线

当用P代替$\Delta P \times t$，即： $\quad P = \Delta P \times t$ $\hspace{3cm}$ (6-5)

在ΔM和P之间的关系可以表示为

$$\Delta M = -a \times P \quad (a > 0) \tag{6-6}$$

a 是这条曲线的斜率，同时表示电价×时间与市场占有率之间的对应关系系数（$a > 0$）。这个对应关系系数可以根据不同的市场的数据进行拟合得到。对于固定的市场，这个系数是固定的。

由于用户对于价格增减的好恶不同，电价×时间—市场占有率模型在原点附近的小区间内，可能是一个折线，如图6-6所示。

在 ΔM 和 P 之间的关系可以用以下公式表示：

$$\begin{cases} \Delta M = -a_1 \times P \quad (P > 0, \ a_1 > 0) \\ \Delta M = -a_2 \times P \quad (P < 0, \ a_2 > 0) \end{cases} \tag{6-7}$$

在进行计算时，可以根据实际情况采用图6-5的直线模型或图6-6的折线模型。

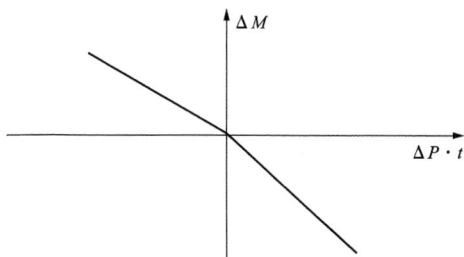

图6-6　电价×时间—市场占有率折线模型

6.2.3　电价变化的约束条件

市场占有率是一个负荷聚合商或负荷零售商市场经营的核心指标之一，影响市场占有率的因素很多，也很复杂。对于负荷聚合商或负荷零售商在市场竞争中通过各种手段已获取的市场占有率，任何一个公司都不愿意失去。

电价是影响市场占有率的关键因素。为了保证市场占有率不下降，很多公司采用固定电价策略以保持稳定。这时电价的制定就是根据从电力市场的购电成本加上损失和合理利润计算得到的。而购电量的准确计算是以准确的负荷预测和本电力公司拥有的分布式能源发电预测为基础的。但是无论预测有多么准确，总会有偏差的时候，一旦有了偏差，负荷聚合商或负荷零售商必须在现货市场上，通过高价的实时电价购买实时电量（当然也有低价抛售已经购买的电量的情况），这就对电力公司造成了经济损失，这是一个经营风险。

在能源互联网的情况下，负荷聚合商或负荷零售商会在充分的了解每一个用户拥有的负荷情况以及负荷调节能力的基础上，为了规避这种经济损失和风险，就会充分挖掘用户所拥有的可调节能力来进行规避。但是如果对用户采用固定电价，用户的负荷是没有弹性的，也没有调节能力。为了激发用户的负荷调节能力，负荷聚合商或负荷零售商可以让电价波动。另外电价的波动必然会导致市场占有率的波动，包括市场占有率的提升和下降，电价下降，负荷聚合商或负荷零售商的市场占有率的提升，但伴随的是电力公司收入和利润的下降；电价提升，可以通过需求响应规避风险，但市场占有率又会下降。所以，在需求响应和市场占有率之间达到动态平衡是负荷聚合商或负荷零售商在实施需求响应时考虑的首要因素。

作为用户来说，无论负荷聚合商或负荷零售商采用何种需求响应激励措施，都不能导致其总体的电费支出增加，否则用户将选择固定电价而不参与需求响应。

综上所述，在实施需求响应时，电价变化的约束条件如下。

（1）无论电价如何变化，执行实时需求响应给用户带来的电费支出不大于不执行实时需求响应给用户带来的电费支出。这个条件可以称为实时需求响应的用户条件。

（2）无论电价如何变化，负荷聚合商或负荷零售商应保证市场占有率不下降。这个条件称为实时需求响应的负荷聚合商或负荷零售商市场占有率条件。

在满足上述两个条件的情况下，才能考虑负荷聚合商或负荷零售商经济效益最大化，风险最小化。

6.3　模式一的实时需求响应

6.3.1　实时需求响应的应用流程

在模式一下，负荷零售商或负荷聚合商预测合同交易电量和预测消耗电量存在差额。这个差额产生的原因有多种情况，可能来自通过超短期预测发现原来的负荷预测不足，或者来自自家电厂电能或分布式能源出力不足等。这时用户的负荷调节能力充足，通过响应能够完全弥补出现的用电差额。这个模式下的应用流程一般分为以下几个步骤。

（1）负荷聚合商或负荷零售商对用户进行超短期负荷预测，并对所拥有的发电设备进行发电预测，一旦预测出在未来某一时段内合同交易电能和预测消耗电能的会有差额，就考虑对用户实施需求响应，这个差额的功率大小为 ΔC，缺额时间为 t。

（2）初步计算这个差额是否能完全由供电区域内所供负荷的实时需求响应来进行调节，若可以，就可以进入模式一的响应流程，若不能完全由实时需求响应进行调节，就进入模式二的响应流程，模式二的响应流程下一节将介绍。

（3）根据基于单设备潜力聚合法的负荷调节能力模型计算出需要对用户上调的电价幅度 $p_1 = g_调（R）$，前一节已经分析，负荷调节能力模型是每个单负荷设备的调节能力总加获得的，直接总加可以形成每个电价对应的调节能力的二维表，使用时直接查表即可获得调节能力和电价的关系，因此这个步骤也极为迅速。

（4）根据前面的分析可知，差额时段的如果上调电价，必将会导致负荷聚合商或负荷零售商的市场占有率下降，也会导致用户的电费支出增加，这就需要在非缺额时段下调电价，以期达到一个动态的平衡，下调电价的幅度 P_2 可以按照上述电价约束条件进行计算。

1. 用户的电价约束条件

假设用户的平均负荷为 C 平，缺口前合同功率为 C_0，差额的功率大小为 ΔC，缺额时长为 t，由 $p_1 = g_调（R）$ 可以计算出上调电价 p_1 后可以使得用户的负荷仍然保持在 C_0。需求响应的用户负荷曲线如图 6 - 7 所示。

用户在响应时段 t 内消耗的电量 $E_响$ 为

$$E_响 = C_0 \times t/60 \tag{6 - 8}$$

用户在这个时段因为电价上调所多交的电费 $S_多$ 为

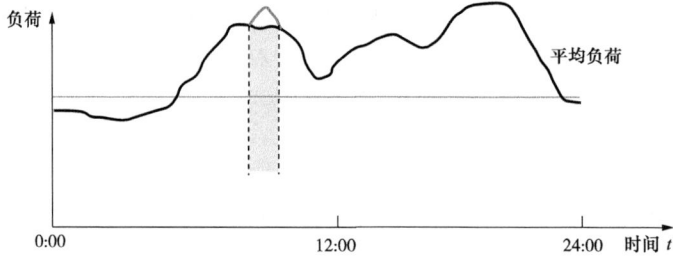

图 6-7 需求响应的用户负荷曲线

$$S_多 = p_1 \times C_0 \times t/60 = g_调 (\Delta C) \times C_0 \times t/60 \qquad (6-9)$$

对于其他非响应时段，用户使用的电量为

$$E_平 = C_平 \times 24 - E_响 = C_平 \times 24 - C_0 \times t/60 \qquad (6-10)$$

用户在每天非响应时段因为电价下降所少交的电费为

$$S_少 = p_2 \times E_平 = p_2 \times (C_平 \times 24 - C_0 \times t/60) \qquad (6-11)$$

只有当用户在非响应时段少交的电费大于等于实时电价上调时多交的电费时，用户才有意愿实施需求响应，即

$$S_少 \geqslant S_多$$

$$p_2 \times (C_平 \times 24 - C_0 \times t/60) \geqslant g_调 (\Delta C) \times C_0 \times t/60 \qquad (6-12)$$

由式（6-12）可以计算出 p_2

$$p_2 \geqslant g_调 (\Delta C) \times C_0 \times t/(C_平 \times 1440 - C_0 \times t) \qquad (6-13)$$

以上为假设某一天只有一个时段发现负荷与预测的负荷有缺口，如果多个时段，缺口功率不一样，计算方式与上述类似，只是上述计算过程的累加。

2. 负荷聚合商或负荷零售商市场占有率约束条件

负荷聚合商或负荷零售商因为需求响应导致的市场竞争力下降为

$$|\Delta M_减| = |-a \times p_1 \times t| = a \times p_1 \times t \qquad (6-14)$$

负荷聚合商或负荷零售商平时电价下降带来的市场占有率提升为

$$|\Delta M_增| = |-a \times p_2 \times (1440 - t)| = a \times p_2 \times (1440 - t) \qquad (6-15)$$

为了保证电力公司的市场占有率不下降，电力公司的电价约束条件为

$$|\Delta M_增| \geqslant |\Delta M_减| \qquad (6-16)$$

$$a \times p_2 \times (1440 - t) \geqslant a \times p_1 \times t \qquad (6-17)$$

$$p_2 \geq p_1 \times t/(1440 - t) \qquad (6-18)$$

或者 $$p_2 \geq g_{调}(\Delta C) \times t/(1440 - t) \qquad (6-19)$$

实际应用中，响应时段可能有多个，不同响应时段的 p_1 可能不同，为了便于应用，可以用下式子来计算多响应时段的 p_2 为

$$p_2 \geq \sum (p_{1i} \times t_i)/(1440 - \sum t_i) \qquad (6-20)$$

这里 $\sum t_i$ 为响应时段总分钟数。

至此，模式一的计算完成。求解的重点在于根据负荷缺额和调节能力计算出用户上调的电价幅度 p_1，以及根据约束条件计算出的非缺额时段的下调电价 p_2，见式（6-13）和式（6-18）。

当然在实际计算时还应进行潮流约束校核、电价最高最低约束等各类约束校核。

3. 需求响应效益分析

在实际运行中，如果实际负荷与预测的负荷有缺口不大，持续时间不长的情况下，负荷聚合商或负荷零售商平时的电价只需要稍低于不采用需求响应时的电价，但有时为了提升用户参与需求响应的积极性，可以适当加大降低的幅度。

用户在平时段下调电价计算出来后是需要提前告知用户的，也是基本固定的，实际运行时，可以提前预测一个大致可能的实施需求响应的成本或者可以接受的实施成本范围，但是这个实施成本规避了负荷聚合商或负荷零售商可能的负荷缺口风险。下面计算一下负荷聚合商或负荷零售商实施需求响应的成本效益。

不实施实时需求响应，一旦出现负荷缺口，负荷聚合商或负荷零售商就需要从现货市场购买高价实时电量，公司就会有一定损失，负荷聚合商或负荷零售商不实施需求响应而增加的购电的成本为

$$Q_{不实施响应} = (p_实 - p_0) \times \Delta C \times t/60 \qquad (6-21)$$

式中　$p_实$——现货市场上的实时电价；

　　　p_0——对用户的零售电价，当实时电价越高时，负荷聚合商或负荷零售商的购电成本也就越大。

如果实施实时需求响应，负荷聚合商或负荷零售商虽然有一定的购电成本，但也有一定的收入增量，在需求响应时段，由于零售电价将上浮 p_1，因此售电收入将增加，收入增量就是用户在这个时段因为电价提升所多交的电费 $S_{多}$。负荷聚合商或负荷零售商在平时的非响应时段将下调零售电价 p_2，因此售电收入相应也将下降，收入减量就是用户在平时时段因为零售电价下降而少交的电费 $S_{少}$，因此负荷聚合商或负荷零售商实施需求响应的成本为

$$Q_{实施响应} = 平时时段少收的电费 - 响应时段多收的电费$$

$$= S_{少} - S_{多}$$

$$= p_2 \times E_{平} - p_1 \times C_0 \times t/60$$

$$= p_2 \times E_{平} - g_{调}（\Delta C）\times C_0 \times t/60 \tag{6-22}$$

当 $g_{调}（\Delta C）$ 函数和 $p_{实}$ 已知时，根据不同的 p_2 值，就能比较式（6-21）和式（6-22）的大小，即就能评估实施需求响应和不实施需求响应的成本效益了。但仅从式（6-22）来看，由于实施实时需求响应，在负荷缺额时段实施了相对高的零售电价，给负荷聚合商或负荷零售商带来了售电收入的增加，弥补了一定的损失。

当 $S_{少} = S_{多}$ 时，$Q_{实施响应} = 0$，此时负荷聚合商或负荷零售商的在紧急时段从实时市场上高价购电的风险通过需求响应完全得到规避。

即使 $S_{少} > S_{多}$ 时，负荷聚合商或负荷零售商依然有实施成本，但成本也将大大减少。另，从式（6-22）中可以看出，要使得 $Q_{实施响应}$ 最小，p_2 必须在满足约束情况下，取最小值。

6.3.2　应用举例

为了简化计算，控制应用举例内容的篇幅，本章所有算例计算中的时间间隔全部采用以 15min 为单位进行。实际的实时需求响应应以 1min 或 5min 为时间间隔。

假设在一个终端用户零售市场中，某负荷零售商的市场占有率 30%，该负荷零售商对用户的销售电价为 0.5 元/kWh。该负荷零售商的购电价格为 0.48 元/kWh，根据负荷预测，原来签订的未来一天的合同购电量为 2640MWh，平均负荷为 110MW，购电负荷数据见表 6-1。

表 6 – 1　　　　　　　　　　　　　　　购电负荷数据

时间	负荷 （MW）	时间	负荷 （MW）	时间	负荷 （MW）	时间	负荷 （MW）	时间	负荷 （MW）	时间	负荷 （MW）	时间	负荷 （MW）
0：00	57	4：00	55	8：00	115	12：00	117	16：00	126	20：00	172		
0：15	51	4：15	58	8：15	120	12：15	112	16：15	133	20：15	168		
0：30	50	4：30	56	8：30	127	12：30	117	16：30	137	20：30	167		
0：45	52	4：45	57	8：45	128	12：45	115	16：45	138	20：45	170		
1：00	49	5：00	59	9：00	132	13：00	124	17：00	133	21：00	162		
1：15	56	5：15	62	9：15	137	13：15	127	17：15	128	21：15	165		
1：30	50	5：30	63	9：30	139	13：30	131	17：30	126	21：30	160		
1：45	58	5：45	64	9：45	135	13：45	139	17：45	131	21：45	151		
2：00	57	6：00	66	10：00	132	14：00	134	18：00	128	22：00	147		
2：15	56	6：15	70	10：15	134	14：15	140	18：15	131	22：15	138		
2：30	58	6：30	74	10：30	131	14：30	133	18：30	132	22：30	123		
2：45	54	6：45	82	10：45	127	14：45	132	18：45	145	22：45	113		
3：00	61	7：00	85	11：00	133	15：00	135	19：00	149	23：00	99		
3：15	59	7：15	91	11：15	138	15：15	138	19：15	160	23：15	86		
3：30	56	7：30	95	11：30	133	15：30	134	19：30	167	23：30	75		
3：45	54	7：45	102	11：45	125	15：45	129	19：45	164	23：45	66		

　　在上午时，情况发生了变化，这种情况有可能是负荷变化造成电能的供需不平衡，如在 9：14 时，由于特殊事件用户负荷突然增大；也有可能是供电方的供电不足造成的电能不平衡，如对于拥有分布式发电设备的负荷零售商在 9：14 时，发现即将有一阵暴雨发生，暴雨持续时间为 9：15 ~ 10：45，此时拥有的分布式发电设备将减出力。虽然假设条件不一样，但因此带来的负荷缺口问题是一样的，所以算法也将一样。

　　假设在 9：15 ~ 10：45，由于负荷变化出现了负荷缺口，负荷变化曲线图如图 6 – 8 所示，负荷变化数据见表 6 – 2。

图 6-8 负荷变化曲线图

表 6-2 负荷变化数据

时间	合同购电负荷（MW）	超短期负荷预测负荷（MW）	缺额（MW）
9：15	137	156	19
9：30	139	166	27
9：45	135	161	26
10：00	132	162	30
10：15	134	160	26
10：30	131	153	22

在 9：15～10：45 时段，出现了负荷缺额，负荷零售商在这 90min 中，平均缺额 25MW，缺额电量 37.5MWh。该负荷缺额过大，但此时现货市场的电价较高，为 0.8 元/kWh，可以应用实时需求响应来弥补这个差额。经过对供电区域所有能源互联网接入设备对负荷的识别和实时分析得知，用户的负荷调节能力函数可以近似为

$$R = 50 \times \arctan \ (0.02 \times \Delta P) \qquad (6-23)$$

或者是 $\qquad \Delta P = [\tan(R/50)]/0.02 \qquad (6-24)$

1. 步骤一：计算 p_1 和响应后的用户负荷

根据式（6-24），可以计算出缺额时段的上调电价 p_1 和响应后的用户负荷，见表 6-3。

时间	缺额 ΔC（MW）	响应后用户负荷 C'（$C' = C_0$）（MW）	p_1（元/kWh）
9：15	19	137	0.020
9：30	27	139	0.030
9：45	26	135	0.029
10：00	30	132	0.034
10：15	26	134	0.029
10：30	22	131	0.024

表 6 – 3　　　　　　　　　　负荷响应情况及 p_1 计算值

2. 步骤二：　根据用户的电价约束条件计算 p_2

根据需求响应的用户负荷曲线，用户在第一个时段因为电价提升所多交的电费为　　　　$S_{多1} = p_1 \times C_{01} \times t/60 = 0.02 \times 137000 \times 0.25 = 685$（元）　　　（6 – 25）
依次可以类推剩余 5 个时段的多交电费分别为

$$S_{多2} = 1042.5 \text{（元）}$$

$$S_{多3} = 978.75 \text{（元）}$$

$$S_{多4} = 1122 \text{（元）}$$

$$S_{多5} = 971.5 \text{（元）}$$

$$S_{多6} = 786 \text{（元）}$$

在所有的 6 个响应时段中，用户因为电价提升所多交的电费为

$$S_{多} = S_{多1} + S_{多2} + S_{多3} + S_{多4} + S_{多5} + S_{多6} = 5585.75 \text{（元）}　　　（6 – 26）$$

对于其余非响应时段，即平时时段，用户使用的电量为

$$E_{平} = 110 \times 24 - (C_{01} + C_{02} + C_{03} + C_{04} + C_{05} + C_{06}) \times$$

$$15/60 = 2438 \text{（MWh）}　　　（6 – 27）$$

用户在每天平时时段因为电价下降所少交的电费为

$$S_{少} = p_2 \times E_{平}　　　（6 – 28）$$

只有当用户在低谷时段少交的电费大于等于实时电价提升时多交的电费时，用

户才有意愿实施需求响应。根据用户条件 $S_{少} \geqslant S_{多}$，则

$$p_2 \times 2438000 \geqslant 5585.75$$

$$p_2 \geqslant 0.00229 （元/kWh）\qquad(6-29)$$

3. 步骤三：根据电价市场占有率的约束条件来计算 p_2

根据 6.3.1 中的式（6-20），可以得到

$$p_2 \geqslant \sum(p_{1i} \times t_i)/(1440 - \sum t_i)$$

$$\geqslant (0.02 + 0.03 + 0.029 + 0.034 + 0.029 + 0.024) \times 15/ \qquad(6-30)$$

$$(1440 - 90) \geqslant 0.00184（元/kWh）$$

结合步骤二和步骤三，应取 $p_2 \geqslant 0.00229$ 元/kWh。也就是说，非响应时段对用户的销售电电价需要降低 0.00229 元/kWh，才能满足电价约束条件。

4. 步骤四：实时需求响应实施效果评估

对于负荷零售商来说，可以采用实时需求响应来消除用电缺额，也可以选择不实施实时需求响应，一旦出现用电缺额，负荷零售商可以从现货市场中购买高价电量来弥补这个缺额。

（1）不采用实时需求响应的效果。不采用实时需求响应时，负荷零售商需要在现货市场以 0.8 元/kWh 元的电价进行购电，以弥补缺额电量 37.5MWh，但是对用户的销售电价仍然为 0.5 元/kWh，则负荷零售商需要多承担 $Q_{不实施响应}$ 的购电成本。

$$Q_{不实施响应} = (p_{实} - p_0) \times \sum \Delta C_i \times t_i/60 \qquad(6-31)$$

$$= (0.8 - 0.5) \times 37500 = 11250 （元）$$

（2）采用实时需求响应的效果。根据前面的计算，在负荷有缺额时需要上调的电价 p_1 和调整的负荷情况见表 6-3，假设在非响应时段需要下调的电价 p_2，则负荷零售商需要承担 $Q_{实施响应}$ 的调节成本，结果见表 6-4。

$$Q_{实施响应} = 平时时段少收的电费 - 响应时段多收的电费$$

$$= p_2 \times E_{平} - \sum(p_{1i} \times C_{0i} \times t_i/60) （元） \qquad(6-32)$$

表 6 - 4 实时需求响应实施效果对比

缺额电量（MWh）	p_2（元/kWh）	$Q_{实施响应}$（元）	$Q_{不实施响应}$（元）
37.5	0.00229	0	11250
37.5	0.003	1728.25	11250
37.5	0.004	4166.25	11250
37.5	0.005	6604.25	11250
37.5	0.006	9042.25	11250
37.5	0.007	11480.25	11250

由表 6 - 5 可见，负荷零售商在出现电能缺额的紧急时段，如果通过对用户实施实时需求响应，是能够规避从现货市场上高价购电的风险的，当非响应时段的下调电价幅度为 0.00229 元/kWh 时，是能够完全规避这种风险，当下调电价的幅度大于等于 0.007 元/kWh 时，实施需求响应的调节成本就比不实施时要高了。但这时的需求响应依然有一定意义，因为会带来负荷零售商市场占有率的提升。市场占有率的提升计算从略。

6.4 模式二的实时需求响应

6.4.1 实时需求响应的应用流程

模式二是指用户的负荷调节能力不足，不能够完全弥补出现的用电差额的情况。模式二的应用流程和模式一类似，但是也存在差别，应用流程如下。

（1）模式二的应用流程开始和模式一的流程是一致的，需要计算出未来某一时段内合同交易电能和预测消耗电能的差额，这个差额的功率大小为 ΔC，缺额时间为 t，并初步计算这个差额是否能完全由供电区域内所供负荷的实时需求响应来进行调节，如果不能，则考虑最大限度的由实时需求响应来进行调节，不足的平衡资源再考虑到集中现货市场去获取。

（2）为了最大限度弥补这个差额，也就是让用户响应到可能的最调节大负荷，那必须将电价提升直至与用户约定的可能的最高电价 p_{max}，根据基于单设备潜力聚合法的负荷调节能力模型可以计算出对应的负荷调节能力 $R = f_{调}(p_{max})$。

（3）根据前面的分析可知，差额时段的如果上调电价，这就需要在非缺额时段下调电价，以达到一个动态的平衡，下调电价的幅度是由用户的电费支出情况和负荷聚合商或负荷零售商的市场占有率决定的。

1）用户的电价约束条件。假设用户原来的平均负荷为 $C_平$，缺口前合同负荷功率为 C_0，预测差额为 ΔC，上调电价 p_{max} 后的调节负荷为 R，则用户在响应时段 t 内消耗的电量为

$$E_响 = (C_0 + \Delta C - R) \times t/60 = [C_0 + \Delta C - f_{调}(p_{max})] \times t/60 \quad (6-33)$$

用户在这个时段因为电价上调所多交的电费为

$$S_多 = p_{max} \times E_响 = p_{max} \times [C_0 + \Delta C - f_{调}(p_{max})] \times t/60 \quad (6-34)$$

对于其他非响应时段，用户使用的电量为

$$E_平 = C_平 \times 24 - C_0 \times t/60 \quad (6-35)$$

用户在每天非响应时段因为电价下降所少交的电费为

$$S_少 = p_2 \times E_平 = p_2 \times (C_平 \times 24 - C_0 \times t/60) \quad (6-36)$$

只有当用户在非响应时段少交的电费大于等于实时电价上调时多交的电费时，用户才有意愿实施需求响应，即

$$S_少 \geqslant S_多$$

$$p_2 \times (C_平 \times 24 - C_0 \times t/60) \geqslant p_{max} \times [C_0 + \Delta C - f_{调}(p_{max})] \times t/60 \quad (6-37)$$

由上式可以计算出 p_2

$$p_2 \geqslant p_{max} \times [C_0 + \Delta C - f_{调}(p_{max})] \times t/60/(C_平 \times 24 - C_0 \times t/60) \quad (6-38)$$

以上为假设某一天只有一个时段发现负荷与预测的负荷有缺口，如果多个时段，缺口功率不一样，部分在调节范围内，部分在调节范围外，计算方式与上述类似，只是模式一和模式二的累加。

2）负荷聚合商或负荷零售商的市场占有率约束条件。负荷聚合商或负荷零售商因为需求响应导致的市场竞争力下降为

$$|\Delta M_减| = |-a \times p_{max} \times t| = a \times p_{max} \times t \quad (6-39)$$

负荷聚合商或负荷零售商平时电价下降带来的市场占有率提升为

$$|\Delta M_{增}| = |-a \times p_2 \times (1440 - t)| = a \times p_2 \times (1440 - t) \quad (6-40)$$

为了保证电力公司的市场占有率不下降，电力公司的电价约束条件为

$$|\Delta M_{增}| \geqslant |\Delta M_{减}| \quad (6-41)$$

$$a \times p_2 \times (1440 - t) \geqslant a \times p_{max} \times t \quad (6-42)$$

$$p_2 \geqslant p_{max} \times t/(1440 - t) \quad (6-43)$$

根据用户和负荷聚合商或负荷零售商的电价约束条件可以计算出非缺额时段的下调电价 p_2 的范围，如式（6-38）和式（6-43），为了同时满足这两个条件，p_2 应该取两者之中的较大值。

至此，模式二的求解完成。求解的重点仍然在于计算出用户上调的电价幅度 p_1，以及根据约束条件计算的出非缺额时段的下调电价 p_2。

（4）需求响应效益分析。不实施实时需求响应，一旦出现负荷聚合商或负荷零售商负荷有缺口，需要从现货市场购买高价实时电量，负荷聚合商或负荷零售商会有一定有损失，损失同模式一。

$$Q_{不实施响应} = (p_{实} - p_0) \times \Delta C \times t/60 \quad (6-44)$$

式中　$p_{实}$——现货市场上的实时电价；

　　　p_0——对用户的零售电价。

如果实施实时需求响应，损失则与模式一有着较大不同，一方面，负荷聚合商或负荷零售商在平时的非响应时段，由于电价低于零售电价 p_0，售电收入会下降，收入减量就是用户在平时时段因为电价下降所少交的电费 $S_{少}$。另一方面，负荷聚合商或负荷零售商公司还需要在实时电力市场上购置部分高价实时电量以弥补负荷缺额的不足，这也会造成收入进一步下降。从实时市场购置的费用就是 $S_{实}$，在集中现货市场上购置的电量为

$$E_{实} = (\Delta C - R) \times t/60 = [\Delta C - f_{调}(p_{max})] \times t/60 \quad (6-45)$$

负荷聚合商或负荷零售商在现货市场上购置电量的成本为：

$$S_{实} = (p_{实} - p_0) \times [\Delta C - f_{调}(p_{max})] \times t/60 \quad (6-46)$$

因此实施实时需求响应损失量的计算为

$Q_{实施响应}$ = 平时时段少收的电费 - 响应时段多收的电费 + 实时市场购置的成本

$$
\begin{aligned}
&= S_{少} - S_{多} + S_{实} \\
&= p_2 \times (C_{平} \times 24 - C_0 \times t/60) - p_{\max} \times [C_0 + \Delta C - f_{调}(p_{\max})] \\
&\quad \times t/60 + (p_{实} - p_0) \times [\Delta C - f_{调}(p_{\max})] \times t/60
\end{aligned}
\tag{6-47}
$$

式（6-47）中有一个减项，可以看出，实施实时需求响应，负荷聚合商或负荷零售商的损失得到一定的规避。

6.4.2　应用举例

我们依然以上节中的应用举例的例子为例进行分析，假设在相同的一个终端用户零售市场中，假设条件与上节中的仿真计算例一致，见表6-5。

表6-5　　　　　　　　　算例二假设条件

对用户的销售电价	0.5元/kWh	销售电价最高上调幅度	0.04元/kWh
负荷零售商的购电价格	0.48元/kWh	合同购电量	2640MWh
现货市场的电价	0.8元/kWh	合同平均负荷	110MW

在9：15~10：45时段，出现了负荷缺额，负荷零售商在这90min中，平均缺额25MW，缺额电量37.5MWh。经过初步估算，用户的调节能力不足，不能弥补这个用电差额，经过对供电区域所有能源互联网接入设备对负荷的识别和实时分析得知，用户的负荷调节能力函数可以近似为

$$
R = 30 \times \arctan(0.02 \times \Delta P) \tag{6-48}
$$

或者是

$$
\Delta P = [\tan(R/30)]/0.02 \tag{6-49}
$$

因此，需要考虑先实施需求响应，在响应时段将电价提升至最高电价 $p_{\max} = 0.04$ 元/kWh，最大限度的由用户来进行调节，不足部分再到现货市场中去获取。请注意本节例子中负荷调节能力函数的参数与6.3.2节的例子不同。

1. 步骤一：计算 p_1 和响应后的用户负荷

根据式（6-49），可以计算出缺额时段的上调电价 p_1 和响应后的用户负荷，见表6-6。

表 6 – 6 　　　　　　　　　　负荷响应情况及 p_1 计算值

时间	缺额 ΔC （MW）	响应调节负荷 R （MW）	不足负荷（MW）	p_1 （元/kWh）
9：15	19	19	0	0.037
9：30	27	20.24	6.76	0.04
9：45	26	20.24	5.76	0.04
10：00	30	20.24	9.76	0.04
10：15	26	20.24	5.76	0.04
10：30	22	20.24	1.76	0.04

2. 步骤二：根据用户的电价约束条件计算 p_2

根据需求响应的用户负荷曲线，用户在第一个时段因为电价提升所多交的电费为

$$S_{多1} = p_1 \times C_{01} \times t/60 = 0.037 \times 137000 \times 0.25 = 1267.25 \text{（元）} \quad (6-50)$$

依次可以类推剩余 5 个时段的多交电费

$$S_{多2} = p_{\max} \times C_{02} \times t/60 = 0.04 \times 145760 \times 0.25$$
$$= 1267.25 = 1457.6 \text{（元）} \quad (6-51)$$

$$S_{多3} = 1407.6 \text{（元）}$$

$$S_{多4} = 1417.6 \text{（元）}$$

$$S_{多5} = 1397.6 \text{（元）}$$

$$S_{多6} = 1327.6 \text{（元）}$$

在所有的 6 个响应时段中，用户因为电价提升所多交的电费为

$$S_{多} = S_{多1} + S_{多2} + S_{多3} + S_{多4} + S_{多5} + S_{多6} = 8275.25 \text{（元）} \quad (6-52)$$

对于其余非响应时段，即平时时段，用户使用的电量为

$$E_{平} = 2438 \text{（MWh）}$$

用户在每天平时时段因为电价下降所少交的电费为

$$S_{少} = p_2 \times E_{平} \quad (6-53)$$

只有当用户在低谷时段少交的电费大于等于实时电价提升时多交的电费时，用户才有意愿实施需求响应。根据用户条件 $S_{少} \geqslant S_{多}$，则

$$p_2 \times 2438000 \geqslant 8275.25$$

$$p_2 \geqslant 0.00339 \ （元/kWh） \tag{6-54}$$

3. 步骤三：根据电价市场占有率的约束条件计算 p_2

$$p_2 \geqslant \sum \ (p_{1i} \times t_i) \ / \ (1440 - \sum t_i)$$

$$\geqslant (0.037 + 0.04 + 0.04 + 0.04 + 0.04 + 0.04) \times 15/ \tag{6-55}$$

$$(1440 - 90) \geqslant 0.00263 \ （元/kWh）$$

结合步骤二和步骤三，应取 $p_2 \geqslant 0.00339$ 元/kWh。也就是说，非响应时段对用户的销售电电价需要降低 0.00339 元/kWh，才能满足电价约束条件。

4. 步骤四：实时需求响应实施效果评估

（1）不采用实时需求响应的效果。不采用实时需求响应时，负荷零售商需要在现货市场以 0.8 元/kWh 元的电价进行购电，以弥补缺额电量 37.5MWh，但是对用户的销售电价仍然为 0.5 元/kWh，则负荷零售商需要多承担 $Q_{不实施响应}$ 的购电成本为

$$Q_{不实施响应} = (p_{购} - p_0) \times \sum \Delta C_i \times t_i/60$$

$$= (0.8 - 0.5) \times 37500 = 11250 \ （元） \tag{6-56}$$

（2）采用实时需求响应的效果。实时需求响应实施效果对比见表 6-7。根据前面的计算，负荷的调节能力不足，不能完全消除用电差额，部分差额进通过需求响应进行调节，部分差额需要在现货市场上购买，负荷零售商需要承担 $Q_{实施响应}$ 的调节成本和购电成本。

$$Q_1 = 平时时段少收的电费 - 响应时段多收的电费$$

$$= p_2 \times E_{平} - \sum [p_{1i} \times (C_{0i} + \Delta C_i - R_i) \times t_i/60] \ （元） \tag{6-57}$$

$$Q_2 = (p_{实} - p_0) \times \sum (\Delta C_i - R_i) \times t_i/60$$

$$= (0.8 - 0.5) \times (0 + 6.76 + 5.76 + 9.76 + \tag{6-58}$$

$$5.76 + 1.76) \times 1000 \times 0.25 = 2235 \ （元）$$

$$Q_{实施响应} = Q_1 + Q_2 \tag{6-59}$$

表 6 - 7 实时需求响应实施效果对比

缺额电量（MWh）	p_2（元/kWh）	$Q_{实施响应}$（元）	$Q_{不实施响应}$（元）
37.5	0.00339	2235	11250
37.5	0.004	3711.75	11250
37.5	0.005	6149.75	11250
37.5	0.006	8587.75	11250
37.5	0.007	11025.75	11250
37.5	0.008	13463.75	11250

由表 6 - 7 可见，负荷零售商在出现电能缺额的紧急时段，如果通过对用户实施实时需求响应，即使负荷的调节能力不足，也能部分规避从现货市场上高价购电的风险，当非响应时段的下调电价幅度为 0.00339 元/kWh 时，能够最大限度部分规避这种风险。

6.5 模式三的实时需求响应

在模式三的场景中，现货市场上有低价实时电量，并且所供用户负荷存在可挖掘的用电潜力或是用户具有一定的负荷转移能力，负荷聚合商或负荷零售商按需购置低价的实时电量，通过实时需求响应鼓励用户增加或（和）转移负荷来提升效益。

6.5.1 增加负荷的形式

增加负荷的形式是指挖掘用户的用电潜力，而无需将负荷由其他时段转移到低电价时段的情形。例如用户有用气和用电两种取暖方法，一旦实时电价低于一定的阈值，用电将更加经济，用户将会放弃用气而用电，这对于用户负荷本身来说，负荷是增加的而不是转移的。这种情况下，只有市场上的零售电价比平时电价的水平低，用户的负荷潜力才有可能被实时挖掘。

假设现货市场上有低电价为 $p_实$ 的电能出售，时长为 t，负荷聚合商或负荷零售商原来的合同购电功率为 C_0，购电价为 $p_购$。为了鼓励用户在低电价时段多用电，负荷聚合商或负荷零售商将原来的销售电价 p_0 下调 p_1，根据负荷调节能力模型，降低 p_1 会带来负荷的增加为 $\Delta C = f_{调}(p_1)$，在实时需求响应时段，用户使用的电量就为

$$E_{响} = (C_0 + \Delta C) \times t/60 = [C_0 + f_{调}(p_1)] \times t/60 \qquad (6-60)$$

负荷聚合商或负荷零售商在这个时段对用户的售电电费为

$$S_{售} = (p_0 - p_1) \times E_{响} = (p_0 - p_1) \times [C_0 + f_{调}(p_1)] \times t/60 \qquad (6-61)$$

负荷聚合商或负荷零售商在这个时段的购电电费为

$$S_{购} = (p_{实} \times \Delta C + p_{购} \times C_0) \times t/60 = [p_{实} \times f_{调}(p_1) + p_{购} \times C_0] \times t/60$$
$$\qquad (6-62)$$

因此，负荷聚合商或负荷零售商实施实时需求响应带来的收益为

$$S = S_{售} - S_{购} = (p_0 - p_1) \times [C_0 + f_{调}(p_1)] \times t/60 - [p_{实} \times f_{调}(p_1) + p_{购} \times C_0] \times t/60 \qquad (6-63)$$

如果不实施需求响应，负荷聚合商或负荷零售商仅靠售电差价也获得一定的收益，该收益为

$$S_0 = (p_0 - p_{购}) \times C_0 \times t/60 \qquad (6-64)$$

对于负荷聚合商或负荷零售商来说，希望实时低电价时实施需求响应能够带来一定的收益，理论上这个收益应该比不实施需求响应要大，因此有

$$S - S_0 > 0 \qquad (6-65)$$

将式（6-63）、式（6-64）代入式（6-65），并化简可得

$$(p_0 - p_1 - p_{实}) \times f_{调}(p_1) - p_1 \times C_0 > 0 \qquad (6-66)$$

式（6-66）可以转化另一种形式

$$\frac{p_0 - p_1 - p_{实}}{p_1} > \frac{C_0}{\Delta C} \qquad (6-67)$$

式（6-67）的物理意义较为容易理解，如果实施需求响应，当负荷聚合商或负荷零售商对所供用户的零售电价（$p_0 - p_1$）和现货市场的实时电价 $p_{实}$ 的价差（$p_0 - p_1 - p_{实}$）与零售电价的下调幅度 p_1 之比大于原合同购电功率 C_0 与因降价带来的负荷增量 ΔC 之比，负荷聚合商或负荷零售商就应调动所供用户的负荷调节能力，积极参与需求响应，这样收益就会增加。在满足不等式

（6-67）的前提下，实施需求响应会带来三个好处：①负荷聚合商或负荷零售商的收益增加；②内所供户的效益也会增加；③负荷聚合商或负荷零售商的市场占有率会提升。

从式（6-67）也可以看出，现货市场上的实时电价 $p_{实}$ 越低，（$p_0-p_{实}$）越大，负荷聚合商或负荷零售商实施需求响应的意愿越强烈，为了鼓励用户参与实时需求响应，就会增大零售电价的下调幅度 p_1，从而增大 ΔC，但这又会反过来减小负荷聚合商或负荷零售商收益。

这个判据较为简单，但也比较苛刻，只有在随着电价的变化用户负荷调节能力很强时能够满足。由于零售电价的下调同时能带来负荷零售商或负荷聚合商市场占有率的增加，所以可以认为不一定要实施需求响应的收益大于不实施需求响应的收益，只要这个收益大于 0 就值得实施，即 $S>0$，由此可以推导出

$$(p_0-p_1)\times\left[C_0+f_{调}\left(p_1\right)\right]-\left[p_{实}\times f_{调}\left(p_1\right)+p_{购}\times C_0\right]>0 \qquad (6-68)$$

或是
$$(p_0-p_{购}-p_1)\times C_0+(p_0-p_1-p_{实})\times f_{调}\left(p_1\right)>0 \qquad (6-69)$$

因此，在现货市场中有实时低电价 $p_{实}$ 时，对可以增加负荷的需求响应用户可以下调电价 p_1，但是 p_1 应该满足式（6-68）或式（6-69）。

上述分析是基于对用户在整个响应时段实施的都是下调后的电价（p_0-p_1），这只是其中一种实施策略，此外还有其他的实施策略。

策略二，负荷聚合商或负荷零售商只对增加的负荷 ΔC 实行下调电价（p_0-p_1），而对于原有的基础负荷 C_0 不实行下调电价，执行的是原电价 p_0。这种方法的好处是能够更好地挖掘负荷潜力。不足之处是对于增加负荷的电量计量供用电双方可能有分歧。

策略三，负荷聚合商或负荷零售商除了可以在低电价时段下调电价外，还可以在非低电价的其他时段适当提高电价，这样也能提升经济效益，但是另一方面要考虑到电价的提升不能造成其市场占有率的下降。

以上三种策略，可以逐一计算和进行优化，但由于实时需求响应要求是快速求解，因此计算量大的优化算法将是不推荐的。

6.5.2 转移负荷的形式

转移负荷形式是指用户将一定量的负荷转移到低电价时段的情形，根据负

荷响应的特性，负荷的转移又可以细分为一般可转移负荷和可平移负荷。对于一般可转移负荷来说，在满足一定时段总负荷不变的情况下，各时段负荷的大小可自由调节，一旦有低电价时段，就可以立即进行响应；对于可平移负荷则是具有固定的负荷持续时间及习惯使用时间，一旦启动就不宜中断，所以如果低电价时段持续的时间小于可平移负荷要求的持续时间，用户就不太可能进行响应。

在增加负荷形式下，低电价时段负荷进行响应而增加的用电量是通过挖掘用户自身的用电潜力实现的，对非响应时段的用电没有影响，负荷聚合商或负荷零售商的售电收益发生的变化只与这个响应时段有关，与其余时段无关；与增加负荷形式不同，转移负荷形式在低电价时段增加的负荷是从非响应时段转移过来的，响应负荷的增加是会导致非响应时段用电量的减少的，所以在分析负荷聚合商或负荷零售商的售电收益时是需要综合全面进行考虑的。

转移负荷情况下，负荷的调节能力模型会发生变化。图 6-2 中的多用户负荷调节能力曲线的斜率会大大增加。这是因为一般用户的日总负荷是变化不大的，随电价变化而调节负荷的意愿是有限的。而转移负荷则不一样，只要有价差，不少用户是愿意改变用电习惯，把负荷转移到低谷时段的。

和前面假设一样，假设现货市场上有低电价为 $p_{实}$ 的电能出售，时长为 t，负荷聚合商或负荷零售商原来的合同购电功率为 C_0，购电价为 $p_{购}$。为了鼓励用户在低电价时段多用电，负荷聚合商或负荷零售商将原来的销售电价 p_0 下调 p_1，根据负荷调节能力模型，降低 p_1 会带来负荷的增加为 $\Delta C = f_{调}(p_1)$，在实时需求响应时段，用户使用的电量为

$$E_{响} = (C_0 + \Delta C) \times t/60 = [C_0 + f_{调}(p_1)] \times t/60 \tag{6-70}$$

负荷聚合商或负荷零售商在这个时段对用户的售电电费为

$$S_{售} = (p_0 - p_1) \times E_{响} = (p_0 - p_1) \times [C_0 + f_{调}(p_1)] \times t/60 \tag{6-71}$$

负荷聚合商或负荷零售商在这个时段的购电电费为

$$S_{购} = (p_{实} \times \Delta C + p_{购} \times C_0) \times t/60 = \\ [p_{实} \times f_{调}(p_1) + p_{购} \times C_0] \times t/60 \tag{6-72}$$

由于负荷转移，负荷聚合商或负荷零售商在非响应时段减少了供电负荷，因此

非响应时段用户的售电费用和购电费用也都减少了，在非响应时段由于用电负荷转移损失的电费为

$$S_1 = (p_0 - p_{购}) \times \Delta C \times t/60 = (p_0 - p_{购}) \times f_{调}\ (p_1) \times t/60 \qquad (6-73)$$

式（6-73）表明了用户在非响应时段减少的负荷全部转移到响应的低电价时段，但是如果用户在进行负荷转移时，当转移负荷固定的持续使用时间大于实施低电价的时间，就会出现用户的负荷并非全部转移到低电价的时段的情况，这时用户的转移负荷就会大于需求响应低电价时段的响应负荷，所以式（6-73）中需要考虑一个负荷的转移率 $e\%$ 后

$$S_1 = (p_0 - p_{购}) \times (\Delta C \times e\%) \times t/60 =$$
$$(p_0 - p_{购}) \times [f_{调}\ (p_1) \times e\%] \times t/60 \qquad (6-74)$$

在电力市场中，为了保证系统的安全稳定，系统运营商可能会对负荷聚合商或负荷零售商分配一定范围的电能容量，当超过或是低于这个既定范围容量，负荷聚合商或负荷零售商就要支付额外的费用作为被惩罚或是考核的成本，当用户发生负荷转移时，会导致非响应时段负荷聚合商或负荷零售商少购电，如果考虑这个约束条件，式（6-74）应该再加上一个惩罚系数 β（$0<\beta<1$）为

$$S_1 = (p_0 - \beta \times p_{购}) \times (\Delta C \times e\%) \times t/60 =$$
$$(p_0 - \beta \times p_{购}) \times [f_{调}\ (p_1) \times e\%] \times t/60 \qquad (6-75)$$

因此，负荷聚合商或负荷零售商实施实时需求响应带来的收益为

$$S = S_{售} - S_{购} - S_1$$
$$=(p_0-p_1)\times[C_0+f_{调}\ (p_1)]\times t/60 -[p_{实}\times f_{调}\ (p_1)+p_{购}\times C_0]\times \qquad (6-76)$$
$$t/60 -(p_0-\beta\times p_{购})\times[f_{调}\ (p_1)\times e\%]\times t/60$$

不实施需求响应，负荷聚合商或负荷零售商仅靠售电差价也能获得一定的收益，该收益为

$$S_0 = (p_0 - p_{购}) \times C_0 \times t/60 \qquad (6-77)$$

对于负荷聚合商或负荷零售商来说，希望实时低电价能够带来一定的收益，理论上这个收益应该比不实施需求响应要大，因此有

$$S - S_0 > 0 \qquad (6-78)$$

为简化起见，如果不计负荷转移率 $e\%$ 和惩罚系数 β，将式（6-76）、式（6-77）代入式（6-78），并化简可得

$$(p_{购} - p_1 - p_{实}) \times f_{调}(p_1) - p_1 \times C_0 > 0 \qquad (6-79)$$

上式可以转化另一种形式

$$\frac{p_{购} - p_1 - p_{实}}{p_1} > \frac{C_0}{\Delta C} \qquad (6-80)$$

该式（6-80）与式（6-67）相比，在判据中用购电价 $p_{购}$ 代替了 p_0。从式（6-80）也可以看出，实时市场上电价越低，或者平时的购电价越高，即 $(p_{购} - p_1 - p_{实})$ 越大，负荷聚合商或负荷零售商实施需求响应的意愿越强烈，响应效果越明显。

同前分析，这个判据稍微苛刻。但由于零售电价 p_0 的下调同时能带来负荷零售商或负荷聚合商市场占有率的增加，所以可以认为不一定要实施需求响应的收益大于不实施需求响应的收益，只要这个收益大于 0 就值得实施，即 $S > 0$，由此可以推导出

$$(p_0 - p_{购} - p_1) \times C_0 + (p_{购} - p_1 - p_{实}) \times f_{调}(p_1) > 0 \qquad (6-81)$$

因此，在现货市场中有实时低电价 $p_{实}$ 时，对可以转移负荷的需求响应用户可以下调电价 p_1，但是 p_1 应该满足式（6-81）。

6.5.3　混合形式

混合形式是指上述增加负荷形式和转移负荷形式的混合，当用户进行低电价需求响应时，增加的响应负荷 ΔC 中既包含有挖掘用户用电潜力的增量，又包含有转移负荷的增量。如果转移的负荷占比为 $v\%$，则响应负荷中有 $\Delta C \times v\%$ 是转移负荷，有 $\Delta C \times (1 - v\%)$ 是挖掘用电潜力得到的增加负荷，且 $v\% \leqslant 100\%$。响应负荷的增加同样也会导致非响应时段用电量的减少，所以在分析负荷聚合商或负荷零售商的售电收益时也需要综合全面进行考虑的。

根据负荷调节能力模型，降低 p_1 会带来负荷的增加为 $\Delta C = f_{调}(p_1)$，在实时需求响应时段，用户使用的电量为

$$E_{响} = (C_0 + \Delta C) \times t/60 = [C_0 + f_{调}(p_1)] \times t/60 \qquad (6-82)$$

负荷聚合商或负荷零售商在这个时段对用户的售电电费为

$$S_{售} = (p_0 - p_1) \times E_{响} = (p_0 - p_1) \times [C_0 + f_{调} (p_1)] \times t/60 \qquad (6-83)$$

负荷聚合商或负荷零售商在这个时段的购电电费为

$$\begin{aligned} S_{购} &= (p_{实} \times \Delta C + p_{购} \times C_0) \times t/60 = \\ & [p_{实} \times f_{调} (p_1) + p_{购} \times C_0] \times t/60 \end{aligned} \qquad (6-84)$$

负荷聚合商或负荷零售商在非响应时段由于用电转移损失的电费为

$$\begin{aligned} S_1 &= (p_0 - p_{购}) \times \Delta C \times v\% \times t/60 = \\ & (p_0 - p_{购}) \times f_{调} (p_1) \times v\% \times t/60 \end{aligned} \qquad (6-85)$$

因此，负荷聚合商或负荷零售商实施实时需求响应带来的收益为

$$\begin{aligned} S &= S_{售} - S_{购} - S_1 \\ &= (p_0 - p_1) \times [C_0 + f_{调} (p_1)] \times t/60 - [p_{实} \times f_{调} (p_1) + p_{购} \times C_0] \times \\ &\quad t/60 - (p_0 - p_{购}) \times f_{调} (p_1) \times v\% \times t/60 \\ &= [(p_0 - p_{购} - p_1) \times C_0 + (p_0 - p_1 - p_0 \times v\% + p_{购} \times v\% - p_{实}) \times \\ &\quad f_{调} (p_1)] \times t/60 \end{aligned} \qquad (6-86)$$

不实施需求响应，负荷聚合商或负荷零售商仅靠售电差价也获得一定的收益，该收益为

$$S_0 = (p_0 - p_{购}) \times C_0 \times t/60 \qquad (6-87)$$

对于负荷聚合商或负荷零售商来说，希望实时低电价能够带来一定的收益，理论上这个收益应该比不实施需求响应要大，因此有

$$S - S_0 > 0 \qquad (6-88)$$

将式（6-86）、式（6-87）代入式（6-88），并化简得

$$(p_0 - p_1 - p_0 \times v\% + p_{购} \times v\% - p_{实}) \times f_{调} (p_1) - p_1 \times C_0 > 0 \qquad (6-89)$$

同前分析，这个判据稍微苛刻。由于零售电价的下调同时能带来负荷零售商或负荷聚合商市场占有率的增加，所以可以认为不一定要实施需求响应的收益大于不实施需求响应的收益，只要这个收益大于 0 就值得实施，即 $S > 0$，由此可以推导出

$$\begin{aligned} & [(p_0 - p_{购} - p_1) \times C_0 + (p_0 - p_1 - p_0 \times v\% + p_{购} \times v\% - p_{实}) \times \\ & f_{调} (p_1)] \times t/60 > 0 \end{aligned} \qquad (6-90)$$

因此，在现货市场中有实时低电价 $p_{实}$ 时，对具有混合形式的用户，实施需求响应时可以下调电价 p_1，但是 p_1 应该满足式（6-90）。

6.5.4 应用举例

假设在一个终端用户零售市场中，该负荷零售商对用户的销售电价为 0.5 元/kWh，购电价格为 0.48 元/kWh，原来签订的未来一天的合同购电量为 2640MWh，平均负荷为 110MW，购电负荷见表 6-1。在 0：14，负荷零售商在市场上发现 0：15～1：45 的 90min 时段有电价为 0.3 元/kWh 的低价电能售出。

为了鼓励用户在这个低电价时段多用电，负荷零售商需要在这个时段将原来的销售电价 p_0 下调 p_1，为简单起见，假设用户只有挖掘用电潜力来增加负荷的形式，而没有转移负荷的形式。凌晨时段是用户的用电的低谷时段，本身的用电负荷就少，用户的用电挖掘能力有限，所以用户的调节能力也低，用户的负荷调节能力函数近似为

$$R = \Delta C = 2.5 \times \arctan\ (0.02 \times \Delta P) = 2.5 \times \arctan\ (0.02 \times p_1) \quad (6-91)$$

根据负荷调节能力模型，在需求响应时段，用户的用电量为

$$E_{响} = \sum (C_{0i} + \Delta C) \times t_i/60 = \sum [C_{0i} + f_{调}\ (p_1)] \times t_i/60 \quad (6-92)$$

负荷零售商在这个时段对用户的售电电费为

$$S_{售} = (p_0 - p_1) \times E_{响} = (p_0 - p_1) \times \sum [C_{0i} + f_{调}\ (p_1)] \times t_i/60 \quad (6-93)$$

负荷零售商在这个时段的购电电费为

$$S_{购} = \sum (p_{实} \times \Delta C + p_{购} \times C_{0i}) \times t_i/60 =$$
$$\sum [p_{实} \times f_{调}\ (p_1) + p_{购} \times C_{0i}] \times t_i/60 \quad (6-94)$$

由式（6-93）和式（6-94），可以计算出该零售商在低电价时段实施需求响应得到的收益 $S = S_{售} - S_{购}$，取不同的 p_1 可以得到见表 6-8 的计算结果。

表 6-8　　　　　　　　不同的 p_1 下实时需求响应的实施效果

p_1（元/kWh）	$S_{售}$（元）	$S_{购}$（元）	S（元）
0.010	38092.71	37182.07	910.64
0.015	37875.09	37287.89	587.20

p_1（元/kWh）	$S_{售}$（元）	$S_{购}$（元）	S（元）
0.020	37644.91	37388.07	256.84
0.025	37400.87	37481.60	−80.73
0.030	37142.49	37567.97	−425.48

由表 6 − 8 可见，在现货市场上有电价为 0.3 元/kWh 的低价电能售出时，负荷零售商可以在该时段对用户下调销售电价以鼓励用户多用电，当下调电价 p_1 的幅度不大于 0.025 元/kWh 时，负荷零售商的收益都是大于零的，也即是可以对用户实施需求响应的。

在实施需求响应的收益比不实施需求响应的收益要小的情况下，如果负荷零售商所供用户是忠诚度较高的用户，负荷零售商可以考虑不实施需求响应；但如果负荷零售商所供用户是对价格敏感的用户，负荷零售商就可以选择实施需求响应，因为价格的降低会带来市场占有率的提升。这个计算过程从略。

6.6 模式四的实时需求响应

6.6.1 实时需求响应的应用流程

在本书前面分析过，需求响应的有些服务其实是很难严格区别出到底是参与到现货市场还是参与到辅助服务市场中，因为现货交易和辅助服务交易之间是存在密切的耦合关系的。尤其是实时需求响应能够在一个极短的时间内进行响应，提供服务，如果用户以需求响应的形式参与辅助服务市场时，是很具有竞争力的。特别是用户的数量众多，同时出现故障的概率比发电机组要小得多，不能准时交付辅助服务的概率就非常小；同时，当用户参与到辅助服务市场中后，辅助服务提供者的数量就将增多，不仅可以增加资源的利用效率，也会促进辅助服务市场的竞争。

如果用户要参与到辅助服务市场中，是需要具备规定的性能要求和调节门槛规定的，对于大用户来说，当满足这些限制条件时就可以直接进入到辅助服务市场进行交易，但是对于独立的具有负荷调节弹性的终端中小用户是无法满足这些限制条件而直接参与辅助服务市场的，只有通过负荷聚合商进行资源整合后，作为一个整体才能满足市场参与条件进入到辅助服务市场中。这就是实时需求响应的第四种应用模式：调频辅助服务模式。负荷聚合商把用户的负荷调节能力聚集起来，在辅助服务市场上出售调频服务，再将出售辅助调频服务的获利返还给每个用户。所以模式四下的应用是一个两级需求响应，第一级，负荷聚合商作为需求响应主体参与辅助服务市场；第二级，负荷聚合商内部实施需求响应以获得电网的辅助调频能力。这个模式下的应用流程一般分为以下几个部分，如图 6 - 9 所示。

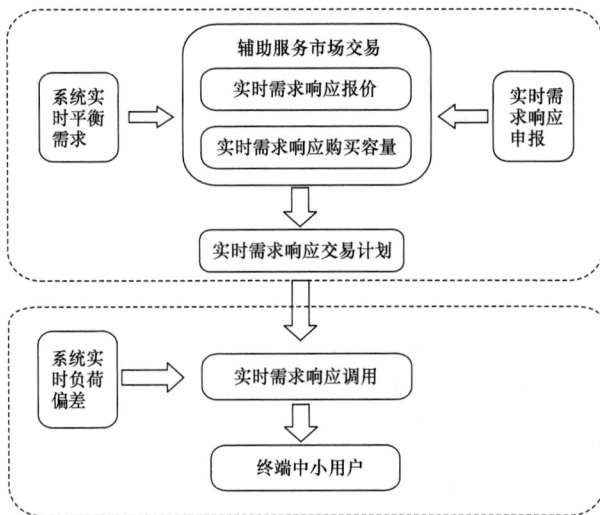

图 6 - 9　实时需求响应辅助服务流程

（1）辅助服务不等同于一般的电能销售，是保障系统安全稳定运行的一个系统性的服务，是需要集中化进行管理的，由于辅助服务市场的特殊性，往往需要系统运营商按照系统的安全运行标准确定出需要达到这些标准所需的辅助服务数量。因此系统运营商将根据系统的实时平衡需求确定出在辅助服务市场上需要进行调频交易的电能数量。

（2）负荷聚合商则根据辅助服务市场上各个时段的调频需求、自身的综合负荷调节能力、负荷调节速度，以实时需求响应的形式对调频辅助服务进行申报，以便在辅助服务市场上确定出实时需求响应的购买价格和购买容量。

（3）在交易成功后，系统运营商将制定出相应的交易计划，交易计划会确定参与调节的实时需求响应的调节顺序、调节基值、调节范围等具体技术参数。

（4）当系统出现了实时负荷偏差时，系统运营商将按交易计划将通知负荷聚合商，负荷聚合商将对其内部所供用户实施实时需求响应，以维持系统的实时负荷平衡。

6.6.2　实时需求响应参与调频的理论初探

由于实时需求响应的需求响应速度可达到 min 级，因此实时需求响应也可以参与系统的频率调整。而这种电力系统的频率调节能力是由实时电价的实施获得的，从而说明在一定情况下，基于价格的经济手段也可实现电力系统供需实时平衡，因此价格信号不仅在促进资源优化配置中起作用，在维持电力系统稳定和供需实时平衡中也有一定作用。本节从理论角度剖析利用实时电价来实时获取需求响应的系统负荷调节能力，从而参与系统的频率调节。这种可以参与系统频率调节的实时需求响应还需要在实践中进一步成熟。

电力系统不平衡负荷及频率波动根据其周期长短和幅值大小可以分为三类：

（1）第一类频率的波动周期在 10s 之内，幅值在 0.025Hz 以下，由于幅值小，周期短，一般是由发电机组的一次调频进行调节。

（2）第二类频率的波动周期在 10s～3min，幅值为 0.05～0.5Hz，主要由冲击负荷波动引起，是电网二次调频的主要对象。

（3）第三类频率波动为 2～20min，幅值较大，主要由生产、生活及气候变化引起，对这类频率波动的调节，主要由电网的三次调频完成。可见，实时需求响应是可以参与系统的二次调频的。

二次调频示意图如图 6-10 所示。图 6-10 中 $P_D(f)$、$P'_D(f)$、$P''_D(f)$、

曲线是电力系统的不同负荷情况下的负荷静态频率特性曲线，$P_G(f)$、$P'_G(f)$曲线是电力系统的发电机组频率调节特性曲线。正常运行情况下，电力系统发电机组的有功功率和负荷吸取的有功功率达到平衡，系统频率稳定，系统运行在 A 点（原运行点），频率为 f_1。

当负荷增加 ΔP_{D0} 后，功率失去平衡，系统频率将会沿着 $P_G(f)$ 曲线下降，直至达到新的负荷频率平衡点，即与 $P'_D(f)$ 曲线的相交点，运行点转移到 A' 点，此时系统频率为 f_1'。

若采用传统发电机组进行二次调频，改变调速器的定值，发电机组特性由 $P_G(f)$ 平移至 $P'_G(f)$，系统频率将会沿着 $P'_D(f)$ 曲线上升，直至达到新的负荷频率平衡点，即与 $P'_G(f)$ 曲线的相交点，运行点转移到 A'' 点，此时系统频率为 f_1''。系统频率处于允许偏移范围内。

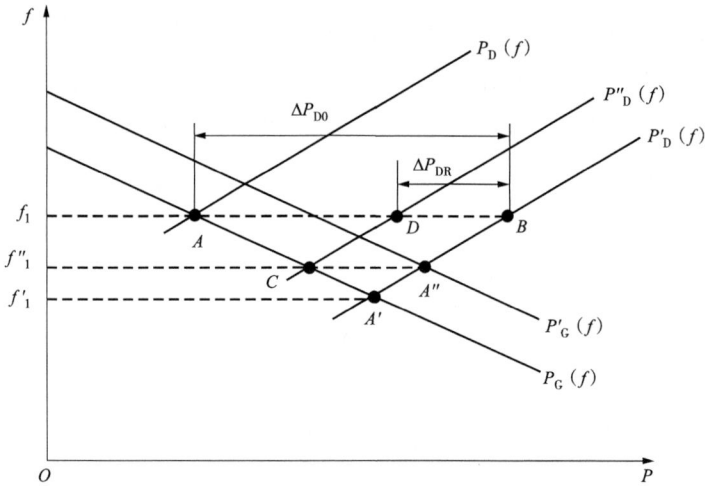

图 6-10　传统机组与需求响应参与二次调频示意图

如果不用机组进行二次调频，而采用需求响应（包括自动需求响应和实时需求响应），系统频率将一直沿着发电机组特性曲线 $P_G(f)$ 移动。为了达到与机组二次调频同样的效果，需要通过需求响应给系统提供一个 ΔP_{DR} 的负荷转移或削减量，系统频率会上升，直至达到新的负荷频率平衡点，即与 $P''_D(f)$ 曲线的相交点，运行点转移到 C 点，此时系统频率为 f_1''，与机组进行二次调频达到的频率效果一样。

如果需求响应能够给系统提供一个大于 ΔP_{DR} 的负荷转移或削减量，系统频率会继续沿着发电机组特性曲线 $P_{G}(f)$ 向上移动。如果 $\Delta P_{DR} = \Delta P_{D0}$，系统频率完全平衡在原运行点 A 点。此时负荷的增加全部通过需求响应进行了平衡，系统的频率以及机组的运行都将不发生改变。

因此在本模式下，需求响应的目的是在短时间内提供一个 ΔP_{DR} 的负荷削减或转移量。

根据负荷调节能力模型（6-2），对应 ΔP_{DR} 的负荷削减或转移量，需要实时的需求响应时段电价为

$$p_1 = g_{调}（\Delta P_{DR}） \tag{6-95}$$

式中　p_1——实时需求响应时段的上调电价。

该式还可以表示为

$$\Delta P_{DR} = f_{调}（p_1） \tag{6-96}$$

一旦了解了负荷的可调节能力，p_1 计算就能十分简单完成。在 p_1 计算完成后，可以参照 6.3 节的算法，根据约束条件计算的出响应时段的下调电价 p_2。在此不再详述。

下面简要分析实时需求响应的上调电价 p_1 与电网频率的关系。

在一个独立的电力系统中，系统频率变化不仅与负荷变化有关，还与电力系统的功率—频率静特性系数 K_S 有关。K_S 本身与发电机组的功频静特性系数 K_G 及负荷频率调节效应系数 K_L 有关，K_S 是 K_G 及 K_L 的函数，具体内容请参考自动发电控制相关书籍。为了简化起见，频率变化为

$$\Delta f = -\frac{\Delta P_L}{K_S} \tag{6-97}$$

式中　K_S　——电力系统频率特性系数；

ΔP_L——负荷增加量；

Δf　——频率变化量。

结合式（6-95），式（6-96）和式（6-97），有

$$\Delta f = -\frac{f_{调}(p_1)}{K_S} \tag{6-98}$$

或

$$p_1 = g_{调}(- K_S \Delta f) \qquad (6-99)$$

通过式（6-98）得知，在给定调节能力及频率特性系数的电力系统中，频率与实时电价有着密切的关系。

6.7 需求响应过程中模型参数的修正

在基于负荷调节能力模型的实时需求响应中，计算的核心是电价的计算，而电价的计算是基于负荷调节能力模型，如果负荷调节能力模型中的参数不够准确，势必会影响实施电价的计算准确性；另外，在 6.2.1 节中，式（6-1）和式（6-2）描述的负荷调节能力模型不是一成不变的，在不同的供电区域，模型中的参数是不同的，甚至在不同的时间段，模型参数也会存在差异。如在低谷时段，此时负荷率较低，本身可以调节的范围本身就相对较小，同时，此时段的负荷基本是刚性的基础负荷，再削减的能力就很小；反之，在高峰时段，负荷调节能力会有较大提升。因此，在实施需求响应过程中，应该要自适应地调整自己的参数，并按照调整后的准确的参数进行需求响应。如果在调节过程中发现参数不够准确，应该要逐步修正，直至最终逼近准确的参数，并根据准确的参数进行精准的需求响应。

在不同的时间段，负荷调节能力模型的参数是不同的，如果利用固定的负荷调节能力模型进行实时需求响应计算，不同的时段就会有着不同的计算偏差，实时需求响应效果也将不同。因此需要修正的参数主要是用户负荷调节能力函数。需求响应过程中对负荷调节能力模型参数的修正方法如下。

第一步：根据 t_0 时刻需要的削减的负荷调量 R_0，和负荷调节能力函数 $R = f_{调}(\Delta P)$ 计算出需求响应时段的实时电价 ΔP_0；假设此时负荷调节能力函数中的关键参数为 S_0。

第二步：执行实时电价 ΔP_0，发现实际削减的负荷调节量为 R'_0。

第三步：判断 $(R_0 - R'_0)$ 的值，如果 R_0 和 R'_0 的差值在一定的阈值范围内，表明该模型参数合适，则不需要修正，否则执行下一步修正步骤。

第四步：根据 R'_0 和实时电价 ΔP_0 重新拟合出新的负荷调节能力函数 $R = f'_调 (\Delta p)$，假设新的负荷调节能力函数中的关键参数为 S_1。

第五步：根据 t_1 时刻需要的削减的负荷调节量 R_1 和拟合出的新的负荷调节能力模型函数 $R = f'_调 (\Delta P)$ 计算出需求响应时段的实时电价 ΔP_1。

第六步：以新的实时电价 ΔP_1 重复执行第二步，如此循环往复，直至参数修正合适。

以上是非常简单的参数修正算法。在实际运行中，有可能在某个时刻执行需求响应时，恰逢系统负荷波动较大的时候，修正的参数是不准确的，这时需要考虑在新一轮拟合出的参数与上一轮至上两轮拟合的参数之间进行加权处理，以过滤掉某个时刻的负荷波动造成的扰动。此时实际参数可以采用

$$S = kS_0 + (1-k) S_1 (0 < k < 1) \tag{6-100}$$

或

$$S = k_0 S_0 + k_1 S_1 + (1 - k_0 - k_1) S_2 (0 < k_0 < 1, \ 0 < \\ k_1 < 1 \ 且 \ k_0 + k_1 < 1) \tag{6-101}$$

例如：假设某供电区域内的负荷调节能力模型为

$$R = b \times \arctan (a \times \Delta P) \tag{6-102}$$

式（6-102）的另一表达为

$$\Delta P = \tan (R/b)/a \tag{6-103}$$

式中　a——电价比例系数；

b——用户综合调节能力系数。

在某供电区域中，电价比例系数 a 不变。负荷调节能力模型参数修正示意图如图 6-11 所示。

图 6-11 中，原负荷调节能力模型函数为 $R_0 = b_0 \times \arctan (a \times \Delta P)$，其中用户综合调节能力系数为 b_0。假设需要的负荷调节能力为 R_0，根据模型可以求出对应的实时电价 ΔP_0。但是执行这个电价后，发现系统的实际调节能力达不到 R_0，只达到了 R_1，因此可以得到修正的用户综合调节能力系数

$$b_1 = \frac{R_1}{R_0} b_0 \tag{6-104}$$

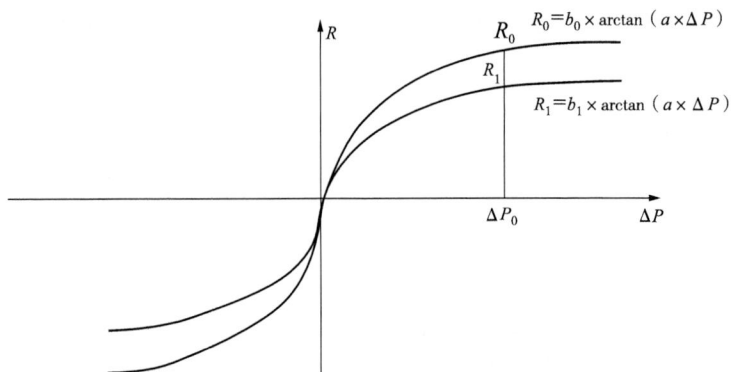

图 6-11 负荷调节能力模型参数修正示意图

同样，为了过滤掉某个时刻的负荷波动，需要在新一轮的参数与上一轮至上两轮的参数之间进行加权处理。

实时需求响应能够在需求响应过程中对负荷调节能力模型参数进行修正，是实时需求响应的最重要优势之一。这种最优性是通过价格来实现的，因此，实时需求响应不仅在响应效果上达到最优，在经济性上也达到了最优。

为了达到更快的修正速度，更好的修正效果，可以采用不同的参数修正方法，这些方法有待读者进一步研究。

7.

基于价格弹性模型的实时需求响应

在能源供给侧的优化运行中，为了使用户参与到能源供给和能源利用中，可以对用户实施实时需求响应，在用户侧开展灵活、多样、互动的用电形式，从而达到提高能源利用效率，实现多能互补、高效协同的目的。第6章以负荷零售商和负荷聚合商为例，对基于单设备潜力聚合法的负荷调节能力模型在不同实时需求响应的应用场景进行了分析。本章在引入经济学需求弹性理论的基础上，建立了需求价格弹性模型，并同样以负荷零售商和负荷聚合商为例，对实时需求响应在相应场景下的应用进行了分析。

7.1 基于需求价格弹性的需求响应模型

7.1.1 需求价格弹性

在微观经济学理论中，对于任何商品哪怕是发生较小的价格上涨，商品的需求都可能发生明显的下降，但是不同商品需求的减少量是不同的。一般可以采用需求价格弹性（price elasticity of demand）来分析商品数量和价格之间的密切关系。对于电能来说，用户的需求响应曲线是一个下倾的曲线，如图 7-1 所示。

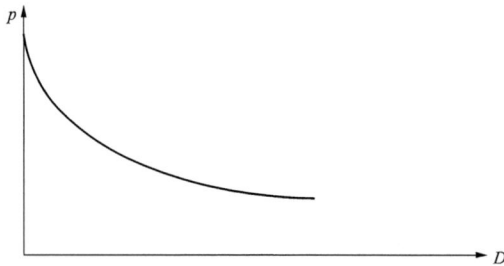

图 7-1　用户电能需求响应曲线

图 7-1 中，纵轴为电价，用 p（元/MWh）表示；横轴为用户的用电需求，用 D（MWh）表示。当电价上涨时，用户用电需求会发生下降，可以用需求的价格弹性来表示，即需求价格弹性表示用电需求对价格的灵敏度

$$\alpha = \frac{\dfrac{\mathrm{d}D}{D_0}}{\dfrac{\mathrm{d}p}{p_0}} = \frac{p_0}{D_0}\frac{\mathrm{d}D}{\mathrm{d}p} \tag{7-1}$$

式中　α　——需求价格弹性；

　　　D　——用电需求（MWh）；

p ——电价（元/MWh）；

D_0 和 p_0——初始用电需求和初始电价。

对于给定的价格变化百分比值，如果需求变化百分比大于它，则称此商品的需求具有弹性（elastic）；反之，如果需求的相对变化值小于价格的相对变化值，则称此商品的需求缺乏弹性（inelastic）；如果弹性值等于 −1，则需求是单位弹性（unit elastic）。通常，针对不同时间段的不同电价，电能的需求价格弹性分两种形式，自弹性和交叉弹性。

1. 自弹性（self – elasticity）

某些负荷不能从一个时段转移到另一个时段，该负荷需求量仅随当前时段电价变化的情况则称为自身价格弹性。根据式（7 – 1），自弹性定义为

$$\alpha_{ii} = \frac{p_{i0}}{D_{i0}} \frac{\mathrm{d}D_i}{\mathrm{d}p_i} \tag{7-2}$$

式中 α_{ii} ——自身价格弹性；

D_i 和 p_i ——i 时段用电需求和 i 时段电价；

D_{i0} 和 p_{i0}——i 时段初始用电需求和 i 时段初始电价。根据经济学相关理论，电价升高，用电需求减少，因此自身价格弹性为负。

2. 交叉弹性（cross – elasticity）

某些负荷需求能够从尖峰时段转移到非尖峰时段或谷时段，某一时段电价变化会引起该负荷需求量转移到其他时段或改为使用其他低电耗替代品，该种情况即为交叉价格弹性，根据式（7 – 1），交叉弹性定义为

$$\alpha_{ij} = \frac{p_{j0}}{D_{i0}} \frac{\mathrm{d}D_i}{\mathrm{d}p_j} \tag{7-3}$$

$$\begin{cases} \alpha_{ij} \leqslant 0 & \text{if} \quad i = j \\ \alpha_{ij} \geqslant 0 & \text{if} \quad i \neq j \end{cases}$$

式中 α_{ij} ——交叉价格弹性；

D_i 和 p_j ——i 时段用电需求和 j 时段电价；

D_{i0} 和 p_{j0}——i 时段初始用电需求和 j 时段初始电价。若 j 时段电价降低，

i 时段用电需求量将减少转移部分到 j 时段，因此交叉价格弹性为正。

7.1.2 基于需求价格弹性的负荷调节能力模型

1. 单时段负荷调节能力模型

单时段负荷调节指用户在某一时段的用电需求只受当前时段电价影响，负荷不可以转移。为简化计算，假设实时电价每小时为一个节点（实际实时需求响应中应以 1min 或 5min 为一个节点，时段划分不同，计算方式是一样的），在第 i 小时将电价由 p_{i0} 调整到 p_i，用户给予一定响应，负荷量由 D_{i0} 调整到 D_i。假设用户在第 i 小时的收益为 $M(D_i)$

$$M(D_i) = N(D_i) - p_i D_i \qquad (7-4)$$

$$\Delta D_i = D_i - D_{i0} \qquad (7-5)$$

式中 $N(D_i)$ ——用户在第 i 小时用电产生的总收入；

$p_i D_i$ ——用户在第 i 小时用电成本。

为了使用户收益最大化，就需使 $\dfrac{\mathrm{d}M(D_i)}{\mathrm{d}D_i}$ 为 0

$$\frac{\mathrm{d}M(D_i)}{\mathrm{d}D_i} = \frac{\mathrm{d}N(D_i)}{\mathrm{d}D_i} - p_i = 0 \qquad (7-6)$$

$$\frac{\mathrm{d}N(D_i)}{\mathrm{d}D_i} = p_i \qquad (7-7)$$

对用户的用电总收入 $N(D_i)$ 进行泰勒展开，保留二次项，略去高阶项

$$N(D_i) = N(D_{i0}) + \frac{\mathrm{d}N(D_{i0})}{\mathrm{d}D_i}\Delta D_i + \frac{1}{2}\frac{d^2 N(D_{i0})}{d^2 D_i}(\Delta D_i)^2 \qquad (7-8)$$

式中 $N(D_{i0})$ ——用电需求量为 D_{i0} 产生的总收入。

假设在实施实时电价时每一个节点的初始需求都是最优的，则有

$$\frac{\mathrm{d}M_0(D_i)}{\mathrm{d}D_i} = \frac{\mathrm{d}N(D_{i0})}{\mathrm{d}D_i} - p_{i0} = 0 \qquad (7-9)$$

$$\frac{\mathrm{d}N(D_{i0})}{\mathrm{d}D_i} = p_{i0} \qquad (7-10)$$

由式（7-2）和式（7-10），可以得出

$$\frac{d^2 N(D_{i0})}{d^2 D_i} = \frac{dp_{i0}}{dD_i} = \frac{1}{\alpha_{ii}} \frac{p_{i0}}{D_{i0}} \qquad (7-11)$$

将式（7-10）和式（7-11）代入式（7-8）

$$N(D_i) = N(D_{i0}) + p_{i0}\Delta D_i + \frac{1}{2}\frac{1}{\alpha_{ii}}\frac{p_{i0}}{D_{i0}}(\Delta D_i)^2$$

$$= N(D_{i0}) + p_{i0}\Delta D_i\Big(1 + \frac{\Delta D_i}{2\alpha_{ii}D_{i0}}\Big) \qquad (7-12)$$

将式（7-12）代入式（7-7），可得

$$\frac{dN(D_i)}{dD_i} = p_i = p_{i0}\Big(1 + \frac{\Delta D_i}{\alpha_{ii}D_{i0}}\Big) \qquad (7-13)$$

由式（7-13）和式（7-5），则第 i 小时客户用电需求量为

$$D_i = D_{i0}\Big[1 + \frac{\alpha_{ii}(p_i - p_{i0})}{p_{i0}}\Big] \qquad (7-14)$$

2. 多时段负荷调节能力模型

多时段负荷调节能力指用户在某一时段的用电需求量不仅受当前时段电价影响，同时还会受其他时段电价影响，用户可以转移部分负荷到其他时间段。假设第 j 时段电价由 p_{j0} 调整到 p_j，第 i 时段用户给予一定响应，用电需求量由 D_{i0} 调整到 D_i。根据式（7-3）交叉价格弹性定义，假设 $\frac{dD_i}{dp_j}$ 连续，i，j＝1，2…24（$i \neq j$，为简化以小时为单位），则多时段需求响应函数为线性函数，根据式（7-14）推导过程，实施实时电价后，第 i 时段客户用电需求量为

$$D_i = D_{i0}\Big[1 + \sum_{j=1}^{24}\frac{\alpha_{ij}(p_j - p_{j0})}{p_{j0}}\Big](i \neq j) \qquad (7-15)$$

3. 负荷综合调节能力模型

在实施实时电价情况下，若要获得使客户获得最大用电收益的用电消耗量，须同时考虑自身价格弹性和交叉价格弹性，即同时考虑单时段与多时段的综合需求响应模型，综合式（7-14）和式（7-15）得到

$$D_i = D_{i0} + \frac{\alpha_{ii}D_{i0}(p_i - p_{i0})}{p_{i0}} + \sum_{j=1}^{24}\alpha_{ij}\frac{D_{i0}}{p_{j0}}(p_j - p_{j0}) \qquad (7-16)$$

$$(i, j = 1, 2 \cdots 24, j \neq i)$$

上述模型是基于电价按每天 24 个时段进行划分的模型，随着技术的发展，如果采用的是实时电价，电价的更新周期将大大缩短，未来实时电价将会按分钟级别为间歇单位进行计算，如果电价的更新周期为每分钟，此时式（7 - 16）就可以改为

$$D_i = D_{i0} + \frac{\alpha_{ii} D_{i0} (p_i - p_{i0})}{p_{i0}} + \sum_{j=1}^{1440} \alpha_{ij} \frac{D_{i0}}{p_{j0}} (p_j - p_{j0}) \qquad (7-17)$$

$$(i, j = 1, 2 \cdots 1440, j \neq i)$$

7.1.3 需求响应的约束条件

在同一个售电区域内，包含不同类别的用户，不同类别的用户用电特性是不一样的，对应的需求价格弹性也不相同，从而负荷调节能力也不同，调节范围也有差异。基于需求价格弹性的负荷调节约束条件如图 7 - 2 所示。

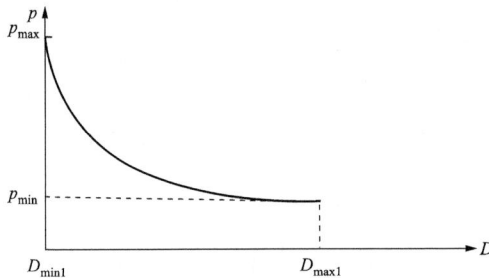

7 - 2　基于需求价格弹性的负荷调节约束条件

其中，最大需求 $D_{\text{max}l}$ 可以看作用户 l 满负荷运行时电能需求，最小需求 $D_{\text{min}l}$ 可以看作用户 l 满足基本安全生产生活需求时的电能需求。

$$D_{\text{min}l} \leqslant D_{il} \leqslant D_{\text{max}l} \qquad (7-18)$$

最高电价 p_{max} 是为了保护用户利益而设置的一个最高限值，最低电价 p_{min} 是为了保护售电方利益而设置的一个最低限值。

$$p_i \leqslant p_{\text{max}}$$
$$p_i \geqslant p_{\text{min}} \qquad (7-19)$$

7.2 模式一的实时需求响应

6.1.2 中提出实时需求响应主要有几种不同的响应模式。在基于需求价格弹性的模型计算时，我们依然采用上一章中基于负荷调节能力模型的应用模式进行分析。

7.2.1 实时需求响应的应用流程

在模式一下，负荷零售商或负荷聚合商预测合同交易电量和预测消耗电量存在差额。这个差额产生的原因有多种情况，可能来自通过超短期预测发现原来的负荷预测不足，或者来自自家电厂电能或分布式电源出力不足等。这时用户的负荷调节能力充足，通过响应能够完全弥补出现的用电差额。这个模式下的应用流程一般分为以下几个步骤进行迭代计算。

（1）负荷零售商或负荷聚合商根据超短期负荷预测，预测出现货市场中 i 时刻，合同交易电量和预测消耗电量会存在差额，为了满足电能的供需平衡，这个差额可以由用户进行需求响应来平衡，也可以在现货市场进行交易。

（2）初步计算该差额是否能完全由供电区域内 m 个负荷作为平衡资源来进行调节，若可以，就可以进入模式一的响应流程，若不能完全由实时需求响应进行调节，就进入模式二的响应流程。

（3）初步计算电能缺额时段需要上调的电价 p_i 和非缺额时段下调电价 p_j

$$p_i = p_{i0}(100 + \alpha)\%$$

$$p_j = p_{j0}(100 - \beta)\% \qquad (7-20)$$

其中，α 和 β 取不同步长。

（4）对计算出来的上调电价 p_i 和下调电价 p_j 进行校核。

1）根据负荷综合调节能力模型，式（7-16）或式（7-17）计算调节后的负荷是否满足系统有功平衡。以式（7-16）为例，假设考虑电价的更新周期为 1h，则有

$$\Delta D_{i1} = (D_{i1} - D_{i01}) = \frac{D_{i01} \, \alpha_{i1}(p_i - p_{i0})}{p_{i0}} + \sum_{j=1}^{24} \alpha_{ij1} \frac{D_{i01}}{p_{j0}}(p_j - p_{j0}) \quad (7-21)$$

$$\sum_{1=1}^{m} \Delta D_{i1} = P_i - T_i \quad (7-22)$$

式中 P_i——i 时刻的合同交易电量;

T_i——i 时刻预测消耗电量。

2) 利用 6.2.2 节的电价 – 市场占有率模型校核下调电价 p_j。为了保证电力公司的市场占有率不下降，电力公司的电价约束条件为

$$|\Delta M_{增}| \geqslant |\Delta M_{减}|$$
$$a \times (\Delta p_j \times t_j) \geqslant a \times (\Delta p_i \times t_i)$$
$$\Delta p_j \geqslant (\Delta p_i \times t_i)/t_j \quad (7-23)$$

式中 t_i——上调电价时长;

t_j——下调电价的时长。

3) 校核用户参与响应的电费支出应该不大于不参与响应的电费支出。

4) 利用用户和负荷零售商或负荷聚合商签订的合同，保证

$$p_{\min} \leqslant p_i \leqslant p_{\max}$$
$$p_{\min} \leqslant p_j \leqslant p_{\max} \quad (7-24)$$

5) 校核单个的用户的调节能力是否在调节范围内

$$D_{\min l} \leqslant D_{i1} \leqslant D_{\max l} \quad (7-25)$$

6) 对上述负荷响应情形进行潮流约束校核，系统承载能力是表征系统稳定运行以及安全性强弱程度的重要指标，若负荷需求超重，而系统建设未能满足负荷增长的需求，线路即会出现阻塞现象，降低了系统承载能力，影响系统安全稳定运行。因此需对调节负荷进行潮流约束校核，由于承载能力往往受到电网结构以及线路输送功率极限的影响，因此调节负荷须满足如下约束

$$|X_{i,j}| \leqslant X_{\max,j} \quad (7-26)$$

式中 $X_{i,j}$——线路 j 在 i 时段的有功潮流;

$X_{\max,j}$——线路 j 在 i 时段的有功潮流输送极限。

(5) 若满足上述约束条件就确定出新的零售实时电价，若不满足就转到 (3) 重新计算上调的电价 p_i 和下调电价 p_j。

7.2.2　应用举例

为了便于做比较，本章依然采用上一章的算例。为了简化计算，控制应用举例内容的篇幅，本章所有算例中电价的时间间隔也同上一章一样，采用以15min 为间隔单位进行。

假设在一个终端用户零售市场中，某负荷零售商对用户的销售电价为 0.5元/kWh。该负荷零售商没有分布式电源，全部电能都是购买自开放的电能市场，购电价格为 0.48 元/kWh，用户与该负荷零售商签订的合同规定销售电价的上下浮动范围不超过 0.1 元/kWh。

根据负荷预测，原来签订的未来一天的合同购电量为 2640MWh，平均负荷为 110MW，购电负荷见 6.3.2 中的表 6-1。在 9：15～10：15 时段这 60min内，出现了负荷缺额，但此时现货市场的电价较高，为 0.8 元/kWh。负荷变化数据见表 7-1。

表 7-1　　　　　　　　　　　　　负荷变化数据

时间	合同购电负荷（MW）	超短期负荷预测负荷（MW）	缺额负荷（MW）
9：15	137	156	19
9：30	139	160	21
9：45	135	151	16
10：00	132	152	20

供电区域内整体用户的等效价格弹性系数见表 7-2。

表 7-2　　　　　　　　　　用户的等效价格弹性系数

价格弹性系数	高峰时段 （8：00～16：00）	平时段 （16：00～0：00）	低谷时段 （0：00～8：00）
高峰时段	-0.63	0.15	0.08
平时段	0.15	-0.63	0.06
低谷时段	0.08	0.06	-0.63

步骤一：计算电能缺额时段需要上调的电价 p_i 和非缺额时段下调电价 p_j。

（1）由表 6 - 1 和表 7 - 1 可知，负荷的是每 15min 进行采样计量的，所以实时电价的计算周期也按每 15min 进行计算。如果希望用户能将电能转移到用电的平时段或是低谷时段的话，除了在电能缺额时段上调电价外，还需要将非缺额时段的下调电价执行时段延长，才能提高用户的短期需求弹性，使用户的用能与电价波动真正产生联系，因此在本例中假设除了在每 15min 的电能缺额时段上调电价 p_i 外，在相应的平时段和低谷时段分别下调相同时段的电价 p_j。

（2）在电能缺额时段，需要上调电价 $p_i = p_{i0}(100 + \alpha)\%$，并在非缺额时段下调电价 $p_j = p_{j0}(100 - \beta)\%$，为了简化计算，假设下调电价的步长 β 和上调电价 α 的步长一样，即：$\alpha = \beta$。

（3）α 和 β 取不同的步长值，直至满足式（7 - 27）

$$P_i - T_i = \sum_{l=1}^{m} \Delta D_{il} = \sum_{l=1}^{m} (\Delta D_{iil} + \Delta D_{ijl})$$

$$= \sum_{l=1}^{m} \left[\frac{D_{i0l} \, \alpha_{iil}(p_i - p_{i0})}{p_{i0}} + \sum_{j=1}^{2} \alpha_{ijl} \frac{D_{i0l}}{p_{j0}}(p_j - p_{j0}) \right] \quad (7 - 27)$$

式中　P_i——i 时刻的合同交易电量；

　　　T_i——i 时刻预测消耗电量。

计算出缺额时段的上调电价 p_i 和非缺额时段下调电价 p_j，以及相应的用户负荷，见表 7 - 3。

表 7 - 3　　　　　　　　负荷响应情况及 p_i 和 p_j 计算值

时间	缺额负荷（MW）	缺额电量（MWh）	p_i（元/kWh）	p_j（元/kWh）
9：15	19	4.75	0.571	0.429
9：30	21	5.25	0.576	0.424
9：45	16	4	0.562	0.438
10：00	20	5	0.576	0.424

步骤二：校核上调电价 p_i 和下调电价 p_j。

在计算出缺额时段的上调电价 p_i 和非缺额时段下调电价 p_j 后，需要校核上调电价 p_i 和下调电价 p_j。为简化计算，假设每个用户的调节能力都在其调节范围内，且系统的承载能力满足调节要求，即不对用户进行调节能力和系统的潮流约束进行校核。

（1）根据市场占有率模型校核下调电价 p_j。用户在第一个响应时段对应的下调电价应该要满足

$$\Delta p_{j1} \geq (\Delta p_{i1} \times t_{i1})/t_{j1} = (0.071 \times 15/60)/$$
$$(2 \times 15/60) = 0.0355 （元/kWh） \qquad (7-28)$$

依次可以类推剩余 3 个时段的下调电价 p_j 为

$\Delta p_{j2} \geq 0.0380$（元/kWh）　$\Delta p_{j3} \geq 0.0310$（元/kWh）　$\Delta p_{j4} \geq 0.0380$（元/kWh）

根据计算，可见表 7-3 中的下调电价 p_j 都能满足市场占有率条件的校核。

（2）校核用户参与响应的电费支出。根据需求响应的用户负荷曲线，用户在第一个时段因为电价提升所多交的电费为

$$S_{多1} = \Delta p_{i1} \times D_1 = 0.071 \times 137000 \times 0.25 = 2431.75 （元） \qquad (7-29)$$

依次可以类推剩余 3 个时段的多交电费

$$S_{多2} = 2641 （元） \qquad S_{多3} = 2092.50 （元） \qquad S_{多4} = 2508 （元）$$

在所有的 4 个响应时段中，用户因为电价提升所多交的电费为

$$S_{多} = S_{多1} + S_{多2} + S_{多3} + S_{多4} = 9673.25 （元） \qquad (7-30)$$

在本例中假设在高峰时段实施高电价 p_i，在相应的平时段和低谷时段分别下调相同时段的电价 p_j，则对于低电价响应电量分别按平时段和谷时段的平均电量加上转移电量考虑

$$E = E_{平\,ave} + E_{谷\,ave} + \sum_{l=1}^{m} \Delta D_{il} = 205.3 （MWh） \qquad (7-31)$$

注：本例中实施高电价的总时间为 1h。为鼓励用户参与需求响应并简化计算，分别在谷时段和平时段均为用户实施 1h 的低电价。

假设下调电价幅度的平均值为 $\Delta p_{j平}$，用户在低电价转移电量时段因为电价下降所少交的电费为

$$S_{少} = \Delta p_{j平} \times E \qquad (7-32)$$

只有当用户在低电价时段少交的电费大于等于实时电价提升时多交的电费时，用户才有意愿实施需求响应。根据用户条件 $S_{少} \geq S_{多}$，则

$$\Delta p_{j平} \times 205300 \geq 9673.25$$

$$\Delta p_{j平} \geq 0.0471 （元/kWh） \qquad (7-33)$$

根据计算，可见表 7 - 3 中的下调电价 p_j 均能满足用户电费支出的校核。

（3）根据用户和负荷零售商签订的合同，上调电价 p_i 和下调电价 p_j 均没有超过上浮和下浮范围，都小于 0.1 元/kWh，满足要求。

步骤三：实时需求响应实施效果评估。

对于负荷零售商来说，可以采用实时需求响应来消除用电缺额，也可以选择不实施实时需求响应，一旦出现用电缺额，负荷零售商可以从现货市场中购买高价电量来弥补这个缺额。

（1）不采用实时需求响应的效果。

不采用实时需求响应时，负荷零售商需要在现货市场以 0.8 元/kWh 元的电价进行购电，以弥补缺额电量，但是对用户的销售电价仍然为 0.5 元/kWh，则负荷零售商需要多承担 $Q_{不实施响应}$ 的购电成本。

$$
\begin{aligned}
Q_{不实施响应} &= (p_实 - p_0) \times \sum \Delta C_i \times t_i/60 \\
&= (0.8 - 0.5) \times 19000 = 5700（元）
\end{aligned}
\tag{7-34}
$$

（2）采用实时需求响应的效果。根据前面的计算，在负荷有缺额时需要上调电价 p_i，在非响应时段需要下调电价 p_j，由表 7 - 3 可以求出下调电价幅度的平均值 $\Delta p_{j平}$，也相应可以求出用户在低电价转移电量时段因为电价下降所少交的平均电费，则负荷零售商需要承担 $Q_{实施响应}$ 的调节成本为

$$
\begin{aligned}
Q_{实施响应} &= 非响应时段少收的平均电费 - 响应时段多收的电费 \\
&= \Delta p_{j平} \times E - \sum (\Delta p_i \times C_{0i} \times t_i/60) \\
&= 0.0713 \times 205300 - 9673.25 = 4964.64
\end{aligned}
\tag{7-35}
$$

由式（7 - 34）和式（7 - 35）可见，负荷零售商在出现电能缺额的紧急时段，如果通过对用户实施实时需求响应，虽然有一定的实施成本，但是能部分规避从现货市场上高价购电的风险。

7.3　模式二的实时需求响应

7.3.1　实时需求响应的应用流程

在第二种模式下，当供用电出现差额时，用户作为平衡资源的调节能力不

足，不能够完全弥补用电差额，这时模式二的应用流程如下：

（1）与前述一样，基于价格弹性的负荷调节模型在模式二的应用流程开始与模式一是一致的，负荷零售商或负荷聚合商根据超短期负荷预测，预测出现货市场中 i 时刻，合同交易电量和预测消耗电量会存在差额，并且经过初步计算判断出这个差额不能完全由用户进行需求响应来弥补，则考虑先最大限度的由实时需求响应来进行调节，不足的平衡资源再考虑到集中现货市场去获取。

（2）为了最大限度弥补这个差额，也就是让用户响应到可能的最调节大负荷，那必须将电价提升直至与用户约定的可能的最高电价 p_{max} 和下调的最低电价 p_{min}，根据基于价格弹性的负荷调节模型可以计算出对应的负荷调节能力 $\sum_{l=1}^{m} \Delta D_{il}$。

（3）对计算出来的上调电价 p_{max} 和下调电价 p_{min} 进行校核。

1）利用 6.2.2 节的市场占有率模型校核下调电价 p_j，即下调电价应该要满足式（7-23）

$$\Delta p_j \geqslant （\Delta p_i \times t_i） / t_j$$

式中　t_i——上调电价时长；

　　t_j——下调电价的时长。

2）校核用户参与响应的电费支出不大于不参与响应的电费支出。

3）校核单个的用户的调节能力是否在调节范围内，即要满足式（7-25）

$$D_{minl} \leqslant i_{il} \leqslant D_{maxl}$$

4）对上述负荷响应情形进行潮流约束校核，调节负荷须满足式（7-26）的约束为 $|X_{i,j}| \leqslant X_{max,j}$

式中　$X_{i,j}$——线路 j 在 i 时段的有功潮流；

　　$X_{max,j}$——线路 j 在 i 时段的有功潮流输送极限。

（4）若满足上述约束条件就确定出新的零售实时电价为 p_{max} 和 p_{min}，若不满足就转到（2）重新计算上调的电价 p_i 和下调电价 p_j。

（5）根据最终计算出的上调的电价 p_i 和下调电价 p_j，可以得出用户的可调节负荷 $\sum_{l=1}^{m} \Delta D_{il}$，并可以计算出经过用户需求响应后仍然不足差额部分，即负荷零售商或负荷聚合商还需要在现货市场上购买的平衡电能

$$\Delta D_i = (P_i - T_i) - \sum_{l=1}^{m} \Delta D_{il} \qquad (7-36)$$

7.3.2 应用举例

下面用例子来更形象地说明实时需求响应流程。仍然以上例为例进行分析，假设在相同的一个终端用户零售市场中，假设条件与上例一致，见表 7-4。在 9：15~10：15 时段，出现了更大的负荷缺额，缺额情况见表 7-5。用户的供电区域内整体用户的等效价格弹性系数见表 7-2。

表 7-4　　　　　　　　　　　　　模式二假设条件

对用户的销售电价（元/kWh）	0.5	销售电价最高上调幅度（元/kWh）	0.1
负荷零售商的购电价格（元/kWh）	0.48	销售电价最低下调幅度（元/kWh）	0.1
现货市场的电价（元/kWh）	0.8	合同购电量（MWh）	2640

表 7-5　　　　　　　　　　　　负荷变化数据　　　　　　　　　　（MW）

时间	合同购电负荷	超短期负荷预测负荷	缺额负荷
9：15	137	156	19
9：30	139	168	29
9：45	135	165	30
10：00	132	162	30

步骤一：计算电能缺额时段需要上调的电价 p_i 和非缺额时段下调电价 p_j 以及响应后的用户负荷

（1）和上例一样，负荷也是每 15min 进行采样计量的，所以实时电价的计算周期也按每 15min 进行计算。根据前面的分析，在本例中同样假设除了在每 15min 的电能缺额时段上调电价 p_i 外，在相应的平时段和低谷时段分别下调相同时段的电价 p_j。

（2）在电能缺额时段，需要上调电价 $p_i = p_{i0}(100 + \alpha)\%$，并在非缺额时段下调电价 $p_j = p_{j0}(100 - \beta)\%$，为了简化计算，假设上调电价和下调电价的步长 α 和 β 取相同值。

（3）经过初步估算，这个缺额是不能完全由所供用户进行需求响应来弥补的，所以需要考虑先实施需求响应，当缺额超过用户的调节能力范围时，在响应时段将电价上调至最高电价 $p_{max} = 0.6$ 元/kWh，下调电价为 $p_{min} = 0.4$ 元/kWh，最大限度的由用户来进行调节，不足部分再到现货市场中去获取。

（4）α 和 β 取相同步长值，根据式（7-37），可以计算出 p_i 和 p_j 以及响应后的用户负荷见表 7-6

$$\sum_{l=1}^{m} \Delta D_{il} = \sum_{l=1}^{m} (\Delta D_{iil} + \Delta D_{ijl})$$

$$= \sum_{l=1}^{m} \left[\frac{D_{i0l} \alpha_{iil} (p_i - p_{i0})}{p_{i0}} + \sum_{j=1}^{2} \alpha_{ijl} \frac{D_{i0l}}{p_{j0}} (p_j - p_{j0}) \right] \quad (7-37)$$

表 7-6   负荷响应情况及 p_i 和 p_j 计算值

时间	缺额负荷（MW）	缺额电量（MWh）	响应调节电量（MWh）	p_i（元/kWh）	p_j（元/kWh）
9：15	19	4.75	4.75	0.571	0.429
9：30	29	7.25	7.22	0.600	0.400
9：45	30	7.50	7.09	0.600	0.400
10：00	30	7.50	6.97	0.600	0.400

步骤二：校核上调电价 p_i 和下调电价 p_j

为简化计算，假设每个用户的调节能力都在其调节范围内，且系统的承载能力满足调节要求，即不对用户进行调节能力和系统的潮流约束进行校核。

（1）根据市场占有率模型校核下调电价 p_j。用户在第一个响应时段对应的下调电价应该要满足

$$\Delta p_{j1} \geqslant (\Delta p_{i1} \times t_{i1}) / t_{j1} = (0.071 \times 15/60)/2 = 0.0355 \text{（元/kWh）}$$

$$(7-38)$$

依次可以类推剩余 3 个时段的下调电价 p_j

$\Delta p_{j2} \geqslant 0.05$（元/kWh） $\Delta p_{j3} \geqslant 0.05$（元/kWh） $\Delta p_{j4} \geqslant 0.05$（元/kWh）

根据计算，可见表 7-6 中的下调电价 p_j 均能满足市场占有率条件的校核。

（2）校核用户参与响应的电费支出。根据需求响应的用户负荷曲线，用

户在第一个时段因为电价提升所多交的电费为

$$S_{多1} = \Delta p_{i1} \times E_1 = 0.071 \times (156000 \times 0.25 - 4750)$$
$$= 2431.75 \ （元） \tag{7-39}$$

依次可以类推剩余 3 个时段的多交电费

$$S_{多2} = 0.1 \times (168000 \times 0.25 - 7220) = 3478 \ （元）$$

$$S_{多3} = 3416 \ （元） \quad S_{多4} = 3353 \ （元）$$

在所有的 4 个响应时段中，用户因为电价提升所多交的电费为

$$S_{多} = S_{多1} + S_{多2} + S_{多3} + S_{多4} = 12678.75 \ （元） \tag{7-40}$$

假设在高峰时段实施高电价 p_i，在相应的平时段和低谷时段分别下调相同时段的电价 p_j，则对于低电价响应电量分别按平时段和谷时段的平均电量加上转移电量考虑

$$E = E_{平ave} + E_{谷ave} + \sum_{l=1}^{m} \Delta D_{ijl} = 207.18 \ （MWh） \tag{7-41}$$

假设下调电价幅度的平均值为 $\Delta p_{j平}$，用户在低电价转移电量时段因为电价下降所少交的电费为

$$S_{少} = \Delta p_{j平} \times E \tag{7-42}$$

只有当用户在低电价时段少交的电费大于等于实时电价提升时多交的电费时，用户才有意愿实施需求响应。根据用户条件 $S_{少} \geqslant S_{多}$，则有

$$\Delta p_{j平} \times 207180 \geqslant 12678.75$$

$$\Delta p_{j平} \geqslant 0.0612 \ （元/kWh） \tag{7-43}$$

根据计算，可见表 7-6 中的下调电价 p_j 均能满足用户电费支出的校核。

步骤三：计算不足的平衡电能

根据表 7-6 计算出的上调电价 p_i 和下调电价 p_j，可以得出用户的可调节负荷及经过用户需求响应后仍然不足差额部分，见表 7-7。

表 7-7　　　　　　　　　　负荷响应情况及不足电量计算值

时间	合同交易电量 （MWh）	预测消耗电量 （MWh）	响应调节电量 （MWh）	不足电量 （MWh）
9：15	34.25	39	-4.75	0

续表

时间	合同交易电量 （MWh）	预测消耗电量 （MWh）	响应调节电量 （MWh）	不足电量 （MWh）
9：30	34.75	42	-7.22	-0.03
9：45	33.75	41.25	-7.09	-0.41
10：00	33	40.5	-6.97	-0.53

不足的差额部分，负荷零售商或负荷聚合商还需要在现货市场上去购买这些平衡电能。

步骤四：实施需求响应实施效果评估

同前分析，负荷零售商可以采用实时需求响应来消除用电缺额，也可以选择不实施实时需求响应，从现货市场中购买高价电量来弥补这个缺额。

（1）不采用实时需求响应的效果。不采用实时需求响应时，负荷零售商需要在现货市场以 0.8 元/kWh 元的电价进行购电，以弥补缺额电量，但是对用户的销售电价仍然为 0.5 元/kWh，则负荷零售商需要多承担 $Q_{不实施响应}$ 的购电成本。

$$Q_{不实施响应} = (p_实 - p_0) \times \sum \Delta C_i \times t_i / 60$$
$$= (0.8 - 0.5) \times 27000 = 8100 \text{（元）} \qquad (7-44)$$

（2）采用实时需求响应的效果。当用户的负荷调节能力不足时，采用实时需求响应时，负荷零售商需要承担的调节成本包含两个部分，一部分是实施实时需求响应的成本，另一部分是负荷零售商还需要在现货市场上购买的不足平衡电能的购电成本。

当负荷在缺额时段上调电价 p_i，在非响应时段下调电价 p_j，由表 7-6 可以求出下调电价幅度的平均值 $\Delta p_{j平}$，也相应可以求出用户在低电价转移电量时段因为电价下降所少交的平均电费，则负荷零售商需要承担 $Q_{实施响应}$ 的调节成本为

$$Q_{实施响应} = （非响应时段少收的平均电费 - 响应时段多收的电费）$$
$$+ 不足电能的购电成本$$

$$= \left[\Delta p_{j \text{平}} \times E - \sum \left(\Delta p_{i1} \times E_1 \right) \right] + \sum \left(p_{\text{实}} - p_i \right) \times \Delta E_i$$

$$= \left(0.0927 \times 207180 - 12678.75 \right) + \left(0.8 - 0.6 \right) \times 970$$

$$= 6720.84 \text{（元）} \tag{7-45}$$

由式（7-44）和式（7-45）可见，负荷零售商在出现电能缺额的紧急时段，如果通过对用户实施实时需求响应，虽然用户的调节能力不能完全弥补这个电能缺额，但是还是能部分规避从现货市场上高价购电的风险。

7.4　模式三的实时需求响应

在模式三的场景中，负荷零售商或负荷聚合商原来的合同购电价为 $p_{\text{购}}$，当现货市场上有低电价为 $p_{\text{实}}$ 的电量出售时，负荷零售商或负荷聚合商会相应地将原来的销售电价下调，鼓励用户在低电价时段多用电以增加效益。

在上一章中已分析过，模式三中用户增加用电共有三种形式：一种是用户通过挖掘自身用电潜力来增加负荷的形式；另一种是将其他时段一定量的负荷转移到低电价时段的形式；还有一种是前两种形式的混合，既包含增加负荷的形式又包含了转移负荷的形式。下面依然以这三种形式来进行分析说明。

7.4.1　增加负荷的形式

当现货市场上有低电价为 $p_{\text{实}}$ 的电能出售时，负荷零售商或负荷聚合商相应地将销售电价下调，本形式下，响应的流程分两个步骤。

1. 计算下调电价 p_i

根据基于需求价格弹性的负荷调节模型，用户在低电价时段进行需求响应，用户增加的用电量为

$$\sum_{l=1}^{m} \Delta D_{il} = \sum_{l=1}^{m} \left(D_{il} - D_{i01} \right) = \sum_{l=1}^{m}$$

$$\left[\frac{D_{i01} \, \alpha_{iil} (p_i - p_{i0})}{p_{i0}} + \sum_{j=1}^{24} \alpha_{ijl} \frac{D_{i01}}{p_{j0}} (p_j - p_{j0}) \right] \tag{7-46}$$

上式是假设电价的更新周期为 1h，电价按每天 24h 进行划分的，如果电价的更新周期缩短，则式（7-46）需要按式（7-17）进行类似更改。

增加负荷的形式下，用户仅仅只有挖掘用户的用电潜力，而无负荷由其他时段转移到低电价时段的情形，所以（7 - 46）式中的第二项为零，只有第一项存在

$$\sum_{l=1}^{m} \Delta D_{il} = \sum_{l=1}^{m} (D_{il} - D_{i0l}) = \sum_{l=1}^{m} \frac{D_{i0l} \, \alpha_{iil} (p_i - p_{i0})}{p_{i0}} \quad (7-47)$$

负荷零售商或负荷聚合商在这个时段对用户的售电电费为

$$S_{售} = p_i \times D_i = p_i \times (D_{i0} + \sum_{l=1}^{m} \Delta D_{il}) \quad (7-48)$$

负荷零售商或负荷聚合商在这个时段的购电电费为

$$S_{购} = (p_{实} \times \sum_{l=1}^{m} \Delta D_{il} + p_{购} \times D_{i0}) \quad (7-49)$$

因此，负荷零售商或负荷聚合商实施实时需求响应带来的收益为

$$S = S_{售} - S_{购} = p_i \times (D_{i0} + \sum_{l=1}^{m} \Delta D_{il})$$
$$- (p_{实} \times \sum_{l=1}^{m} \Delta D_{il} + p_{购} \times D_{i0}) \quad (7-50)$$

前面章节已分析过，理论上负荷零售商或负荷聚合商希望这个收益应该比不实施需求响应要大，但是销售电价的下调同时能带来负荷零售商或负荷聚合商市场占有率的增加，所以对于负荷零售商或负荷聚合商来说，只有要这个收益大于 0 就值得实施，即 $S > 0$。

$$p_i \times (D_{i0} + \sum_{l=1}^{m} \Delta D_{il}) - (p_{实} \times \sum_{l=1}^{m} \Delta D_{il} + p_{购} \times D_{i0}) > 0 \quad (7-51)$$

因此，在现货市场中有实时低电价 $p_{实}$ 时，对可以增加负荷的需求响应用户可以下调电价 p_i，但是下调的电价 p_i 应该满足（7 - 51）。

2. 校核下调电价 p_i

（1）利用用户和负荷零售商或负荷聚合商签订的合同，保证

$$p_{\min} \leqslant p_i \quad (7-52)$$

（2）校核单个的用户的调节能力是否在调节范围内

$$D_{\min l} \leqslant i_{il} \leqslant D_{\max l} \quad (7-53)$$

（3）对上述负荷响应情形进行潮流约束校核，调节负荷须满足式（7 - 54）的约束

$$|X_{i,j}| \leq X_{\max,j} \tag{7-54}$$

式中　$X_{i,j}$　——线路 j 在 i 时段的有功潮流；

$X_{\max,j}$——线路 j 在 i 时段的有功潮流输送极限。

7.4.2　转移负荷的形式

同增加负荷的形式一样，转移负荷的形式下，流程分两个步骤。

1. 计算下调电价 p_i

和前面假设一样，假设当现货市场上有低电价为 $p_{实}$ 的电能出售，负荷零售商或负荷聚合商相应地将销售电价下调，如果电价的更新周期为 1h，根据基于需求价格弹性的负荷调节模型，用户在低电价时段进行需求响应，用户增加的用电量为

$$\sum_{l=1}^{m} \Delta D_{il} = \sum_{l=1}^{m} (D_{il} - D_{i0l}) = \sum_{l=1}^{m}$$
$$\left[\frac{D_{i0l}\, \alpha_{iil}(p_i - p_{i0})}{p_{i0}} + \sum_{j=1}^{24} \alpha_{ijl} \frac{D_{i0l}}{p_{j0}}(p_j - p_{j0}) \right] \tag{7-55}$$

如果用户没有用电潜力可以挖掘，只能将其他时段的负荷转移到低电价时段，这种形式就是模式三中的转移负荷用电形式，在式（7-55）中的第一项为零，只有第二项存在

$$\sum_{l=1}^{m} \Delta D_{il} = \sum_{l=1}^{m} (D_{il} - D_{i0l}) = \sum_{l=1}^{m} \sum_{j=1}^{24} \alpha_{ijl} \frac{D_{i0l}}{p_{j0}}(p_j - p_{j0}) \tag{7-56}$$

根据交叉弹性的定义，当 j 时段的电价由 p_{j0} 下降到 p_j 时，i 时段将有 $\sum_{l=1}^{m} \Delta D_{il}$ 的用电需求转移到 j 时段；反之，当 i 时段的电价由 p_{i0} 下降到 p_i 时，j 时段也有相应的 $\sum_{l=1}^{m} \Delta D_{jl}$ 用电需求转移到 i 时段，因此当 i 时段的电价下降时，用户由其他时段转移来的用电量为

$$\sum_{l=1}^{m} \Delta D_{jl} = \sum_{l=1}^{m} (D_{jl} - D_{j0l}) = \sum_{l=1}^{m} \sum_{j=1}^{24} \alpha_{jil} \frac{D_{j0l}}{p_{i0}}(p_i - p_{i0}) \tag{7-57}$$

负荷零售商或负荷聚合商在低电价的 i 时段对用户的售电电费为

$$S_{售} = p_i \times D_i = p_i \times \left(D_{i0} + \sum_{l=1}^{m} \Delta D_{jl} \right) \tag{7-58}$$

负荷零售商或负荷聚合商在这个时段的购电电费为

$$S_{购} = (p_{实} \times \sum_{l=1}^{m} \Delta D_{jl} + p_{购} \times D_{i0}) \tag{7-59}$$

负荷零售商或负荷聚合商在非响应时段由于用电转移损失的电费为

$$S_1 = (p_0 - p_{购}) \times \sum_{l=1}^{m} \Delta D_{jl} \tag{7-60}$$

因此，负荷零售商或负荷聚合商实施实时需求响应带来的收益为

$$S = S_{售} - S_{购} - S_1$$

$$= p_i \times (D_{i0} + \sum_{l=1}^{m} \Delta D_{jl}) - (p_{实} \times \sum_{l=1}^{m} \Delta D_{jl} + p_{购} \times D_{i0}) - \tag{7-61}$$

$$(p_0 - p_{购}) \times \sum_{l=1}^{m} \Delta D_{jl}$$

同前分析，理论上负荷零售商或负荷聚合商希望这个收益应该比不实施需求响应要大，但是销售电价的下调同时能带来负荷零售商或负荷聚合商市场占有率的增加，所以对于负荷零售商或负荷聚合商来说，只有要这个收益大于 0 就值得实施，即 $S > 0$。

$$p_i \times (D_{i0} + \sum_{l=1}^{m} \Delta D_{jl}) - (p_{实} \times \sum_{l=1}^{m} \Delta D_{jl} + p_{购} \times D_{i0}) -$$

$$(p_0 - p_{购}) \times \sum_{l=1}^{m} \Delta D_{jl} > 0 \tag{7-62}$$

因此，在现货市场中有实时低电价 $p_{实}$ 时，对可以转移负荷的需求响应用户可以下调电价 p_i，但是下调的电价 p_i 应该满足（7-62）。

2. 校核下调电价 p_i

（1）利用用户和负荷零售商或负荷聚合商签订的合同，保证

$$p_{\min} \leqslant p_i \tag{7-63}$$

（2）校核单个的用户的调节能力是否在调节范围内

$$D_{\min l} \leqslant i_{il} \leqslant D_{\max l} \tag{7-64}$$

（3）对上述负荷响应情形进行潮流约束校核，调节负荷须满足式（7-65）的约束

$$|X_{i,j}| \leqslant X_{\max,j} \tag{7-65}$$

式中 $X_{i,j}$ ——线路 j 在 i 时段的有功潮流；

$X_{\max,j}$ ——线路 j 在 i 时段的有功潮流输送极限。

7.4.3 混合形式

混合形式是前两种形式的混合，既包含增加负荷的形式又包含了转移负荷的形式。同上两种形式一样，流程分为两个步骤。

1. 计算下调电价 p_i

在混合形式下，用户在低电价时段进行需求响应时，既有增加负荷的形式又包含有转移负荷的形式，是前面两种形式的综合，如果电价的更新周期为1h，根据基于需求价格弹性的负荷调节模型，i 时段降低电价会带来用户用电量的增加为：

$$\sum_{l=1}^{m}(\Delta D_{il} + \Delta D_{jl}) = \sum_{l=1}^{m}(D_{il} - D_{i01})$$

$$= \sum_{l=1}^{m}\left[\frac{D_{i01}\,\alpha_{iil}(p_i - p_{i0})}{p_{i0}} + \sum_{j=1}^{24}\alpha_{jil}\frac{D_{j01}}{p_{i0}}(p_i - p_{i0})\right] \qquad (7-66)$$

负荷零售商或负荷聚合商在低电价的 i 时段对用户的售电电费为

$$S_{售} = p_i \times D_i = p_i \times \left[D_{i0} + \sum_{l=1}^{m}(\Delta D_{il} + \Delta D_{jl})\right] \qquad (7-67)$$

负荷零售商或负荷聚合商在这个时段的购电电费为

$$S_{购} = p_{实} \times \sum_{l=1}^{m}(\Delta D_{il} + \Delta D_{jl}) + p_{购} \times D_{i0} \qquad (7-68)$$

负荷零售商或负荷聚合商在非响应时段由于用电转移损失的电费为

$$S_1 = (p_0 - p_{购}) \times \sum_{l=1}^{m}\Delta D_{jl} \qquad (7-69)$$

因此，负荷零售商或负荷聚合商实施实时需求响应带来的收益为

$$S = S_{售} - S_{购} - S_1$$

$$= p_i \times \left[D_{i0} + \sum_{l=1}^{m}(\Delta D_{il} + \Delta D_{jl})\right] - \left[p_{实} \times \sum_{l=1}^{m}(\Delta D_{il} + \Delta D_{jl}) + p_{购} \times D_{i0}\right]$$

$$- (p_0 - p_{购}) \times \sum_{l=1}^{m}\Delta D_{jl} \qquad (7-70)$$

同前分析，理论上负荷零售商或负荷聚合商希望这个收益应该比不实施需求响应要大，但是销售电价的下调同时能带来负荷零售商或负荷聚合商市场占有率的增加，所以对于负荷零售商或负荷聚合商来说，只有要这个收益大于0就值得实施，即 $S > 0$。

$$p_i \times \left[D_{i0} + \sum_{l=1}^{m}(\Delta D_{il} + \Delta D_{jl})\right] - \left[p_{实} \times \sum_{l=1}^{m}(\Delta D_{il} + \Delta D_{jl}) + p_{购} \times D_{i0}\right] -$$

$$(p_0 - p_{购}) \times \sum_{l=1}^{m} \Delta D_{jl} > 0 \qquad (7-71)$$

因此，在现货市场中有实时低电价 $p_{实}$ 时，对混合形式的需求响应用户可以下调电价 p_i，但是下调的电价 p_i 应该满足式（7-71）。

2. 校核下调电价 p_i

（1）利用用户和负荷零售商或负荷聚合商签订的合同，保证

$$p_{\min} \leqslant p_i \qquad (7-72)$$

（2）校核单个的用户的调节能力是否在调节范围内

$$D_{\min l} \leqslant i_{il} \leqslant D_{\max l} \qquad (7-73)$$

（3）对上述负荷响应情形进行潮流约束校核，调节负荷须满足式（7-74）的约束

$$|X_{i,j}| \leqslant X_{\max,j} \qquad (7-74)$$

式中 $X_{i,j}$ ——线路 j 在 i 时段的有功潮流；

$X_{\max,j}$ ——线路 j 在 i 时段的有功潮流输送极限。

7.4.4 应用举例

采用上一章 6.5.4 节中模式三的例子进行分析，仍假设在一个终端用户零售市场中，负荷零售商对用户的销售电价为 0.5 元/kWh，购电价格为 0.48 元/kWh，原来签订的未来一天的合同购电量为 2640MWh，平均负荷为 110MW，购电负荷见表 6-1。根据预测，在 0：15～1：45 的 90min 时段内现货市场上有电价为 0.3 元/kWh 的低价电能售出。供电区域内整体用户的等效价格弹性系数见表 7-2。

为了鼓励用户在这个低电价时段多用电，负荷零售商需要在这个时段将原来的销售电价 p_{i0} 下调至 p_i，为简单起见，假设用户只有增加负荷的形式，而没有转移负荷的形式，则用户增加的用电量为

$$\sum_{l=1}^{m} \Delta D_{il} = \sum_{l=1}^{m} (D_{il} - D_{i0l}) = \sum_{l=1}^{m} \frac{D_{i0l}\, \alpha_{il}(p_i - p_{i0})}{p_{i0}} \qquad (7-75)$$

负荷零售商在这个时段对用户的售电费为

$$S_{售} = p_i \times D_i = p_i \times \left(D_{i0} + \sum_{l=1}^{m} \Delta D_{il}\right) \qquad (7-76)$$

负荷零售商在这个时段的购电电费为

$$S_{购} = (p_{实} \times \sum_{l=1}^{m} \Delta D_{i1} + p_{购} \times D_{i0}) \qquad (7-77)$$

由式（7-76）和式（7-77），可以计算出该零售商在低电价时段实施需求响应得到的收益 $S = S_{售} - S_{购}$，取不同的 p_i 可以得到见表 7-8 的计算结果。

表 7-8　　　　　　不同的 p_i 下实时需求响应的实施效果

p_i（元/kWh）	Δp_i（元/kWh）	$S_{售}$（元）	$S_{购}$（元）	S（元）
0.49	0.010	38205.40	37251.06	954.34
0.485	0.015	38050.82	37396.59	654.23
0.48	0.020	37891.39	37542.12	349.27
0.475	0.025	37727.11	37687.65	39.46
0.47	0.030	37557.98	37833.18	-275.20

由表 7-8 可见，在现货市场上有电价为 0.3 元/kWh 的低价电能售出时，负荷零售商可以在该时段对用户下调销售电价以鼓励用户多用电，当下调电价 p_i 的幅度不大于 0.03 元/kWh 时，负荷零售商的收益都是大于零的，也即是可以对用户实施需求响应的。

7.5　模式四的实时需求响应

在模式四的实时需求响应应用场景中，是利用用户的负荷调节能力参与到调频辅助服务市场，用户通过出售调频辅助服务获利。但是参与辅助服务市场是有技术限制门槛的，对于具有负荷调节弹性的终端中小用户，只能通过负荷聚合商进行弹性资源整合之后再到辅助服务市场上进行投标。

模式四的实时需求响应应用流程与 6.6 节描述的应用流程是完全一致的，区别在于负荷聚合商在辅助服务市场进行实时需求响应申报时，对自身的负荷调节能力的估算模型不一样，上一章中是按基于单设备潜力聚合法的负荷调节能力模型来计算的，本章是按基于价格弹性负荷调节能力模型来计算的。模型的不一样就会导致相同的负荷调节容量下，负荷聚合商在辅助服务市场上的实时需求响应的报价不一样，对所供用户实施的实时电价也会有差异。

7.6 需求价格弹性系数的自适应调整

如果要在一个规范的电力市场中充分发挥市场的杠杆——电价的调节作用，就必须要准确把握用户对电价的响应情况，在 7.1 节中已经分析说明了需求价格弹性系数反映了用户的用电需求对价格的敏感度。显然，由于用户的社会经济属性不一样，用户的用电情况会受到用电规模、用电特性、用户的收入水平、计量通信水平，甚至是气候因素的影响，不同用户的需求价格弹性系数是不一样的。大致可以分为以下几类。

1. 敏感型用户

这类用户的用电情况能跟随电价的变化而积极变化，用电时间和用电量的大小将随着电价的波动积极有效地进行移峰填谷，这类用户的需求价格弹性系数较大。

2. 一般用户

这类用户对电价的变化不太敏感，但是他们也会随着电价的变化而改变他们的用电方式和用电量，只是电价对这类用户的影响不如敏感型用户大，这类用户的需求价格弹性系数较小。

3. 不敏感用户

对于这类用户，用电基本不受电价的变化的影响，用户是不会根据电价的变化改变用电习惯和用电方式，这类用户的需求价格弹性系数很小，甚至为零。

在基于需求价格弹性的负荷调节模型中，需求价格弹性系数的准确程度直接会影响模型的适用程度，所以在应用这个模型之前，应该要准确地确定出这个参数。目前国内外的研究中，通常采用的是通过实验的方法来求取需求价格弹性系数的，即在一定范围、一定时段内，对一定数量的用户实施变化的电价

（分时电价、实时电价等），根据用户的用电情况计算统计出需求价格弹性系数。这样统计出来的需求价格弹性系数具有一定的局限性，不一定适用于其他供电区域或是当供电范围扩大，供电用户增加时的情况，所以有必要在应用该模型时，自适应地不断调整修正这个参数，对需求价格弹性系数的自适应调整如下步骤。

第一步：根据需求价格弹性的定义，需求价格弹性又可以分为自弹性和交叉弹性，如式（7-2）和式（7-3）所示，自弹性和交叉弹性又可以变换为式（7-78）和式（7-79）

$$\alpha_{ii} = \frac{p_{i0}}{D_{i0}}\frac{\mathrm{d}D_i}{\mathrm{d}p_i} = \frac{\mathrm{d}D_i/D_{i0}}{\mathrm{d}p_i/p_{i0}} \tag{7-78}$$

$$\alpha_{ij} = \frac{p_{j0}}{D_{i0}}\frac{\mathrm{d}D_i}{\mathrm{d}p_j} = \frac{\mathrm{d}D_i/D_{i0}}{\mathrm{d}p_j/p_{j0}} \tag{7-79}$$

第二步：计算 i 时刻电量的变化率 $\dfrac{\mathrm{d}D_i}{D_{i0}}$

$$\frac{\mathrm{d}D_i}{D_{i0}} = \frac{D_{i1} - D_{i0}}{D_{i0}} \tag{7-80}$$

式中　D_{i0}——最近 i 时刻用户的电量值；

D_{i1}——前 30 天相同 i 时刻的电量平均值。

用同期数据来进行比较，使得样本数据具有了可比性；同时，采用前 30 天的数据是遵循了"近大远小"的原则，因为用户的用电规律更多地取决于历史时段中近期的变化规律，远期的历史数据与用电未来发展趋势的相关性较弱，例如负荷受到季节气候的影响，临近月份的用电负荷变化趋势总是要相似些，所以考虑采用前 30 天相同时刻的电量平均值；采用平均值是为了消除电量受电价变化而波动的影响，不同天相同的时刻的电价不一定都是一样的，所以负荷水平也会随之波动，平均值就能克服样本数据波动带来的干扰。

第三步：计算 i 时刻电价的变化率 $\dfrac{\mathrm{d}p_i}{p_{i0}}$

$$\frac{\mathrm{d}p_i}{p_{i0}} = \frac{p_{i1} - p_{i0}}{p_{i0}} \tag{7-81}$$

式中 p_{i0} 表示最近 i 时刻的电价，p_{i1} 表示前 30 天相同 i 时刻的电价平均值。p_{i0} 和 p_{i1} 取值的物理意义同上分析。

第四步：计算 j 时刻电价的变化率 $\dfrac{\mathrm{d}p_j}{p_{j0}}$

$$\frac{\mathrm{d}p_j}{p_{j0}} = \frac{p_{j1} - p_{j0}}{p_{j0}} \tag{7-82}$$

式中 p_{j0} 表示最近 j 时刻的电价，p_{j1} 表示前 30 天相同 j 时刻的电价平均值。P_{j0} 和 p_{j1} 取值的物理意义同上分析。

第五步：计算自弹性系数 α_{ii}

按式（7-78）计算新的自弹性系数 α_{ii}，如果新计算的 α_{ii} 和原来的自弹性系数的差值在一定的阈值范围内，表明该参数合适，不需要修正，否则就取新的值。

第六步：计算交叉弹性系数 α_{ij}

按式（7-79）计算新的交叉弹性系数 α_{ij}，如果新计算的 α_{ij} 和原来的交叉弹性系数的差值也在一定的阈值范围内，则该参数合适，不需要修正，否则就取新的值。

7.7 两种模型的比较讨论

6.2 节和 7.1 节中，都对负荷调节能力进行了分析和建模，模型的多样性一直是分析客观问题中一个特别强调的问题。对同一个模型，在面对不同实施场景和不同实施对象群时，适用性很可能会存在差别，所以对于不同的分析模型，如何选择出相对有效或者是适用性更强的模型，从而获得更加准确的分析预测结果，始终是一个难点。以下对 6.2 节中建立的基于单设备潜力聚合法的负荷调节模型和 7.1 节中基于需求价格弹性的负荷调节模型进行比较分析。

（1）基于单设备潜力聚合法的负荷调节模型和基于需求价格弹性的负荷调节模型从本质上说都是一致的，都是反映用电负荷随电价变化而变化的趋势，即电价下降时负荷上升，电价上升时负荷下降。但是两者选取的参数是有差别的，基于单设备潜力聚合法的负荷调节模型采用的电价的变化 Δp（元/MWh）与用户的用电需求能力 R（MW）作为自变量和因变量；基于需求价格弹性的负荷调节模型则采用的是电价的变化 Δp（元/MWh）和用户的用电需求量 D（MWh）作为自变量和因变量。

（2）两个模型的参数都需要在实际电力市场中根据负荷对电价的响应情况进行拟合。基于单设备潜力聚合法的负荷调节模型中的参数需要在实施需求响应过程中不断修正，基于需求价格弹性的负荷调节模型中的关键参数需求价格弹性系数也需要进行自适应的调整。

（3）采用需求价格弹性分析时，$\alpha = \dfrac{p_0}{D_0}\dfrac{\mathrm{d}D}{\mathrm{d}p} = \dfrac{\dfrac{\mathrm{d}D}{D_0}}{\dfrac{\mathrm{d}p}{p_0}}$，不是直接采用需求曲线

的导数 $\dfrac{\mathrm{d}D}{\mathrm{d}p}$，因为如果直接用斜率分析该问题，最终结果的数值大小与选用的数量和价格度量单位密切相关，如果需要比较不同商品需求（如气、电、太阳能）对价格变化的响应程度，还是需要用需求的相对变化与价格的相对变化两者之间的比率来说明更具有意义。

（4）基于单设备潜力聚合法的调节模型式 $R = b \times \arctan$（Δp），在只单纯考虑高电价时中断供电负荷或是低电价时增加供电负荷的情况时，物理意义明晰，易于操作；对于负荷可进行转移的情况，采用的是负荷转移率 $e\%$ 来计算，但此时就需要再确定一个未知参数 $e\%$。基于需求价格弹性的负荷调节模

型包含了两部分：$D_i = D_{i0} + \dfrac{\alpha_{ii} D_{i0}(p_i - p_{i0})}{p_{i0}} + \sum_{j=1}^{24} \alpha_{ij}\dfrac{D_{i0}}{p_{j0}}(p_j - p_{j0})$，第一个部

分是单时段的响应，即用电需求只受当前时段电价影响，负荷不可以转移，在电价由 p_{i0} 调整到 p_i，用户给予一定响应，第二部分是多时段响应，即用户在某一时段的用电需求量不仅受当前时段电价影响，同时还会受其他时段电价影响，用户可以转移部分负荷到其他时间段，模型将两种情况都包含在一个模型中，增减负荷和转移负荷情况都是模型的一种特例形式，模型物理意义清楚，

但是模型相对复杂，增加了实际操作的难度。

（5）由上述分析可知，由于负荷对电价响应基本原理的一致性，所以两种模型从广义上来讲都是统一的，但是由于不同模型的参数对信息的强化侧重点和假设实施条件不一样，相同算例的计算结果会有差异，但是计算结果的变化趋势和变化规律是一致的。实际使用时，具体采用何种模型可以由运营人员根据特定场景和需求进行控制和选择。

8.

实时需求响应的技术支持系统

　　用户要参与实时需求响应，首先得有可以执行实时需求响应的智能终端设备。在能源互联网的情况下，这个终端设备就是能源互联网接入设备。其次，有了能源互联网接入设备之后，对于需求响应来说，它最好能够精准地自动识别每一个负荷类型、响应可调节能力等参数，以便能够自动制定系统响应策略，进行需求响应，因此需要用到电力指纹识别技术这种新型人工智能技术。当然电力指纹技术并不是实时需求响应所必备的技术，可以通过人工在系统预置各设备的参数和响应策略，系统可利用预置的策略和接收的电价等信息进行优化控制。在上述两点的基础上，就可以构建实时需求响应的技术支持系统了。

8.1 能源互联网接入设备及其研制

在能源互联网发展背景下，能源系统的参与者越发多元化，电网侧和用户侧的信息交互也越发重要和频繁。为了形成良好的供需互动交易机制，实现能源互联网对供需信息的实时匹配，切实使每个用户主动成为能源的"产消者（prosumer）"之时，也在无时无刻进行交易电力，并利用实时需求响应实现能源的供需实时平衡。这仅靠当前的用能设备自身是无法实现的，而依靠能源互联网的核心设备——能源路由器（energy router）也无法做到。因此，需要提供一种既能将用户各类用能设备"即插即用"式统一接入电网，又能实现电网—用户信息及时交互，还具有自主管理、自动控制、远程响应、人性化智能管控等功能的用能设施作为媒介设备有效接入能源互联网，即能源互联网接入设备。能源互联网接入设备的概念在第 2 章已经分析过了。能源互联网接入设备还属于负荷侧的电网友好设备（Grid Friendly Appliances，GFAs），通过采用嵌入式技术，GFAs 能够实时跟踪电网频率信号并根据预先设定的控制策略自动减少/增加电器用电功率，从而更经济、快捷、可靠地提高电力系统的平衡能力。本章介绍一款能源互联网接入设备的研制。

能源 USB 硬件装置又称为 Energy Universal Serial Bus，是基于能源互联网的一种智能终端接口。此处 USB 包含两层含义：一是借用计算机领域常用术语"通用串行总线（universal serial bus）"的含义，意指能源 USB 的接口可支持各类分布式接入设备的热插拔，最终实现"即插即用（plug – and – play）"以及能量流—信息流的双向流通（即信息—物理融合）；二是表达类似于"统一服务总线（unified service bus）"的含义，意指能源 USB 可看作是能源互联网中各类分布式接入设备的"统一服务总线"，其可通过有效的身份识别（即硬件"指纹识别"），为所有分布式用能设备（诸如光伏、风机、电动汽车充电桩、分布式储能及工业/商业/居民等各类用户）提供统一的有效接入和即插即用服务，以完成各类数据的汇总、中转、筛查、分析和上传，最终实现全系统设备与电网间能量流—信息流的双向互联互通。

8.1.1 能源 USB 系统功能设计

能源 USB 系统是在能源互联网背景下应用于终端用户（如智能楼宇集群能量管理）的一个新型系统，是硬件系统和软件系统的有机结合，其基本结构如图 8 - 1 所示。其中，硬件系统可实现用户与电网之间能量流和信息流的双向流通，并支持各种负荷、电源的即插即用；软件系统作为用户与电网实时互动的平台，则可实现需求响应和用电优化。

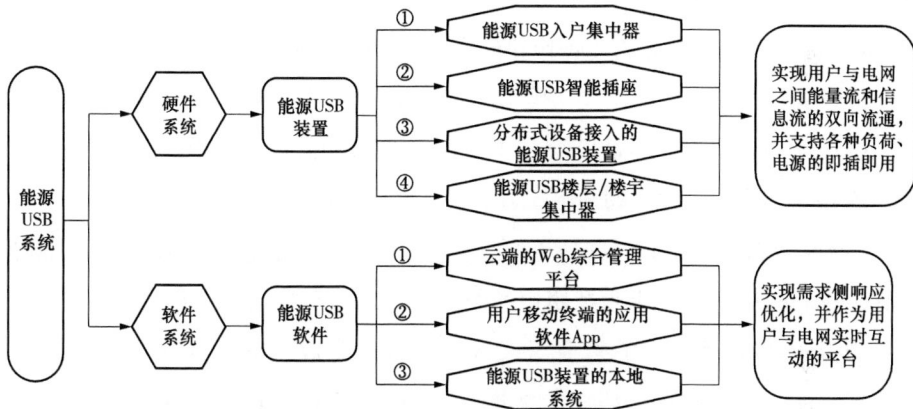

图 8 - 1　能源 USB 系统的基本结构

基于图 8 - 1，能源 USB 系统应包含如下功能。

（1）可对用户的用电数据和环境数据实现实时的精确测量。

（2）支持多种通信方式，在不同的应用场景下有良好的适应性。

（3）分布式设备在系统中实现"即插即用"，即可识别常见分布式设备，并可对分布式设备进行控制。

（4）软件系统可进行用户用电行为分析，建立特定用户的用电优化模型，并根据电网的运行状况制定需求响应策略。

（5）在用户授权的情况下，电网可以对用户的用电设备以及分布式设备进行控制，从而实现需求响应。

当分布式设备接入能源 USB 系统时，能源 USB 系统一方面与分布式设备实现双向的能量交互，完成相关的切断、连通电路等功能；另一方面与分布式设备交互信息，实现设备身份识别、命令上传下达等功能。因此，能源 USB 系统具有 8 个特性：①信息物理融合性；②实时性；③互联性；④可感知性；⑤即插即用性；⑥可控性；⑦交互性；⑧自治性。

8.1.2　基于 CPS 的系统总体架构设计

作为能量流—信息流的双向流通的能源互联网智能终端，能源 USB 装置系统设计从一开始就是基于信息物理融合系统（CPS），信息物理融合系统核心是 3C 技术的有机融合和深度协作。目前 CPS 已广泛应用在智能家居系统、医疗保健系统和智能交通系统等。CPS 可概括为"感""知""联""控"四个方面。CPS 的体系结构通常可分为 2 种构建模式：基于组件的构建模式和多层次划分模式。其中基于多层次划分模式构建 CPS 体系，则可从系统需求的角度出发，将 CPS 划分为不同的层次，以适应在不同环境下的应用需求。基于该理念，将能源 USB 的 CPS 体系构建为：物理层、通信层、软件层和应用层。

（1）物理层：为系统中所有的实体接入设备，既包括系统本身的能源 USB 装置和通信设备，也包括用户的用能设备、分布式设备、用户终端等。其中能源 USB 装置是系统的重要组成部分，可以完成测量、计算、控制执行、交互等功能，对它的研发是研究的重点；用能设备和分布式设备是 DR 的主要作用对象，能源 USB 装置对其信息和用电数据进行采集分析并执行 DR 指令，用户终端则是供给侧和需求侧进行交互的主要物质载体。

（2）通信层：涵盖系统中应用的通信方式、传输协议（TCP/IP、RS232、自定通信协议等）、联结形式（点对点联结、星型联结、树状联结等）等。其中，通信方式分为无线通信（WiFi、ZigBee、红外、射频等）和有线通信（电力载波、以太网、现场总线等）。通信层是硬件层联结软件层的桥梁，必须合理选择通信方式，主备通信方式的切换要灵活，联结方式也要坚强稳定，才能实现数据的高效可靠传输。

（3）软件层：一方面是系统的数据汇总处理的核心，可以利用物理层设备采集的数据进行 DR 的全局优化；另一方面也是系统高级应用的搭载平台和交互平台。

（4）高级应用层：是基于软件层开发的所有应用的总称，可为用户提供定制化服务，使用户可以方便地进行数据处理、查看历史信息、修改系统参数、修改优化目标等操作，继而实现用电优化和 DR。

因此，根据上述描述，基于 CPS 的能源 USB 系统总体架构设计如图 8-2 所示。

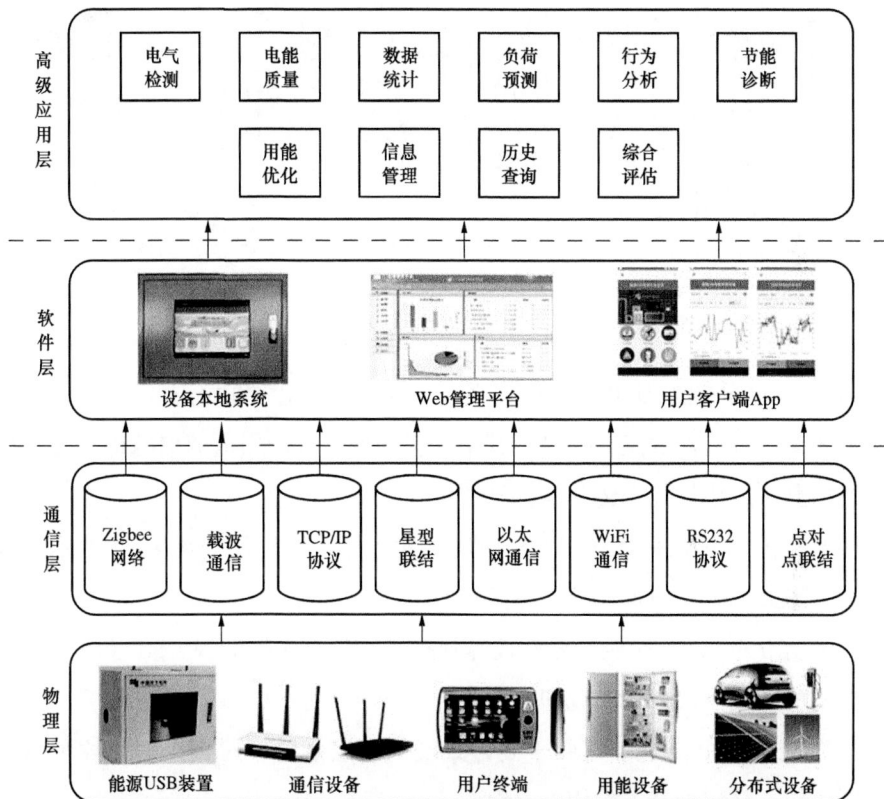

图 8-2　基于 CPS 的能源 USB 系统总体架构设计

8.1.3　能源 USB 系统拓扑结构设计

能源 USB 系统的 CPS 是计算测量控制系统，可将物理过程与信息过程进行紧密耦合。基于此，将图 8-2 中的物理层和通信层合并为能源 USB 系统的硬件系统，软件层和高级应用层合并为能源 USB 系统的软件系统，如图 8-3

所示，可以更加明晰系统物理和信息之间的联系。

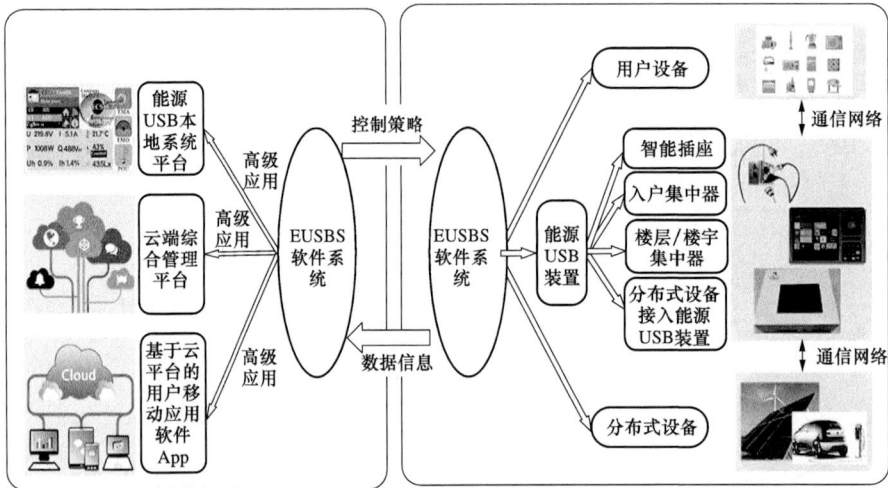

图 8-3 能源 USB 系统的硬件系统和软件系统

图 8-3 中的能源 USB 装置既是系统的感知器，也是执行器，实现对物理世界的各个物理属性的感知测量。其中，各硬件装置间组成通信网络，互相传递数据信息，最终将其上传到软件系统。

能源 USB 系统在智能楼宇集群应用中的拓扑结构设计如图 8-4 所示。能源 USB 系统的硬件系统分为 5 个类型。

（1）光伏/风机、储能、充电桩等分布式设备接入的能源 USB 装置：它们具有统一的电气接口，可实现即插即用。

（2）能源 USB 智能插座属于硬件系统的底层装置，对接入的可控负荷进行实时监控，并记录基本的用电参数。

（3）能源 USB 入户集中器是硬件系统的核心装置，可完成电气数据采集、信息通信、用户互动和本地用户用电行为分析以及需求响应时负荷可调节能力的辨识与感知并能够接收上级或调度侧的实时电价等需求响应激励信号，并根据用户预制的策略或者行为习惯调度控制负荷以实现需求响应的能力。

（4）能源 USB 楼层集中器属于系统级装置，可通过上行/下行通信方式实现数据采集和信息互动，并能汇总楼层所有负荷可调节能力。

（5）能源 USB 楼宇集中器属于楼宇级别装置，可实现整栋楼宇的电气数据采集和信息交互功能，并能汇总整个楼宇所有负荷可调节能力。

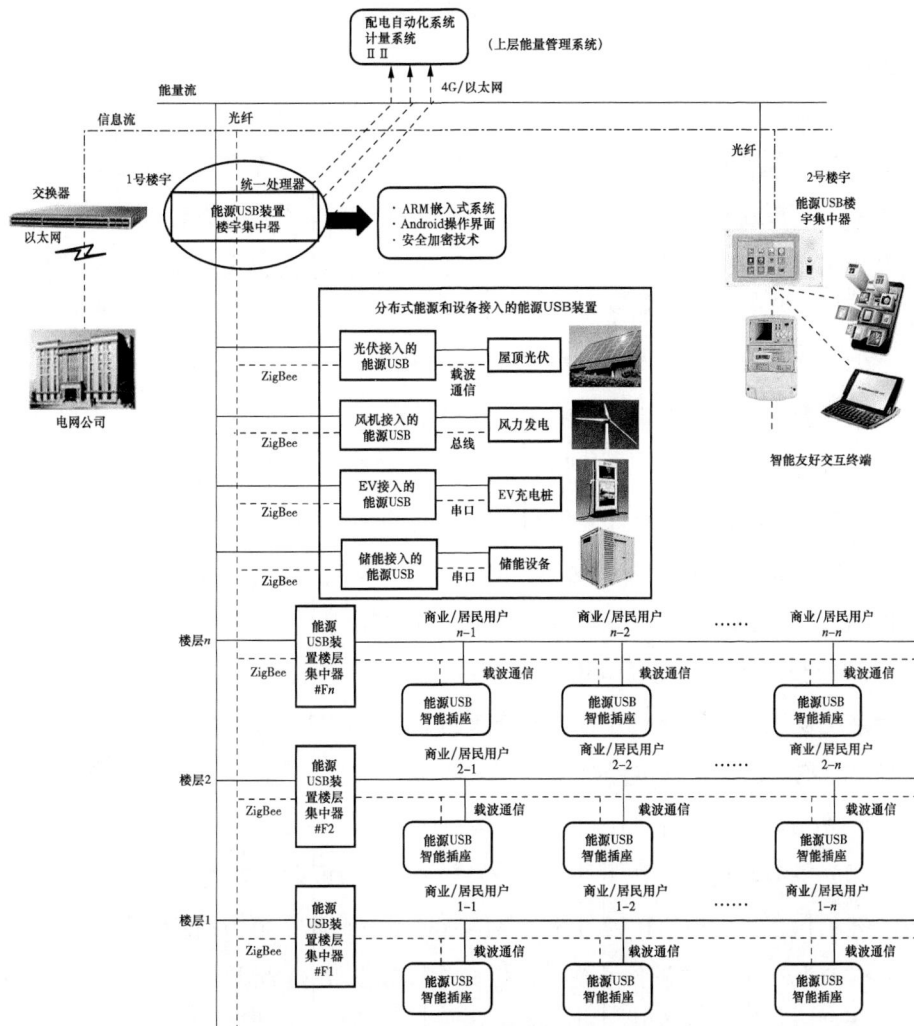

图 8 - 4 能源 USB 系统在智能楼宇集群应用中的拓扑结构设计

8.1.4 能源 USB 系统硬件系统开发

1. 硬件系统功能和总体架构设计

能源 USB 硬件系统具备 4 项基本功能，即测量、通信、控制和交互，这些功能的要求及设计指标如下。

（1）测量功能：支持工业/商业/居民等各种类型用户和分布式发/用电设备的接入，并对接入设备进行实时的电气量监测，包括电压、电流、频率、功率、功率因素、用电量、谐波等，电气测量精度至少优于1%。此外，还支持温湿度/空气质量的测量。

（2）通信功能：兼容多种常见通信方式，如电力载波、ZigBee、WiFi等，并根据现实需要灵活配置通信方式。通信网络应高效可靠，当主通信方式的使用条件不具备或发生故障时，可灵活切换到备用通信方式。设备之间的联结方式也应该合理，确保设备之间通信时不会出现通信错误，大量设备与云端数据服务器通信时不会出现拥堵。

（3）控制功能：当能源USB装置取得用户授权时，可将测得的数据上传到数据服务器，并根据服务器的优化结果迅速地对用电器进行控制，实现自动需求响应（ADR）；若未取得用户授权，也可在本地的设备群里进行局域优化，实现用户本地的综合能量管理，以获得更佳的用电体验。对于分布式发/用电设备，能源USB硬件系统能自动识别其类型（身份），并根据云端数据服务器的DR优化结果对分布式设备进行协调控制。

（4）交互功能：能源USB装置能提供友好的交互界面，用户和工作人员可向系统发送查询请求，并查看系统返回的数据信息，或是接收来自云端综合管理平台的实时电价和激励措施等需求响应信号以及警告信息，用户也可通过界面调整控制目标或直接控制设备的运行状态。

（5）感知功能：能源USB应能够感知设备的可调节能力，甚至设备的参数、健康状态和用户的行为习惯，具体可见下一节8.2电力指纹识别技术。

能源USB系统的硬件系统总体架构设计如图8-5所示，实际设计中，核心硬件模块基于TMS320F28335型DSP芯片。

由图8-5可见能源USB系统的硬件系统的拓扑结构呈星型，其中电网公司或者配售电公司为中央节点，各种类型的用户和分布式设备呈星状分布，层层级联，并且其下各层节点能够实现区域自治，独自发挥作用的同时，接受上级的指令。这样的结构具有的优点：①信息集中、容易管理；②系统扩展、节点移动方便；③故障容易诊断与隔离。

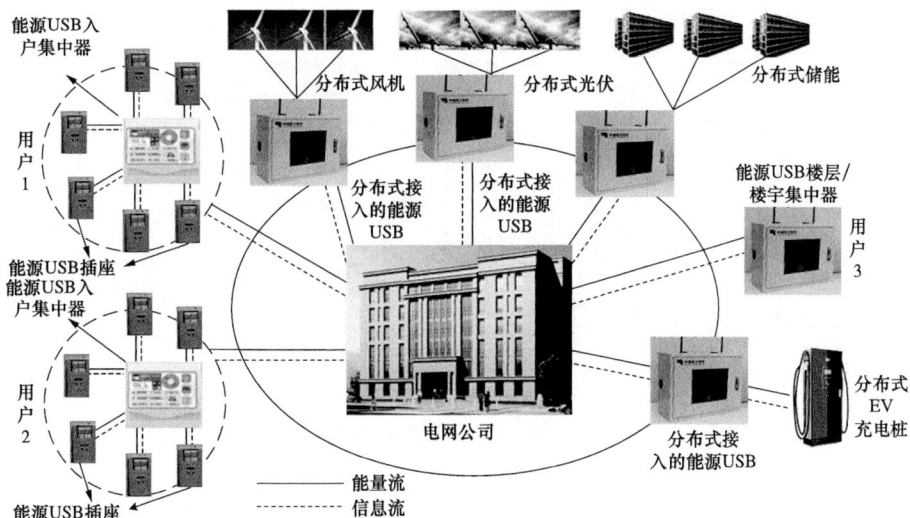

图 8 - 5 能源 USB 系统的硬件系统总体架构设计

2. 五类主要的能源 USB 装置设计和开发

能源 USB 装置并非单指某一种装置，而是能源 USB 系统专用硬件装置的统称，通常包含 5 类主要的能源 USB 硬件装置：能源 USB 入户集中器、能源 USB 楼层/楼宇集中器、能源 USB 智能插座和分布式接入的能源 USB 装置（后文中分别简称为入户集中器、楼层/楼宇集中器、智能插座、分布式接入 USB）。除了智能插座，其余 4 种能源 USB 装置的功能要求、设计思路都非常接近，甚至有相似的外观，但是由于接入对象的不同，内部具体设计细节存在某些差异。5 类硬件装置的开发设计介绍如下。

（1）入户集中器。入户集中器是整个能源 USB 系统中最重要和最核心的一类能源 USB 硬件装置，也是商业/居民用户接入的能源 USB 系统的核心部件。它具有单相数据采集、通信和用户界面友好互动等功能，其内置高级算法对用户用电行为进行本地分析。下面对其硬件设计、嵌入式程序开发和实物开发等进行介绍。

入户集中器总的设计框架如图 8 - 6 所示，主要包括：装置出/入口接线端子、ARM 平板以及主电路板。

在图 8 - 6 中，入户集中器通过入口和出口端子串联在入户总线中，用户无须考虑装置内部的接线。ARM 平板搭载了 Android 系统，并安装了专门研发

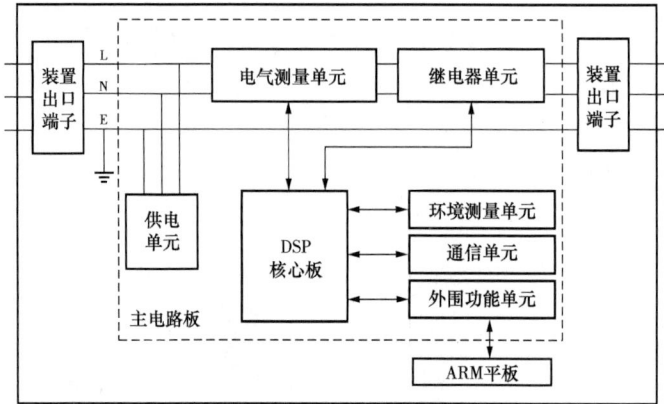

图 8-6 入户集中器总的设计框架图

的本地系统软件，可利用多目标能量管理优化算法，进行需求侧本地能源管理优化，并将优化结果返回到 DSP 芯片，经通信单元将指令下达至智能插座。因此，无需用户干预的情况下自动地对用户设备进行管理，实现了 ADR。主电路板集电气数据测量、环境信息采集、数据分析、控制、通信等多种功能于一体。测量得到的原始结果经 DSP 分析处理后，可得到电压、电流、频率、视在/有功/无功功率、功率因数、用电量、0~31 次电压/电流谐波、环境温湿度、颗粒物浓度等数据。这些数据经外围功能单元发送到 ARM 平板，并经通信单元发送到电网公司或配售电公司的云端数据服务器进行存储。

通常入户集中器需要与智能插座密切配合使用，通常个用户需安装一台入户集中器并配置若干智能插座，并通过 ZigBee 或电力载波等通信方式组成星型结构网络。其中，入户集中器为中心节点，智能插座为子节点，两者共同完成对用户的测量计算、实时通信、分析优化和负荷控制。此时，入户集中器具备高级的本地优化分析能力，智能插座的数据在入户集中器处汇总，进行用户用电行为分析和用电管理优化，并由智能插座执行具体的协调控制策略。当获得用户授权，入户集中器可将所有数据上传到电网公司的云端数据服务器，进行全网 DR 和综合能源管理控制。

（2）楼层/楼宇集中器。楼层集中器属于楼层级能源 USB 装置，具有单相数据采集和通信功能。其上行通信采用 ZigBee 与楼宇集中器通信（其中楼层集中器作为 Device 节点/终端节点）；下行通信主要采用低压载波通信与安装于用户的入户集中器通信（其中楼层集中器作为 Server 节点，入户集中器作为 Device 节点）。

楼宇集中器属于楼宇级能源 USB 装置，具有数据采集和通信功能。其采用以太网通过交换机与电网公司实现上行通信，并采用 ZigBee 与楼层集中器实现下行通信（其中楼宇集中器作为 Server 节点/中心节点，楼层集中器作为 Device 节点/终端节点）。

根据上述描述，楼层/楼宇集中器内部的单相和三相详细结构设计分别如图 8-7 和图 8-8 所示。

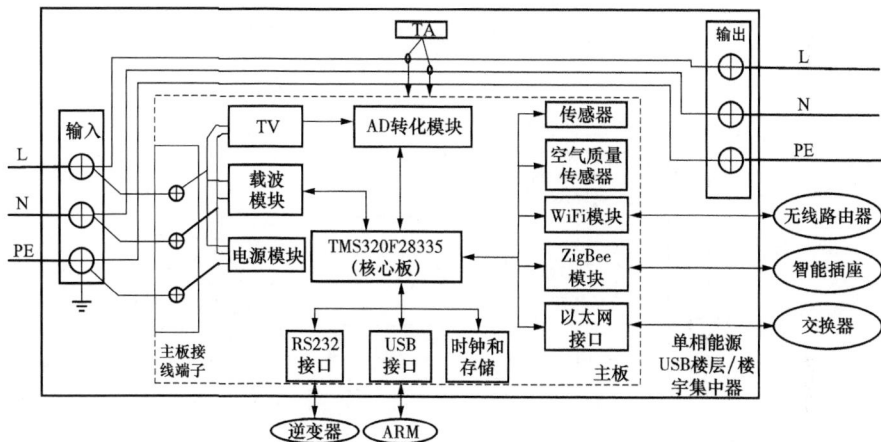

图 8-7　单相楼层/楼宇集中器内部详细结构设计

（3）能源 USB 插座。能源 USB 插座为商业/居民用户接入能源 USB 系统的最底层装置，具备用电数据采集分析、通信及控制的功能，需要和入户集中器配合使用。在组成的 ZigBee 网络中，智能插座作为从节点，当收到主节点即入户集中器的数据请求后，将采集到的数据发送给入户集中器，并接受其命令，控制用电设备的工作状态。能源 USB 插座（普通版）硬件结构框图如图 8-9 所示。

（4）分布式接入的能源 USB 装置。该装置主要用于光伏、风机、储能、充电桩等分布式设备的统一接入。在整个硬件系统网络中，这类装置既可以直

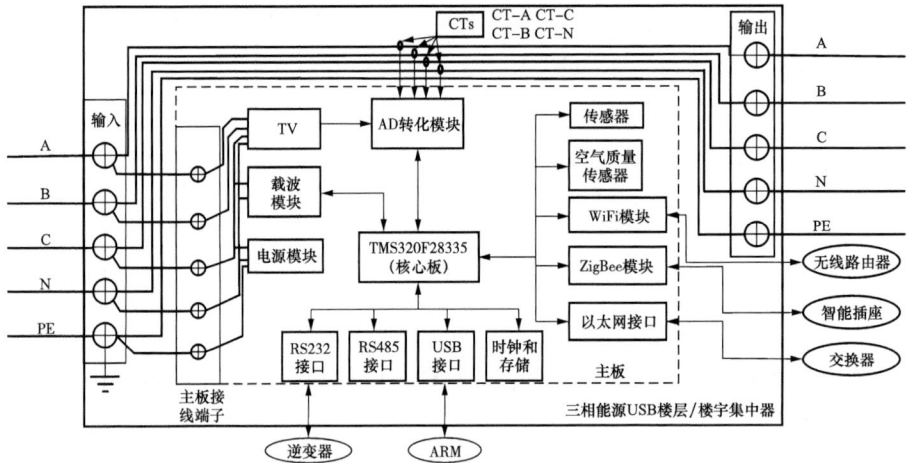

图 8-8　三相楼层/楼宇集中器内部详细结构设计

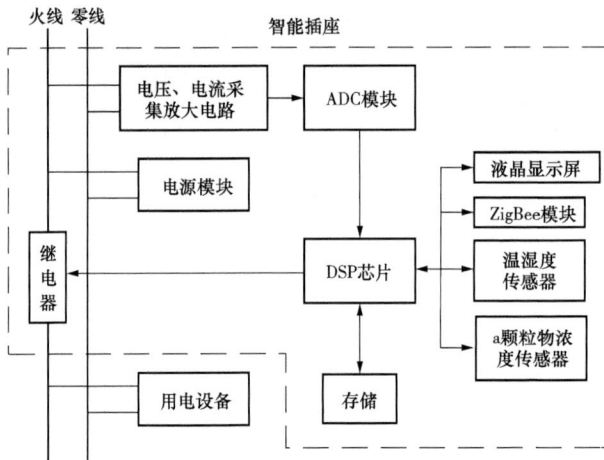

图 8-9　能源 USB 插座（普通版）硬件结构框图

接和电网公司或配售电公司连接，也可以作为入户集中器或楼层/楼宇集中器的子节点，因此使用起来非常灵活。其功能与入户集中器十分相近，可对分布式设备输出的三相电气信息和周围环境信息进行监控，并支持多种通信方式，可与分布式设备进行通信，并将数据上传到云端数据服务器，还可接收云端服务器的命令，对分布式设备进行控制，其内置基于 Android 的本地系统，并提供了友好交互界面。

分布式接入的能源 USB 装置可实现分布式能源设备的即插即用，以及设备和电网之间能量流、信息流的互联，可以对分布式能源设备进行连续控制。

8.1.5 能源 USB 系统软件系统开发

能源 USB 作为一款能源互联网接入设备，需要能够为用户提供能源互联网各种服务，这些服务主要依靠能源 USB 的软件系统实现。

1. 能源 USB 软件系统总体架构设计

软件系统作为能源 USB 系统实现智能楼宇集群能量管理的数据管理、优化、交互一体化工具系统，具备简单易用、界面友好、数据处理快速高效等特点，适用于普通用户、可控负荷、分布式设备等各种环境。软件系统的总体架构设计如图 8 - 10 所示。

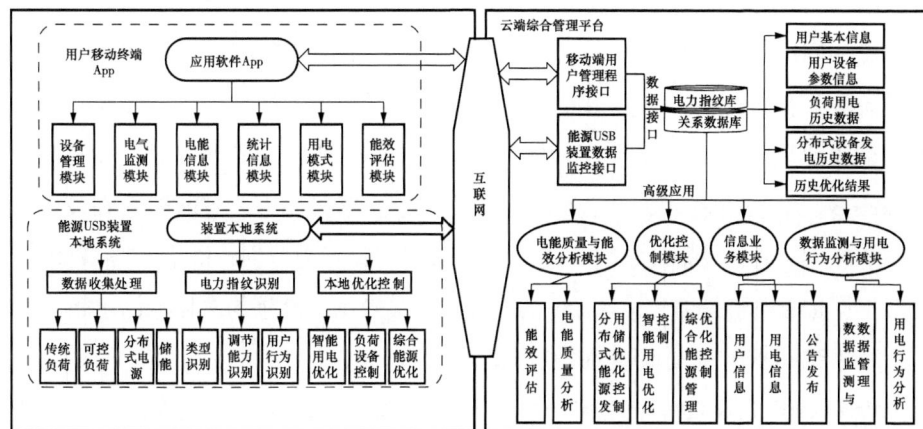

图 8 - 10　能源 USB 系统软件系统架构设计

图 8 - 10 中软件系统由 3 部分组成：云端基于 Web 的综合管理平台、用户移动终端的应用软件 App 和能源 USB 装置的本地系统，分别介绍如下。

云端综合管理平台由 Java Web 后台程序和 MySQL 数据库组成，前者通过互联网与用户移动终端、能源 USB 装置建立数据连接；后者中储存了用户的基本信息、设备参数、负荷历史数据、分布式设备发用电数据、历史优化结果等。平台通过即时收集到的数据和 MySQL 数据库总的数据运行高级应用，如电能质量与能效分析、优化控制、信息业务、数据监测与用电行为分析等，完成多种不同的功能。

应用软件 App 则是安装在用户的移动终端上的，App 通过互联网访问云端综合管理平台请求数据，用户可以随时随地进行数据查询和控制系统。

能源 USB 装置的本地系统安装在硬件系统的集中器上，可收集一户内的插座、分布式设备接入能源 USB 装置的数据，并进行集中处理。通过运行优化控制程序，在无法连接网络的情况下也可进行智能用电优化、分布式设备控制和综合能源优化，因此称之为本地优化。当用户同意参与电网的需求响应，集中器将优化控制权和数据一并交给云端综合管理平台，此时集中器接收云端的命令，对设备进行协调控制。

总的来说，能源 USB 软件系统具备的特点为：①高效的数据管理能力：能建立性能良好的数据库，对用户基本信息、用电数据等进行高效管理，并能通过数据接口和硬件设备互联；②良好的适应性：系统正常运行不依赖于用户的类型、网络环境、拓扑结构等；③内嵌了丰富的高级应用：包括电气监测、数据统计、行为分析、节能诊断、综合评估等各种功能模块；④友好的交互界面：能灵活采用表格、线图、饼图等方式直观清晰地展示各项数据，方便用户查询参数、修改控制命令和参数信息；⑤一定的感知能力，应能够感知设备的可调节能力，甚至设备的参数、健康状态和用户的行为习惯；⑥需求响应能力，能够根据实时电价等信息进行 DR 的能力，兼具效率和效果的多目标优化能力。

2. 能源 USB 装置系统本地软件

能源 USB 装置系统本地软件主要功能模块有数据采集处理模块、电力指纹识别模块及本地优化控制模块，各模块的主要功能如下。

（1）数据收集处理模块。数据收集处理模块就是利用能源 USB 本地的传感器，包括 TA 和 TV 等，来采集设备的电流、电压、功率因素、谐波、频率等方面的数据，也包括电网的暂态数据和稳态数据。针对分布式电源及储能，还会采集分布式电源的发电数据及储能的电量和运行数据等。该模块还同时能实现对可控负荷的控制，包括对负荷的通断控制、空调的温度控制、储能的状态控制以及分布式电源的发电控制等。

（2）电力指纹识别模块。电力指纹识别模块是能源 USB 装置里的核心模块，它主要作用就是利用采集的用电设备的各种各样数据，结合侵入式和非侵入式负荷识别的算法，利用人工智能计算，通过边缘计算对用户的对设备的类型、参数、健康状况甚至用户行为习惯进行识别，以达到让系统知道是所接入的是何类型设备，具有多大的需求响应调节，以及具体的调节控制参数等。

（3）本地优化控制模块。本地优化控制模块主要功能是实现本地设备的优化和控制。其中智能用电优化可以为家庭或工商业用户所有设备制定智能应用用电方案和优化运行策略。综合能源优化则是根据分布式电源和负荷特性，实现源—网—荷—储的协调控制，从而得到综合能源优化的目的。另外关于需求响应（包括实时需求响应）也是通过本功能模块来实现的，该模块接收电力市场中的电价信息，然后结合本地所有设备的状态计算优化方案，根据优化结果对设备进行控制，从而达到需求响应的效果。

3. 云端综合管理平台

能源 USB 软件系统中的云端综合管理平台采用 Spark 框架技术实现能源互联网大数据的云存储及数据分析，平台中重要的功能模块介绍如下。

（1）关系数据库和电力指纹库。关系数据库和电力指纹库是云端综合管理平台核心，是所有决策的数据依据。其中关系数据库存储了用户基本信息、系统的拓扑以及源网荷储各设备的运行参数，以及高频度用电数据。

电力指纹库存放了基于电力指纹技术的经过人工智能对大量样本学习后形成的各类设备的类型、参数、健康状况、可控调节能力等特征参数，能源 USB 装置系统的本地软件对数据进行采集并经过边缘计算后也形成了本地设备的特征参数，与云端的电力指纹库中的特征参数比对后，可以快速识别出所接入设备类型、参数、健康状况、可控调节能力。

（2）数据监测与用电行为分析模块。该模块结合硬件系统高频度采集的用户用电数据，在后台云端对数据进行存储和处理，同时对用电数据进行挖掘，分析得到典型的用电行为模式，为负荷优化调控提供数据支撑。

（3）优化控制模块。该模块用于对分布式新能源发电、充放电设备（如EV）和储能装置的优化控制等，可分为智能用电优化控制和发电优化控制两部分。前者需配合电力市场机制推动，在分时/实时电价的基础上，由用户自主选择用电模式，包括节省电费模式、节省电量模式和响应中断模式等，分别对应用户不同程度地同意给予电网公司对可调度负荷的调度控制权限。

（4）电能质量与能效分析模块。该模块利用采集的用电数据进行电能质量与能效分析。其中能效分析采用层次分析法进行，其基本步骤如下：

1）建立层次化结构模型。

2）构造成对比较矩阵。

3）计算权向量并做一致性检验。

4）计算组合权向量并做组合一致性检验。

（5）信息业务模块。平台采用关系数据库技术对用户信息进行管理，并利用 Socket 通信技术实现与用户客户端的通信以及信息发布功能。

4. 基于云平台的用户移动终端 App

该 App 是基于云平台的 Android 应用程序，用于前端数据展示和用户交互，其主界面包括设备管理、电气监测、电能质量、统计信息、用电模式、能效评估等模块。

8.1.6　应用案例——商业楼宇能量管理分析

开发的能源 USB 系统已初步用于冬季南方某市某栋综合性商业楼宇的能量管理分析，该楼宇包含微型燃气轮机、溴冷机、燃料电池、电锅炉和蓄电池等设备。对该楼宇配置相应的能源 USB 楼层/楼宇集中器和入户集中器等装置。在入户集中器上植入智能算法，对该楼宇的综合能源模型以其整体经济性为目标，并根据电网发布的电价对楼宇内可控分布式资源的出力进行优化，同时引入室温约束来保证人体对楼内环境舒适度的要求（楼宇的室内温度要求为20℃，最大允许偏差为2℃）。

在日前时段，通过人为设置，将楼宇中的可控的设备数据以及自身对舒适度的要求等通过能源 USB 集中器上传到云端服务器，由服务器进行计算，对设备的出力安排进行日前优化，从而得到各类设备的出力安排，再将出力安排指令下发到能源 USB 集中器进行存储。在当天时段，再由集中器将控制指令在适当时间下达，对设备进行协调控制，以降低楼宇运行成本。最终经能源 USB 优化后，能源 USB 集中器分析得到的楼宇设备出力和温度变化情况如图 8-11所示，由该图可知楼宇的供热源为电锅炉和燃气轮机及该商业楼宇一天 24h 内各个时段的设备出力和温度变化情况。

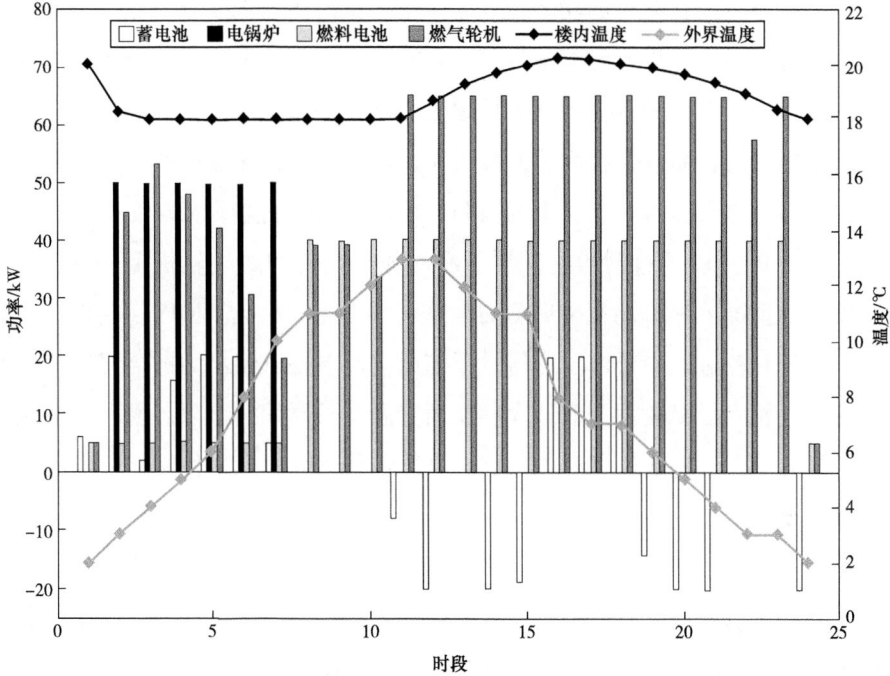

图 8 - 11　能源 USB 集中器分析得到的楼宇设备出力和温度变化情况

由图 8 - 11 可知, 在 0：00 ~ 7：00 时段, 由于室内室外温差比较大, 楼宇的散热量比较大, 所以此时制热效果较好的电锅炉成为楼宇的主要热源, 此时的电锅炉处于满发状态。然而, 此时单纯靠电锅炉明显不能满足楼宇对热量的需求, 因此还需要燃气轮机来辅助发热, 满足热量需求。虽然燃气轮机的发电成本相比此时的电网购电价格来说比较高, 但由于此时的散热量较大, 导致即使此时的运行成本较高, 燃气轮机还是发出了部分功率用以维持室温。由图可看出：燃气轮机发出的热功仅仅刚好满足室温的最低要求, 这是为了在满足室温的要求下尽最大可能地减少损失。由于此时电网售电价格较低, 所以储能在大量充能以减少楼宇后面时段向电网购买的电能, 有利于经济运行。

在 7：00 ~ 10：00 时段, 楼宇的热量需求不是很高, 燃气轮机足以满足需求。而且, 该时段属于平时段, 电网购电价格较高, 燃气轮机的发电成本低于电网购电价, 可以在满足用电的情况下通过发电出售给电网赚取利益。虽然燃气轮机此时发电越多, 获得利益越多, 但燃气轮机却不满发, 这是因为后面时段的购电价格更高，此时的功率主要为了维持室温的最低要求，以为后面留出更多的发电空间。如果此时发电过多，则室温会上升，偏离最低要求。这样一来，由于室温对上限的要求，导致后续时段燃气轮机的发电空间受到压缩，燃气轮机不能满发，而且，在后面的峰时段，电价更高，能赚取的利益比平时段的更大，由于燃气轮机发电功率的限制，使得赚取的利益则相对变少。

在 10：00 ~ 15：00 时段，其属于峰时段，此时的燃气轮机保持满发，在满足用电的情况下尽可能卖出更多的电来获得更高的收益。同时室温也在逐渐上升，但没有超过上限要求。这得益于前面时段对各机组出力的合理安排，使此时的燃气轮机得以满发获取最大利益而室温又不会超出上限。蓄电池在该时段处于放电状态，将通过谷时段补充的电能转移到峰时段来使用，以降低楼宇的运行成本。

在 15：00 ~ 18：00 时段，其属于平时段，此时的燃气轮机还是处于满发状态，以此获取最大利益。但由于此时的楼内楼外温差逐渐加大，楼宇的散热量逐渐增多，虽然燃气轮机处于满发状态，楼内温度仍不会高于上限，反而是在下降。由于室温在这段期间仍满足要求，故电锅炉没有运行，保证楼宇在满足运行要求的情况下运行成本最低。蓄电池此时处于充电状态，以降低下一峰时段对电能的需求。

在 18：00 ~ 23：00 时段，其属于峰时段，蓄电池放电，以降低运行成本。燃气轮机发电，在满足用电的情况下提高卖电收益，同时减弱室温的下降趋势，保证在该时段室温仍然在要求范围之内。

在 23：00 ~ 24：00 时段，其属于谷时段，此时燃气轮机处于功率下限，因为此时的电网购电价和售电价均比燃气轮机的发电成本要低，如果燃气轮机发电则只会提高楼宇运行成本。

此外，由于燃料电池不发热，所以不需要考虑其对室温的影响。因此，燃料电池可认为是一个时段与时段之间相对比较独立的机组设备。由于谷时段电网售电或购电价格低于其发电成本，而在平时段或者峰时段，电网售电或者购电价格高于燃料电池的发电成本，因此燃料电池在谷时段处于功率下限，尽量少发以减少运行成本，而在其他时段满发，以最大功率发电来进一步减小楼宇的运行成本。

8.2 电力指纹识别技术

8.2.1 电力指纹识别技术概述

能源互联网要实现开放对等接入，应该是即插即用的。能源互联网的即插即用：一方面表示一旦接入能源互联网，能源互联网即知道接入的设备是什么，具有什么特性，对能源的需求是什么，对能源互联网有什么影响；另一方面表示所接入的设备知道能源互联网具有什么资源，如何在能源互联网中发挥更好的作用。为了达到这种双方的对等，能源互联网的即插即用至少分为两个层次，①对设备类型的即插即用，一旦插入设备就知道它是什么类型设备；②对设备基本参数、状态和控制行为的感知。这两个层次缺一不可。为了实现即插即用双方的友好互动，在能自动保障能源网络的安全稳定的前提下，还应具有能量和信息即插即用的标准接口和协议。

前一节描述的能源互联网接入设备，作为一种负荷侧的电网友好设备（Grid Friendly Appliances，GFAs），能源互联网的智能终端接口，理应实现负荷以及分布式用能设备的统一有效接入和即插即用服务，以完成各类数据的汇总、中转、筛查、分析和上传，最终实现全系统设备与电网间能量流—信息流的双向互联互通。为了实现对接入设备的感知和即插即用，需要用到负荷/设备自动识别技术，而电力指纹就是一种基于人工智能的负荷/设备识别技术。

1. 电力指纹定义

电力指纹的定义可以概括为：通过监测电网设备的电气数据，利用人工智能技术和大数据技术挖掘出能够表征设备某种特性的特征点，各个维度特征点聚合起来就是该设备的"电力指纹"。利用电力指纹能够对设备的类型、特性、参数、用户行为习惯、能效和健康水平以及身份进行识别，利用电力指纹技术可实现对用电设备的监测、控制、管理和友好交互。电力指纹体系包含 4 个层次，分别是数据层、指纹层、识别层及应用层，电力指纹层次图如图 8-12 所示。数据层指研究对象的数据来源，指纹层研究如何从原始数据中提

273

取关键的特征信息，识别层研究如何利用各类方法实现电力指纹各类识别，应用层则结合实际场景利用电力指纹识别方法解决痛点问题。

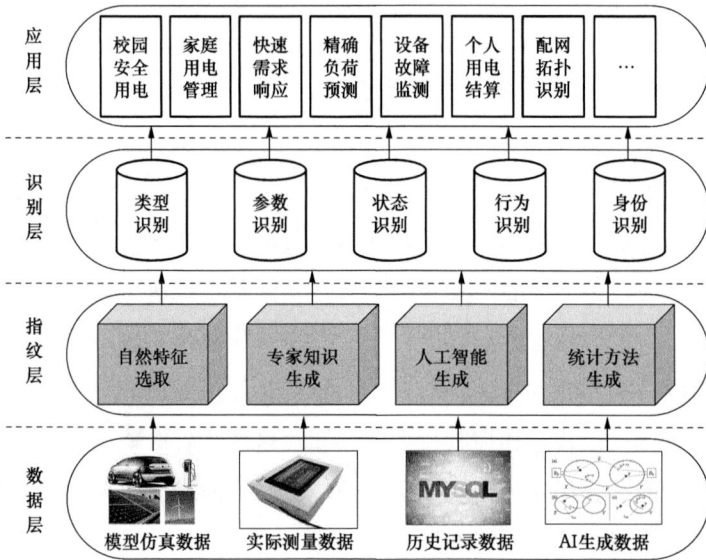

图 8-12　电力指纹层次图

在电力指纹的定义里描述了电力指纹能够参与非常多的识别过程中，总得来说电力指纹识别分为五个层次，依次为类型识别、参数识别、特性识别、行为识别、身份识别，这五个识别并不是串联或者并联的关系，是相互交叉、互为因果，共同构成完整的电力指纹识别体系，电力指纹识别层次图如图 8-13 所示。

（1）类型识别，即为对设备的类别进行识别，主要用于用电不确定性较大的商业、居民环境，因此类型识别的对象主要为生活电器。例如，通过图 8-12 的指纹层特征（包括专家知识得到的或人工智能学习生成的），输入到决策树结合神经网络多级识别模型里面，得到类型。对于常见的设备可以用上述方法，那些电气特征比较相近的或者特征不明显的小电器等，可以考虑结合行为识别进行协同识别。类型识别在安全管理和综合能源管理领域具有非常好的应用前景，通过识别出接入设备的类型，判断设备是否为安全用电中的黑名单或白名单电器或者综合能源管理中应该被调控的设备，进而对该设备进行控制。

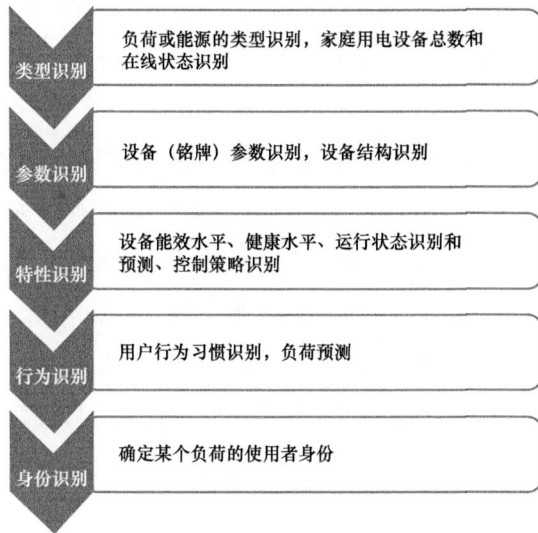

图 8 - 13 电力指纹识别层次图

（2）参数识别，即对设备的铭牌参数以及设备的数学模型参数进行识别。参数识别主要体现在设备的运维和监控上面，例如电力设备参数识别、分布式电源的参数识别、用电负荷的等效模型参数识别等。根据电力指纹技术识别当前设备的参数并实时监测，能够做到设备产生故障时精确判断故障位置和故障类型，分析出需要处理的问题。

（3）状态识别，即对设备特性、能效水平、健康水平、运行状态进行识别和预测。通过生成设备模型的在不同工况以及状态下的运行数数，利用启发式算法对实测数据进行寻优判断出设备的当前状态，或者结合该设备历史运行数据以及过去的用电行为，通过人工智能模型来预测当前的状态值，制定合理的运行控制策略等。

（4）行为识别，即对用户的用电行为进行识别。用户的用电行为，还可以再细化划分为长期行为与短期行为。短期行为由于是一个随机性问题，可以通过两方面来描述，一种是分析环境对用电行为的影响，另一种是不同的设备之间使用的关联性来判断。长期的行为可以通过聚合方式获得，通过用电习惯分析即通过记录和分析用户长时间内各个负荷的启停、调节情况。根据用户每个负荷的用电习惯，可以提供一套智能用电方案，大大提升用户的用电舒适度，而且在已知用户的用电行为和电器运行情况下可以大大提高负荷预测的精度，实现精准的负荷预测，为未来电力市场开放后用户侧参与电力市场打下基础。

（5）身份识别，即对电力设备的使用者身份进行识别，当电力设备接入电力网后对该设备的所有者进行识别。身份识别是前面的所有识别的一个综合，类似于外貌、声音、行为习惯，每个单独的信息量都不足以描述某个人的所有特征，但是这些信息量组合却可以大概率判断是某个人。类比到电力指纹就是，一个设备的类型特征、行为特征、参数特征、特性特征单独出来可以找到许多相同的设备，但是根据一定的规则组合再起来，可能就会得到唯一的设备指向，即为身份识别。这项技术未来可用于一些信息安全领域、居民财产领域，实行设备的用电认证和保护。

2. 电力指纹技术与传统负荷识别技术的比较

与传统的负荷识别相比，电力指纹有着更为丰富的内涵和优势，具体体现在以下几点。

（1）电力指纹技术有更广的应用场景。不同于传统的负荷识别仅仅局限在负荷设备，电力指纹的应用对象扩展至整个电力设备领域，不仅能对用户侧的设备进行电力指纹识别，还能对一些分布式电源、储能设备进行电力指纹识别。

（2）电力指纹技术有更丰富的内涵。传统的负荷识别通过侵入式或非侵入式方法对用户的用电器类型进行识别。而电力指纹识别不仅仅包含了类型的识别，还包含了设备的参数识别、特性识别、行为识别、身份识别。

（3）电力指纹技术更具备实用化。传统的负荷识别目前还停留在理论研究阶段，实用化和泛化能力差。而电力指纹技术在实用化有着广阔的应用前景和商业场景，基于电力指纹可以构建出包含大量电类设备的电力指纹信息库，结合信息库每一个识别环节都可催生出相应的商业模式。

（4）电力指纹技术发展可以推动基础性科学发展。电力指纹技术由人工智能学科和电气工程学科交叉而成，包括信息与通信工程学科、计算机科学与技术学科、电力系统运行与控制学科、电机与电器学科等组成，在研究电力指纹技术过程中会涉及以下研究内容：物联网通信、机器学习、数据库与云计算、电力系统运行与控制、电力需求侧管理、电力设备状态评价，发展电力指纹技术的同时也在推动和丰富其他技术。

8.2.2 电力指纹识别技术研究体系

1. 研究对象

理论上电力指纹的研究对象可以涵盖所有的电网设备，具体包括普通的家庭（商业）用电器、分布式设备以及近年来大量运行的电动汽车。

（1）家用电器。家用电器主要指在家庭及类似场所中使用的各种电器和电子器具，又称民用电器、日用电器。目前世界上尚未形成统一的家用电器分类法，从研究的角度，有两个维度的划分方法，一个种是依据外电路特性，另一种是依据柔性可控。

按照电器外电路特性，一般分为电阻类电器、带泵运行类电器、电机驱动类电器、电子类电器、电力电子控制类电器及荧光灯。根据负荷特性的实测结果，对这几类电器负荷特征、耗电特性作了以下归类。

1）电阻类电器在家庭电器中所占比例较大，包括电热器、热水器、饮水机、白炽灯等，它们通常呈现的特性为：无功功率接近为零，开通或关断瞬间无暂态过程，电流没有谐波成分，有功功率可作为表示这类电器的一个主要特性。

2）电机驱动类电器包括洗衣机、电风扇、电冰箱等电器，因为含有驱动电机，需要提供无功来建立磁场，所以这类电器往往呈现感性阻抗，稳态时除了有基波电流还有谐波电流，而且因为有感性元件所以在开启时会有暂态过程。

3）含整流器类（电力电子）电器包括电视机、台式机、笔记本等，这类电器功耗较低，因为元件内部多为低压直流供电，因此往往在供电处会有电源转换模块。电源转换模块多为整流桥结构，因此造成谐波较大，开通暂态过程短暂但电流冲击较大。

按照外电路特性划分家用电器类型见表 8-1。

表 8-1　　　　　　　　　　按照外电路特性划分电器类型

外电路特性	电阻类	电机类	整流类
电路结构	可等价为电阻，无功功率接近为零	可等价为阻抗模型，含有少量无功功率且多为感性	可等价为阻抗模型，含有大量无功功率
谐波成分	很少甚至没有	存在谐波成分	存在谐波成分
暂态过程	无暂态过程	暂态过程长但电流冲击小	暂态过程短暂但电流冲击较大
常见例子	电热器、热水器等	风扇、洗衣机等	电脑、手机、电视

在需求响应中的家用电器，重点应研究其具有的可调节能力，家用电器依据调节能力可控性划分，一般分为不可控负荷、可控中断负荷、可控调节负荷三类。

1）不可控负荷，如电灯、个人电脑、电视机、电冰箱等，使用时发生中断或者延迟都会影响用户的舒适性；电冰箱内温度维持在一定区间内，该负荷如发生断电将直接影响用户正常生活，一般认为该负荷不可被随意调度。

2）可控中断负荷，如干洗机、洗衣机、微波炉等，这类负荷往往只能够通过物理控制关闭，一旦关闭负荷停止工作，需要用户手动再开启。与不可控负荷相比这类负荷的重要程度较低，存在部分调节空间。

3）可控调节负荷，如空调、电热水器、电动汽车，这类负荷往往可以通过遥控或者指令来调整用电，如空调可以升温和降温，电动汽车可以调整充电功率。在控制这类负荷时必须满足一定的舒适性条件下进行，则在一个工作周期内可能会对该电器进行若干次开启和关闭状态切换。这类负荷的调节空间最大。按照调节能力可控性划分家用电器类型见表 8-2。

表 8-2　　　　　　　　　　按照可控性划分家用电器类型

可控性	不可控负荷	可控中断负荷	可控调节负荷
特点	不可接受控制指令；断电会极大影响用户体验	不可接受控制指令；断电会部分或者不影响用户体验	可接受控制指令；控制会部分或者不影响用户体验
常见例子	电灯、个人电脑、电视机、电冰箱等	干洗机、洗衣机、微波炉等	空调、电热水器、家庭电动汽车等

如控制空调来参与调控，空调负荷以热能形式储存能量，可在温度舒适度约束要求的范围内，短时间地改变设备开关状态来响应系统功率需求从而参与电网调控。为了满足用户的舒适度要求，每个温控设备所控温度须保持在理想范围内。以制冷型设备为例，假设所控温度需保持在 T_{min} 到 T_{max} 范围内，如果温度超过 T_{max}，则设备自动开启，如果温度低于 T_{min}，则设备自动关闭。空调的温度特性和调控过程如图 8-14 所示。

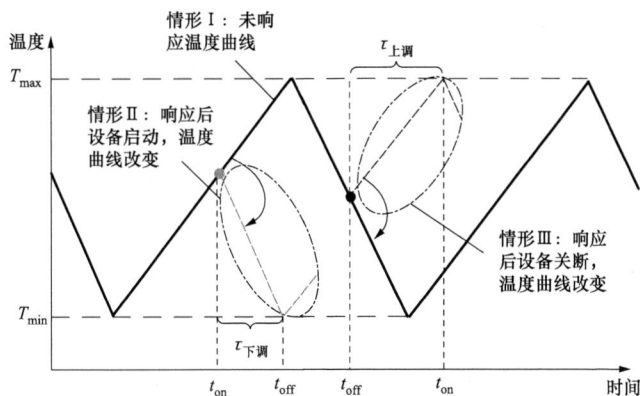

图 8-14　空调的温度特性和调控过程

从柔性负荷分类角度来看，不同的家用电器可以在需求响应扮演不同的身份，但在实际操作时必须对各类设备加以区分。从电器外电路特性角度来看，不同的家用电器在运行时具备不同的电气特征，即存在利用某种方法识别各类电器的可能性。因此家用电器具备电力指纹识别的可能性和价值。

（2）电动汽车。随着电池技术的发展，越来越多人开始购买电动汽车，单个电动汽车的充电功率和时间并不大，但若电动汽车数量到达一定水平之后，就必须考虑电动汽车对电网的影响和冲击，电动汽车的不确定性会改变电网现有负荷水平，大量电动汽车接入甚至可能会进一步加大电网负荷峰谷差。

从另一个角度来看，电动车亦可以扮演者柔性负荷的角色，具备分布式储能的特性。如在充电的时候，可以通过蓄电池放电向电网输送电能，实现能量在电动汽车和电网之间双向互动，相当于一个具有移动特性的分布式储能装置。单个电动汽车能量边界模型如图 2-11 所示，假设电动汽车于 t_{in} 时刻接入，t_{out} 时刻离开。曲线 abd 为 EV 能量边界的上界 $d_{max}(t)$，表示电动汽车接入充电站后，立即以最大充电功率进行充电，直至达到用户期望的 D_{expect}；曲线 acd 为电动汽车能量边界的下界 $d_{min}(t)$，表示电动汽车接入充电站后延迟充电，直至离开时刻时恰好达到用户期望。折线 ab、cd 的斜率表示电动汽车按最大充电功率在单位时间里电池电量增加量，可以看到在这两个边界中间含有灵活调配充电的空间，d_1，d_1，d_3 为三条可行的充电能量注入曲线。

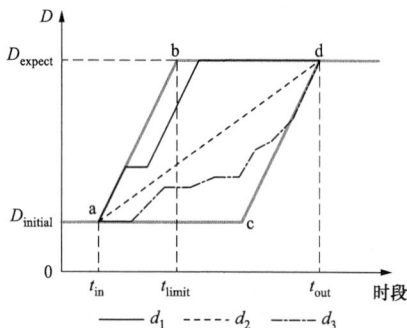

图 8 - 15　单个电动汽车能量边界模型

电动汽车的能量供给模式、电池充放电特性、车辆行驶里程、起始充电时间及停留时长会影响电动汽车参与柔性负荷调度的计算。如公交车与出租车大都采用快充或者更换电池的方式获得能量补给，而私家车与公务用车通常采用慢充的方式，日内行驶里程较短且停留的时间较长，不同类型的车的充电特性以及充电行为的不同，因此需要对电动汽车电力指纹特性进行研究。

目前主流上电动汽车主要分为纯电动汽车、混合动力汽车、燃料电池汽车。

1）纯电动汽车由电动机驱动，其四大部件驱动电机，调速控制器、动力电池、车载充电器可以有不同的组合。驱动电机有直流有刷、无刷、有永磁、电磁之分以及交流步进电机等；调速控制分有级调速和无级调速，有采用电子调速控制器和不用调速控制器之分；电动机有轮毂电机、内转子电机、有单电机驱动、多电机驱动和组合电机驱动等；动力电池如铅酸、锌碳、锂电池等，它们体积，比重、比功率、比能量、循环寿命都各异。

2）混合动力电动车通过可消耗的燃料或可再充电能/能量储存装置获取动力，根据动力系统结构形式可分为以下三类：串联式混合动力汽车，原动机带动发电机发电，电能通过电机控制器输送给电动机，由电动机驱动汽车行驶，动力电池也可以向电动机提供电能驱动汽车行驶；并联式混合动力汽车，车辆的驱动力由电动机及发动机同时或单独供给的混合动力，结构特点是并联式驱动系统可以单独使用发动机或电动机作为动力源，也可以同时使用电动机和发动机作为动力源驱动汽车行驶；混联式混合动力汽车，同时具有串联式、并联式驱动方式的混合动力汽车，结构特点是可以在串联混合模式下工作，也可以在并联混合模式下工作，同时兼顾了串联式和并联式的特点。

3）燃料电池电动车以燃料电池作为动力电源，其不需要从电网获取能源，通过更换燃料即可完成补充。燃料电池的化学反应过程不会产生有害产物，因此燃料电池车辆是无污染汽车，燃料电池的能量转换效率比内燃机要高 $2 \sim 3$ 倍，因此从能源的利用和环境保护方面，燃料电池汽车是一种理想的车辆。

4）电动车最为核心的期间之一便是电池，也是影响电动车外特性最为主要的影响因素。电动汽车的电池组设计复杂，并且因制造商和特定应用而有很大差异，它们都包含了几种简单的机械和电气组件系统，这些系统执行各自的基本功能。电池组通常包含许多串联和并联连接的分立电池，以达到总电压和电流要求，电池组可包含数百个单个电池。为了协助制造和组装，通常将大型电池堆分为较小电池堆模块，模块包含冷却机制，温度监控器和其他设备。在大多数情况下，模块还通过电池管理系统监视电池组中每个电池单元产生的电压，还负责与电池组外部的通信；电池组具有一个主保险丝，该主保险丝可在短路条件下限制电池组的电流；电池组还包含继电器或接触器，这些继电器或接触器控制电池组向输出端子的电能分配；电池组还包含各种温度，电压和电流传感器。

（3）分布式电源。分布式电源装置是指功率为数千瓦~50MW小型模块式的、与环境兼容的独立电源。分布式发电（Distributed Generation，DG）装置根据使用技术的不同，可分为热电冷联产发电、内燃机组发电、燃气轮机发电、小型水力发电、风力发电、太阳能光伏发电、燃料电池等；根据所使用的能源类型，DG 可分为化石能源（煤炭、石油、天然气）发电与可再生能源（风力、太阳能、潮汐、生物质、小水电等）发电两种形式。分布式储能（Distributed Energy Storage，DES）装置是指模块化、可快速组装、接在配电网上的能量存储与转换装置。根据储能形式的不同，DES 可分为电化学储能（如蓄电池储能装置）、电磁储能（如超导储能和超级电容器储能等）、机械储能装置（如飞轮储能和压缩空气储能等），热能储能装置等。此外，发展很快的电动汽车亦可在配电网需要时向其送电，因此也是一种分布式储能。

2. 电力指纹识别技术基本架构

电力指纹技术的基本流程如图 8 - 16 所示，整体的流程与机器学习的应用流程类似，包含了学习过程、应用过程以及数据库部分。但电力指纹技术涉及的数据源、专家知识还有模型都与电力行业本身高度相关，并不能直接将机器学习内容生搬硬套过来，必须要结合电力指纹所要实现的目标进行“本土化”。例如学习过程中的模型可以是机器学习中的分类模型，通过数据训练得到模型参数进行预测；也可以由多个分模型组成，分模型之间的关系可以是电路里面的串并联关系一样；此外，模型也可以是分布式设备数学模型，通过实测数据进行寻优求得模型的参数。因此，由于不同的目标具有截然不同的流程，这里的基本流程框架仅仅是将最为核心、具有共性的部分展示出来。

实现电力指纹识别技术的主要几个核心环节如下。

（1）原始数据获取环节。众所周知，当一个模型设计好之后，需要用大量标注好的数据去训练这个模型，提升模型的性能。这里的数据不能是从监测系统获取的开环数据，所谓开环指的是无法验证模型正确与否的数据，闭环数据指的是数据输入模型得到输出，该输出的正确性能够得到判断。而且针对大量的有监督学习模型，数据的要求上升到了还需要标签这一步，除此之外数据还有量和质的要求。因此获取高质量的数据是电力指纹技术发展的基础。在电力行业里通常有的数据包括：电气监测数据、非电气监测数据、历史记录数据、统计数据，一般情况下，现有系统的数据往往能够满足量的要求，但是在信息维度和精度上远远达不到要求，因此仿真数据还有自采数据也是我们的关

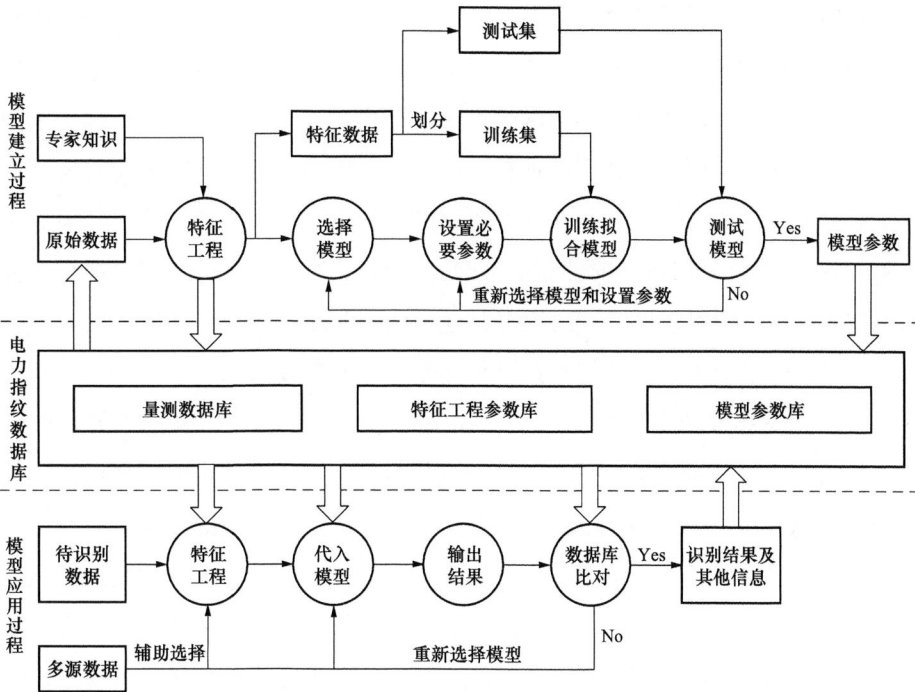

图 8-16　电力指纹技术的基本流程

键数据来源。

（2）特征工程环节。特征工程源于机器学习，其意义是将一个原始的特征量转化为一个新的特征量，以提升模型的性能。基本操作包括：衍生（升维）、数据清洗、预处理及特征选择等，特征选择还包括选取和降维两个步骤。其中衍生和特征选择是难度最大以及最有创造力的部分，往往需要利用行业专家知识进行配合。最典型的例子是声纹识别领域的梅尔频率倒谱系数（Mel Frequency Cepstrum Coefficient，MFCC），人的声音特性与声道的形状有关，而 MFCC 能准确地描述这个特性。而在电力领域，常见的衍生操作有数据特征分析和信号特征分析，甚至还可以针对不同的对象建立数学模型，通过计算模型中的不同参数作为特征。

（3）模型选择环节。这里的模型涉及两个层次，一个是对象的数学模型，一个是用于预测的算法模型。前者的用处主要体现在两方面，一个是提供可供识别的特征，如在类型识别中已知某类电器是加热型设备，那么该设备电路模型中的加热电阻则是重要特征；二是确定识别目标和加快收敛速度，如在参数识别中如果能明确对象使用的数学模型，则有机会通过外特性准确拟合出模型的参数，并且减少试错的几率，加快寻优速度。后者主要体现在不同的模型具有不同的特点和优劣性，在一些需要预测的场景下，选择合适的模型能够加快效率。如问题可以分为：分类问题、回归问题和聚类问题，每种问题都有对应的模型，如分类问题里面准确度高但是速度慢的深度神经网络和速度快的决策树等等。此外，对于模型的超参数设置亦是其中的重难点。

（4）电力指纹数据库建立环节。我们讨论和发展电力指纹技术的目的不仅仅是在学术上有所突破，更重要的一点是希望电力指纹技术能够真正在实际工程中得以应用，那么构建电力指纹数据库则是应用中重要的一环。电力指纹数据库的建立需要以下步骤，首先是确立电力指纹库的标准，包括数据的类型（原始数据、模型参数、特征工程参数）、数据的结构（如标签、特征值、长度等）和数据库架构（如云端和本地）。其次研究如何获取数据，主要方式有三种，一种是根据已有监测数据进行数据融合，另一种是建立人工采集数据系统，包括采集终端和采集软件的开发，并通过人工进行收集，最后一种是建立自动采集系统，通过装置自动收集各类数据并上传至数据库。前面两种方式建立的数据库规模小，数据准确且闭环，通常是在模型建立之初使用，最后一种方式建立的数据库规模大，通常在系统已上线运行时应用，但是需要解决数据不闭环的问题，如在分类问题上如何打标签的问题。

8.2.3 能源互联网接入设备与电力指纹技术的应用前景

能源互联网接入设备是用户设备接入能源互联网的媒介，能源互联网接入设备的其应用领域十分广泛。凡是能源互联网给最终用户带来的各种应用、便利和服务，都应是能源互联网接入设备应具有的功能。电力指纹技术作为一种技术，其作用一般是通过类似能源互联网接入设备等智能终端的来实现的。嵌入电力指纹技术的能源互联网接入设备，其作用会进一步发挥。

1. 用能信息采集

能源互联网接入设备可以替代现有的信息采集终端，包括表计。

2. 基于电力指纹的安全用电

在安全用电上，一方面电力指纹可以识别和控制违规电器的使用，在校园宿舍、民俗宾馆等场合，内嵌电力指纹的能源互联网接入设备（如能源 USB 插座）能够迅速发现并识别出正在使用违规电器发出警报，并且马上切除这些用电器。另一方面基于电力指纹突变参量在线传感的电器异常检测与火灾征兆智能感知技术，实时监测用户的电气状态的并及时发现异常用电行为，从而将安全隐患就会降到最低。

3. 用电类型核实

通过内嵌电力指纹识别技术的能源互联网接入设备，可以通过能源 USB 插座等设备的电力指纹监测和识别，能够准确识别出该馈线或者插座对应的负荷进行类型核实，从而识别出诸如把有补贴的农村水利灌溉用电转为商业用电，政府鼓励电能取暖并补贴的电能替代用电用于工业等。利用该技术还能够识别出窃电的负荷类型并辅助定位。

4. "站—线—变—户—设" 关系的拓扑识别

内嵌电力指纹的能源互联网接入设备，不仅能够识别"站—线—变—户"的关系，还可以通过非侵入式识别实现到每一户中所有的用电设备。从而实现了从变电站到输电线路，到低压变压器，到每个相位，到每个用户，再到每个设备的五级拓扑关系识别。能够自动建立电网拓扑模型和生成相关的配网接线图，自动分析每个台区所接入的负荷设备数量和特点，从而提高电网运维管理水平。

5. 智能家居与家庭能量管理

能源互联网接入设备可以完全替代智能家居。内嵌了电力指纹的能源互联网接入设备由于会自动识别设备类型，自动的形成家庭的用电拓扑，并根据一定时间的运行中家庭成员的习惯，自动设置设备不同时段的运行状态，让智能家居变得更加智能和更加自动化。一方面，能源互联网接入设备本身具有一定的计算能力，因此可以作为家庭能量管理主机。另一方面根据用能设备的相关特征识别其能源管理的特性，实现家庭能量数据的采集与处理，进而实现家庭能量自动管理。

6. 负荷控制领域

能源互联网接入设备本身具有可控性，能够根据预定的策略对负荷进行控制。该策略可以是供电企业预置的，包括低压减载、低周减载，费用控制，精准负荷控制。也可以是用户根据电价、经济性等条件预置的策略，如在高峰电价时自动切负荷等。能源互联网接入设备可以是电网二次调频的控制器，通过精准切负荷实现负荷侧的调频控制。嵌入电力指纹技术的能源互联网接入设备不仅能够实现预置策略的负荷控制，还可以自动识别负荷设备、运行状态、控制参数、调节能力，在可以大大减轻用户复杂的设置工作的同时，可以自适应调整和优化控制策略。

7. 售电终端和能源交易终端

能源互联网接入设备可作为售电公司与最终用户的相互通信和相互交互的媒介。售电公司通过能源互联网接入设备全面分析了解用户的用能设备、分布式电源发电能力和发电负荷预测、用户用电习惯等，并为经营决策和电价制定提供数据支持。并可以将电价等相关信息下发至用户。能源互联网接入设备可以成为电力市场主体进行报价、合约传送、合约执行跟踪等媒介。尤其是未来小型用户甚至家庭用户参与电力市场时，能源互联网接入设备作为能源交易终端就显得尤为必要。

8. 需求响应领域

能源互联网接入设备是最佳的需求响应终端设备。首先，能源互联网接入设备能够自动并且精准识别能够参与响应的负荷容量；其次，能源互联网接入设备的可控性，使得其参与需求响应的速度非常快；再次，能源互联网接入设备的计算能力，使得需求响应可以由设备自动完成，无须人员干预；最后，能源互联网接入设备由于其需求响应的自动性和快速性，将极大影响着需求响应的理论。不仅是需求响应，通过内嵌电力指纹技术的能源互联网接入设备，能够对用户设备调节能力进行评估，并将用户调节能力聚集起来，在辅助服务市场上出售。

9. 微网控制器领域

由于能源互联网接入设备能够接入分布式能源设备和用能设备，其天然就是一个微网控制器，在未来家庭微网成为能源互联网的一个个细胞时，能源互联网接入设备成为家庭微网的控制器，实现家庭的功率平衡控制等微网控制。

10. 节能服务与综合能源服务

一方面嵌入电力指纹技术的能源互联网接入设备能够识别接入的用电设备，包括其功率、类型，能效等级、节能特性等相关信息，实现对单设备的节能；另一方面，能源互联网的接入设备能够利用大数据等技术感知用户的用电行为特征，为用户推荐节能方案以及综合能源解决方案。现综合能源服务公司为用户定制了相关方案经过一段时间运行之后，因外部条件变化这个方案将不再使用，还需要综合能源服务公司上门对方案进行调整。基于用户行为的综合能源管理及节能服务，能够发现用户在他用电行为的规律，甚至发生的一些变化，自适应的调整优化的方案。从而实现自适应学习和自适应优化的功能。

11. 设备全生命周期管理

电力指纹技术对设备的全生命周期管理有着很大的用途：首先在设备生产领域，可以用于产品的质量检测以提高检测效率；设备出厂时，用于设备的工业互联网标识；设备加电入网时，可以部分替代用户对设备的质量检测和鉴定；在设备运行维护时，可以自动利用基于电力指纹的互联网标识来加强运行维护管理；在设备使用过程中，可以用于设备的实时在线健康评估、在线状态监测和寿命预测等。利用电力指纹技术对设备全生命周期进行管理不一定需要运用到能源互联网接入设备，可以将电力指纹技术通过芯片等手段内嵌到设备本体中去，结合云计算和边缘计算的协调来实现。

12. 用户增值服务

利用能源互联网接入设备作为用户的入口，结合电力指纹技术，可以开展大量的基于能源互联网的增值服务。

（1）检测服务。服务供应商在网上开发互联网检测相关应用。用户将能源互联网接入设备采集的数据提交至相关云平台进行识别以获得检测结果，检测服务商可以开发基于建立指纹的设备检测工具或软件，实现设备在线监测、状态评价、健康状况和寿命预测等功能。并在线下对用户的设备进行相关检测服务。

（2）运维服务。设备厂商为提高对自己产品的售后服务水平，可以利内嵌电力指纹芯片对这个的产品进行远程检测和诊断，从而更精准、更及时地为用户提供更好的售后服务。运营企业也可以按此方式提供售后服务以提升客户满意度、降低投诉率，可以利用内嵌电力指纹技术的入口设备，监测用户的用电设备的运行状况和设备异常，从而对用户实施更精准、更及时的服务，以获取和忠诚度。

（3）数据服务。其服务可以分为提供"生数据"、提供"熟数据"、提供数据驱动的创新服务 3 个层次。数据的拥有者适合于提供生数据，大数据技术的提供者适合于通过处理和分析提供熟数据，而服务提供者则适合于基于数据分析提供个性化的信息增值服务。

（4）其他增值服务包括：精准的广告投放服务；利用掌握的用户设备寿命预测来主动推送产品的电子商务成交；利用对设备健康状况来提供用户与社会化运维人员沟通的网络平台，以推动基于 C2C 的设备运维服务等。

13. 用户身份认证服务

身份识别是电力指纹识别的最高层次，与指纹识别、面部识别、声纹识别等生物识别相比，其难度很大，要达到足够的识别精度还有很长的路要走。这时因为其识别的对象是工业产品，工业产品不同于自然物品，自然物品天生有差异性，而工业产品讲究的是标准化。一旦该项技术获得突破，其应用至少包括：通过应用电力指纹身份认证技术实现电动汽车充电的即插即充，即拔即走，充电桩就能通过对电动车的识别自动匹配账户进行扣费。对于一些信息安全较高的单位，可能通过电力指纹身份识别技术对电器用电进行授权管理，禁止外来电器使用，极大地提高了安全性。对出租屋、宿舍等公共插座，可以通过电力指纹身份识别技术进行分别计费，避免了电费平摊的不公平。无线充电的公路，汽车在一边行驶的时候一边进行充电时就能够识别用户并自动结算。

8.3 基于能源互联网的实时需求响应的技术支持系统架构

实时需求响应虽然属于一种自动需求响应，可是与传统的自动需求响应它有着很大的不同。

实时需求响应与与传统的自动需求响应两者在技术架构上也有着较大的不

同，其中重要的不同就是耦合程度不同。全自动需求响应一般采用直接控制需求侧设备，所以它的耦合程度非常高，必须要与需求响应客户端实时保持通信，须实时了解负荷的任何相关的信息，同时能够实时根据控制策略下发控制命令。一旦是耦合性不够，那全自动需求响应就会受到影响。实时需求响应虽然对需求侧用户负荷情况了解越多，电价信号就越能准确反映供需关系，因而响应效果就越好。但它不完全依赖与需求侧用户设备的交互，极端情况下它是通过纯电价的方式来耦合，而且这种电价耦合不一定要通过物联网或专有网络，甚至是通过普通的公用互联网就能够传递实时电价信息。在这种低偶合的情况下，实时需求响应的理论得有在运行过程中自适应调整的能力，这种调整能力，在前面第 6 章第 7 章已经介绍过了。

8.3.1   基于能源互联网的实时需求响应系统架构设计

在能源互联网接入设备和电力指纹技术等软硬件技术的支持下，基于能源互联网的实时需求响应系统架构设计如图 8 - 14 所示。整体技术架构涵盖两部分，调度侧和用户侧。双层系统架构满足能源互联网背景下实时需求响应实时性、最优性、主动参与性及响应智能性四大基本特征。该系统的主要功能是供电方根据市场信息、电网实时状态以及其他约束条件制定实时电价，DR 参与者接收到电价信息后进行个性化智能决策之后做出响应，实现调度侧和用户侧在松耦合状态下的供需平衡，即两者之间相对独立、交互信息相对单一，实时电价作为唯一媒介，促进用户主动、自动地参与响应。

8.3.2   调度侧实时需求响应系统方案设计

在基于能源互联网的实时需求响应系统架构中，通过在调度侧和用户侧之间建立的双向通信网络，结合先进的软硬件技术，实现了松耦合状态下实时电价制定和需求响应两个决策系统的信息交互以及相关信息的自适应调整，以达到负荷波动平抑、电网供需平衡、供电方和用户效益最大化的目的。

在各种影响用户电力消费行为的因素中，价格的影响作用最大，基于能源互联网的实时需求系统调度侧与用户侧仅以实时电价作为唯一媒介，能够有效解决直接控制用户设备带来的安全和法律问题等缺点，提升需求响应系统的鲁棒性。该系统的调度侧以用户基本信息库作为基础数据支撑，主要包括电价智

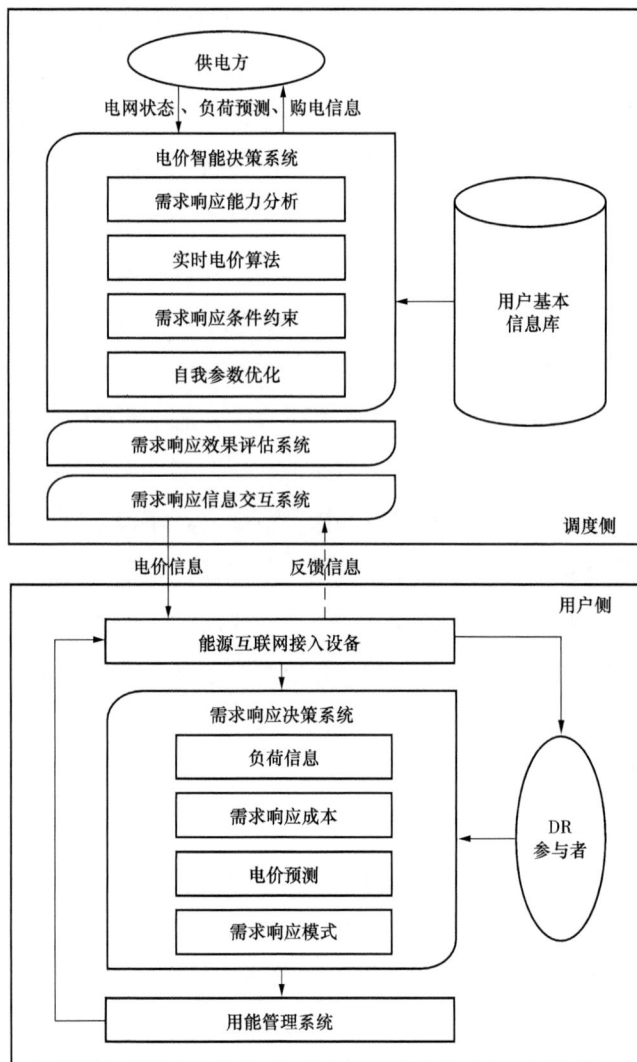

图 8 – 17 基于能源互联网的实时需求响应系统架构设计

能决策系统、需求响应效果评估系统、需求响应信息交互系统。

用户基本信息库的初步建立主要依赖于现在较为普及的智能电表记录用户的历史信息来实现,包括负荷历史数据、用电负荷曲线、历史用电信息、削减信息。随着能源互联网的发展,用户需求响应的参与信息以及在线状态信息将有效安全地通过能源互联网接入设备反馈给调度侧,使供电方能够更好地对用户需求响应能力进行分析预测，从而制定出更利于发挥杠杆作用和能反映供需变化关系的实时电价。

电价智能决策系统以用户基本信息库提供的用户负荷信息作为数据驱动之外，还需要一些实时的信息作为电价制定的依据，包括电网的运行状态、采购电价、合同交易量和预测消耗电量等，如果供电方还拥有自身发电设备，则还需对拥有的发电设备进行发电量的预测。有了这些信息后，还需要对用户的需求响应能力进行分析和评估，根据评估的结果，结合实时电价的模型和算法，计算出实时电价，并下发到用户端，用户端根据下发的实时电价进行需求响应，需求响应的结果反馈到调度侧，调度侧还可以根据反馈的结果进行参数的自我优化调整，计算出下一时段的实时电价，如此循环往复，推动整个实时需求响应的运行。

需求响应能力分析评估方法有多种，对于能源互联网接入设备基本普及时，可以采用基于电力指纹的单设备潜力感知和聚合的方式实现。对于尚未普及的当前情况下，可以利用价格弹性系数等方法，这样能够更为合理地辅助制定合理的电价来挖掘负荷调节潜力和节电潜力。不同行业用户有不同的用电特性，用电成本在其生产成本中所占比例存在差异，工业、商业和居民用户的响应能力也是不尽相同，不同行业乃至个体之间的需求价格弹性都有所不同。供电方要有针对性地制定电价策略，即对不同的用户实行不同的电价机制，就要对各类负荷的用电特性及需求响应能力进行分析。

实时电价策略的模型与算法在现有研究中已有多数学者提出，基于不同的理论获得不同的目标函数，如基于能耗调度理论的实时电价算法、基于阻塞管理得实时电价算法、基于统计需求弹性模型的实时电价算法和基于效益模型的实时电价算法等，前两种分别从用户侧和电网侧出发，而后两者皆是以实现用户端和供电端的双方效益最大化为目标。这些传统的实时电价策略模型和算法在实时性要求不高的场合是可以借鉴的，一旦运用在计算 1min 或 5min 后的真正的实时电价时就不推荐使用了，而应使用本书第 6 章和第 7 章介绍的基于单设备潜力聚合法的负荷调节能力模型和价格弹性模型。本书中实时电价模型并非是全部的算法，甚至不一定是最优的（详见第 9 章对电价理论的缺陷分析）。随着能源互联网的发展和电力体制改革的推进，可以应用于实时需求响应的算法必将越来越多，越来越准确。

计算出的实时电价必须满足一定的约束条件。实时电价算法结合参与信息建立负荷调节能力模型，初步确定电价的调幅，利用价格弹性模型经过有限次数的迭代得到供需平衡下用户与供电商总体利益最大的实时电价，然后再经需求响应用户条件约束、供电方市场占有率条件约束及其他基本约束（潮流约束、合同约束）校核电价信息，以确保供电侧和用户侧都能获得效益，同时保证响应后的电网经济稳定运行。其中用户约束条件除了保证用户在用电消费方面的减少，还包括需求响应参与者的调节能力（在不确定用户自身设置的响应约束情况下可通过大数据和人工智能技术能够识别得出）。

自我参数优化是电价智能决策系统中必不可少的环节，它既能够根据需求响应效果评估系统得出的结果对影响电价制定的相关参数进行调整，也可以不完全依赖外部条件自适应调整，估计出相关参数来计算出合理电价，其主要目的就是使用模型参数修正机制逐步让实时电价更加准确。

需求响应效果评估系统就是对电价执行的需求响应效果进行跟踪，为参数的自动调整提供相关依据。需求响应效果评估系统的输入可由需求响应信息交互系统提供，信息交互系统对一定时期的跟踪信息进行处理反馈到效果评估系统，提升信息流通速度的同时也确保了信息有效无误地传至效果评估系统。

需求响应信息交互系统主要的功能有两个方面：一方面是调度侧对用户侧的交互，主要功能是实时准确地将电价信息等需求响应信号下发至各个需求响应参与者，确保用户收到下发的实时电价并参与响应；另一方面是用户端将自己辨识和感知出的负荷信息，包括可调节能力，当前负荷运行状况以及用户拟采用需求响应策略等信息上传到调度侧，以便于调度侧快速准确计算出实时电价。

8.3.3 用户侧实时需求响应系统方案设计

实时需求响应是基于能源互联网的，用户侧实时需求响应系统是基于能源互联网接入设备的。本章第一节对能源互联网接入设备从特征、拓扑以及研制三方面进行了介绍，根据负荷响应的需求能源互联网接入设备的硬件实现种类丰富，如空调版能源 USB 插座和控制器、入户集中器等。此外，通信方式也应是灵活多变的。需求响应支撑技术是指智能电网条件下，为增强用户的响应能力而采用的先进的通信和控制技术的总称，能源互联网接入设备则是需求响应支撑技术的载体，包括信息采集技术、信息反馈技术、信息展现技术和智能控制技术。

信息采集技术是能源互联网接入设备最根本的技术，它包括对用户负荷电气信息及周边的环境信息进行监控，为需求响应智能决策系统提供负荷相关信息。信息反馈技术是将用户的用电信息能够在电力消费的同时或者滞后一段时间展现给用户；多层次的信息反馈技术有助于用户了解自身用电特性，激发从用户参与的积极性。另外，通过能源互联网接入设备也可以将用户参与需求响应的程度反馈给调度侧，反馈的信息可以折算为反映需求响应效果的电价信息。信息展现是指能够将电网侧的需求响应信号在用电消费行为发生前的规定时间段内提前通知用户；信息展现技术有助于用户提前预知电价信号，根据系统运行需求灵活调整用电方式以收获较高的用电性价比。信息展现技术还可以与用户交互实现综合能源管理、节能服务、安全智慧用电甚至电子商务等增值服务。智能控制技术是指能够依据用户意愿或实时电价，自动对用户设备进行控制实现实时需求响应的技术；智能控制技术能够有效克服频繁需求响应事件而产生的"响应疲劳"问题，为充分挖掘用户需求响应潜力并提高其响应能力提供了技术保障。

能源互联网接入设备是需求响应系统功能的实现平台，能源互联网接入设备的软件实现主要包括需求响应决策系统和用能管理系统两个本地系统，需求响应决策系统的信息输入主要来源是能源互联网接入设备和用户设置，需求响应决策系统通过能源互联网接入设备，自动接收到电价信息、负荷相关信息（电气信息、周围环境信息），同时受用户用电喜好影响，需求响应决策系统接收到信息后经电价预测，考虑设备全生命周期模型，利用优化算法建立需求响应系统的优化调度模型，最终会将一种或多种响应方案整合至用能管理系统，再通过能源互联网接入设备的信息反馈技术展现给用户，反过来影响用户的用电行为习惯，使终端用户对于电能的使用做出最优化的选择，从而达到平抑负荷波动、维持电网供需平衡的目的，实现供电方和用户效益最大化。

需求响应决策系统根据获得的负荷用电信息及其周围环境信息，结合用户用电行为习惯，例如用户根据自身当天的实际用能需求，提前在用户侧的能量管理系统中输入响应的边界条件，包括室内温度、水温范围，洗衣机、微波炉、电动汽车等可转移负荷的工作时间范围等。利用边缘计算和人工智能算法，整个用户域在多时间尺度上考虑用户设备全生命周期，在需求响应决策系统中体现为负荷的响应成本，响应成本需要考虑的因素有启停次数占总响应次数的比例、调节区间偏向（越接近调节区间上下限的负荷响应成本越低），当出现特高电价时响应成本的计算参数降低（参数的选取可由人工智能算法深度学习得到）。建立同一负荷在不同运行工况下的响应模型。通过实时接收到的电价信息，结合记录下的历史电价信息和环境变化趋势，进行电价预测，系统的边缘计算能力会帮助其主动优化运行方式，得出用户能够获得效益的响应策略。从而确定参与响应的负荷的实际响应模式，如负荷的启停（包括启停时间和启停顺序）、恒温控制负荷的温湿度调节（包括调节范围和调节时间）等。

需求响应决策系统智能决策确定的响应模式会输入到用能管理系统中，用能管理系统整合用能统计数据建立起内部电网模型、能耗分析模型和用能设备模型。用能管理系统通过能源互联网接入设备为不同类型用户提供个性化、差异化的用能服务，在实时需求响应系统中，用能管理系统的主要功能包括能效管理、优化策略展示和用户响应效果分析，用户参与需求响应后的用电信息就是通过用能管理系统整合后综合反馈给用户，包括实时提供用户日、月累计用电信息，设备运行时间、运行参数及其累计用电量，估计用户调整用电行为后所能节约的用电量，需求响应前后的对比分析，如参与需求响应前后用电设备日用电量对比图、参与需求响应前后用电设备电费累计对比图。通过展现用户参与需求响应的节能效果帮助用户智能化用电，激励用户积极参与实时需求响应。

实时电价的实施效果与能源互联网的发展程度有密切关系，能源互联网是实行实时电价的基础。基于能源互联网的实时需求响应系统使调度侧通过实时电价实现对负荷的控制，用户通过能源互联网接入设备实时接收电价，自行决定用电时间和用电数量，智能制定响应策略，实现电力负荷的控制权由供给侧转移到需求侧的同时，也实现了需求响应系统架构中调度侧和用户侧的松耦合。

9.

电力需求响应
的未来展望

　　能源是人类社会发展的重要物质基础，也是推动经济发展的主要动力，人类社会历经了三次工业革命，每一次工业革命都伴随着能源的革命，可以说人类文明的每一次重要进步都伴随着能源利用的进步和变革。如今，新的能源革命正在开启，能源的利用和发展面临着新的挑战和机遇。化石能源为代表的不可再生能源的大规模开采和使用对全球的环境造成了严重的影响，环境污染问题日益严重。同时不可再生资源的不断消耗和人类社会对能源需求量的不断增长也使得资源利用和社会发展之间的矛盾日益突出，所以安全高效的现代能源体系需要重新构建，新一轮的能源变革促使人们在能源的开采和使用上经历着重大而深刻的变化。

　　电力行业作为能源体系中的核心行业，在能源转型中将发挥至关重要的作用，能源互联网是未来电力系统的发展趋势，以电力系统为核心和纽带，构建多种类型能源的互联网络，利用互联网思维与技术改造能源行业，实现横向多源互补，纵向源—网—荷—储协调，能源与信息高度融合的新型（生态化）能源体系是新能源和可再生能源利用的最佳选择，也是能源行业结构性调整的关键。与此同时，在能源使用上，电能作为最清洁、最高效和最便捷的用能形式，一直以来都是能源利用的主要模式，在能源互联网的背景下，能源使用的内涵和外延不断得到丰富和发展，需求响应已成为可持续发展能源战略的一种重要支持手段。利用需求响应将能源互联网中的电力、燃气、热力等各个能源供应部门进行统筹资源管理和利用，并且这种资源的利用是基于电价或其他经济刺激手段的，是讲求成本效益的，也就是说这种经济、优质、高效的能源服务是适应市场运行机制的，未来必将成为一种技术模式和经济体系实现。

　　任何一种创新的理论和方法应用到实践是一个漫长的过程，应用到实践后也需要不断地完善和发展，电力需求响应也不例外。需求响应最早起源于美国，多年以来在美国等发达国家得到了广泛应用，也取得了明显的经济效益。相较于其他发达国家，我国需求响应从引进到现在也只有二十几年的时间，还处于初级阶段，在研究和实施需求响应上起步晚，积累的经验不足，加上不同国家甚至是不同地区之间，市场环境、法制环境等条件差异使得需求响应的实施不可能是一成不变的，适用于某个国家或地区的成功经验不一定能适用于其他地方，所以只有进一步研究、克服这些应用和操作上的障碍才能有效推进需求响应的有效实施。

目前我国在构建能源互联网的背景下，电力实时需求响应作为一种新的需求响应，在模型理论、算法实现和技术支撑等方面均存在很多不完备的地方，这些不完备的地方也将是这个理论未来发展的方向，具体如下。

1. 电价理论的缺陷

本书中提出的实时电价确实是一种能够实时反映电网电力实时供求关系的电价。但所提的模型和算法还有一定的局限性。

（1）本文中的实时电价，主要应用在负荷零售商和负荷聚集商内部的一种实时电价，它更多的是反映负荷零售商和负荷聚集商内部的电力供需平衡，以及在出现内部的供需与短期预测存在的差异，是一种局部的供需关系的体现，实时电价并没有直接反映大电网和电网全局范围的供需关系，因此本书中的实时定价理论很难应用在电网公司和省级电力市场中，更没有提及实时电价的交易相关问题。

（2）本书中的实时电价只定性反映供需关系是否平衡，难以定量反映供需关系的具体数量。因此需要研究一种更好的算法，计算出整体电网中所缺的量以及对应的实时电价。还有作为实时电价，它本身应该实时反映电网的发电边际成本，但本理论的实时电价与边际成本之间的关联度上还有待进一步研究。

2. 实时需求响应的电力市场交易和电力市场机制问题

目前我国电力改革不断深入，但与发达国家相比，电力市场机制还需进一步完善，形成科学合理的电价机制尚需时日。电价作为需求响应最为重要的经济措施，不仅对用电力用户敏感，对电力企业同样敏感，合理的电价体系，不同电价的合理应用机制都是激励需求响应各参与方实施需求响应的内动力。关于实时需求响应到底是以辅助服务的方式来参与电力市场，还是直接用实时电价为基础参与电力市场竞价？或者在不同场景下到底采用哪一种方式？适用范围和领域到底如何？这些问题都需要进一步去研究。

3. 实时需求响应的技术支持系统问题

实时需求响应中最关心的问题是实时电价问题。但实时电价的实施会受到技术支持系统的影响。本书中指出的是需求响应电价，最小粒度是以 1min 为一个单位。从实时性角度来说，在 1min 为一个单位反映供求关系的时候，已经有些不足了，毕竟电网电力是供需是实时平衡的。但 1min 为单位已经是电能采集和计量系统里面最小粒度，低于 1min 为单位的计量，技术上目前难以实现。另外，对于居民而言，1min 的电量很小，甚至接近计量死区，因此以分钟为单位计量是非常不准确的。如何提升 1min，甚至是低于分钟级的电量的计量，将会是影响实时需求响应推广的重要技术瓶颈。

4. 用户调节能力的识别算法问题

每一个用户用的负荷设备千差万别，其用户习惯也千差万别，因此如何识别用户单负荷设备的调节能力，从而聚集成整个区域的调节能力，将会是一个比较重要的课题。这里可能会用的大数据行为识别，设备类型识别等等各类技术。其实不仅是调节能力需要用到大数据，如果能将大数据技术应用到需求响应的研究中，将大数据技术作为需求响应实施的应用途径，势必能将研究成果转换在管理能力和生产力的提升上，从而能有力推动需求响应的应用和发展。

5. 需求响应评价体系的完善

一直以来，传统需求响应对电力系统运行的贡献和评估可以归纳为两方面作用：一是对负荷形状的影响作用；二是对负荷水平的影响作用。对负荷形状的改变既包含短期负荷曲线的改变，也包含长期负荷曲线的改变，例如移峰填谷等负荷管理技术；而对负荷水平的影响是指使用电能时，永久性地降低负荷水平或转移负荷。这些评估多是从供电方的角度进行评价的。

在能源互联网背景下，实施的是实时需求响应，传统的静态统计数据是不能完全描述需求响应对电力系统的贡献的，例如对电力系统调频的贡献，对增强用户用能可靠性，节约用能成本，甚至是环境保护的贡献。实施实时需求响应是需要建立相应的分析方法和评价手段的，所以需要进一步从供电方的营销、电力系统的规划和运行、电力用户用能可靠性、用能成本、能源节约等多角度综合评价需求响应的价值，并建立科学的需求响应评价体系。

　　虽然实时定价理论在实用中还存在比较大的缺陷，但是实时电价作为实时反应电网实时供求关系的一种信号，以这种电价为主体的需求响应必然具有实时性，最优性等特性，随着能源互联网接入设备的普及，实时需求响应必然是未来的一种方式。因此我们应重视这个问题，并积极研究和解决问题，从而使得每一个用户都成为需求响应的参与者，真正实现电网由发电侧控制向发电侧和需求侧双控制来促进新能源消纳，促进电网的安全稳定。

参考文献

［1］2020～2025 中国新能源行业发展前景与投资战略规划分析报告［R］. 北京：前瞻产业研究院，2010.

［2］徐筝，孙宏斌，郭庆来. 综合需求响应研究综述及展望［J］. 中国电机工程学报，2018，38（24）：7194-7205+7446.

［3］芦思为. 含冷热电联产的微网经济调度策略研究［D］. 四川：西南交通大学，2017.

［4］陈雨果，张轩，罗钢，等. 用户报量不报价模式下电力现货市场需求响应机制与方法［J］. 电力系统自动化，2019，43（09）：179-186.

［5］张钦，王锡凡，王建学，等. 电力市场下需求响应研究综述［J］. 电力系统自动化，2008（03）：97-106.

［6］周晓薇，陈昕儒. 考虑售电侧开放的激励型需求响应日前调度策略［J］. 电气时代，2018（05）：84-88.

［7］黄海新，邓丽，文峰，王飞. 基于实时电价的用户用电响应行为研究［J］. 电力建设，2016，37（02）：63-68.

［8］郭曼兰. 市场化环境下的需求响应策略研究［D］. 广东：华南理工大学，2018.

［9］王冬容. 价格型需求响应在美国的应用［J］. 电力需求侧管理，2010，12（04）：74-77.

［10］梁青，许诺，童建中. 美国 PJM 容量市场的新模式及其对华东电力市场的启示［J］. 华东电力，2009，37（07）：1148-1152.

［11］刘继东. 电力需求响应的效益评估与特性分析［D］. 山东：山东大学，2013.

［12］王弟，黄志强，陈庆兰. 需求响应在电力市场中的作用［J］. 电力需求侧管理，2007（02）：71-73.

［13］高赐威，梁甜甜，李扬．自动需求响应的理论与实践综述［J］．电网技术，2014，38（02）：352－359．

［14］鞠立伟．需求响应参与清洁能源集成消纳与效益评价模型研究［D］．北京：华北电力大学，2017．

［15］李童佳．居民用户需求响应业务模型研究［D］．北京：华北电力大学，2016．

［16］王晓夏．英国电力体制改革启示录——专访英国皇家工程院院士宋永华［J］．能源，2013（02）：62－64．

［17］高赐威，陈曦寒，陈江华，等．我国电力需求响应的措施与应用方法［J］．电力需求侧管理，2013，15（01）：1－4＋6．

［18］赵晨晨．低碳背景下电力需求响应效益评估研究［D］．北京：华北电力大学，2015．

［19］云飞．唐山市电力用户负荷特性分析及应用［D］．北京：华北电力大学，2018．

［20］高雪莹，唐昊，苗刚中，等．储能系统能量调度与需求响应联合优化控制［J］．系统仿真学报，2016，28（05）：1166－1172．

［21］冯志昆，连轶松．电网公司需求侧管理激励机制研究［J］．中国电力教育，2009（17）：258－259．

［22］于宏源．美国能源互联网政策［J］．电力与能源，2016，37（01）：66－69．

［23］曾鸣．能源互联网与能源革命［J］．中国电力企业管理，2016（16）：36－39．

［24］王安平，范金刚，郭艳来．区块链在能源互联网中的应用［J］．电力信息与通信技术，2016，14（09）：1－6．

［25］曾鸣，武赓，李冉，等．能源互联网中综合需求响应的关键问题及展望［J］．电网技术，2016，40（11）：3391－3398．

［26］曾鸣，杨雍琦，刘敦楠，等．能源互联网"源—网—荷—储"协调优化运营模式及关键技术［J］．电网技术，2016，40（01）：114－124．

［27］张晶，孙万珺，王婷．自动需求响应系统的需求及架构研究［J］．中国电机工程学报，2015，35（16）：4070-4076.

［28］林弘宇，张晶，徐鲲鹏，等．智能用电互动服务平台的设计［J］．电网技术，2012，36（07）：255-259.

［29］NIKOLIC D，NEGNEVITSKY M，DE GROOT M，et al. Fast demand response as an enabling technology for high renewable energy penetration in isolated power systems［C］//IEEE PES General Meeting，July 27-31，2014，Washington DC，USA.

［30］韩冰，姚建国，於益军，等．负荷主动响应应对特高压受端电网直流闭锁故障的探讨［J］．电力系统自动化，2016，40（18）：1-6.

［31］AMANS，FRINCU M，CHELMIS C，et al. Prediction models for dynamic demand response［C］//IEEE International Conference on Smart Grid Communications：Data Management，Grid Analytics，and Dynamic Pricing. November 2-5，2015，Miami，USA.

［32］ZHOU Qunzhi，YOGESH S，VIKTORP. On using complexevent processing for dynamic demand responseoptimization inmicrogrid［C］//Proceedings of Green Energy and Systems Conference，November 25，2013，Long Beach，USA：6p.

［33］高翔．智能电网下的电力用户动态需求响应特性和潜力研究［D］．江苏：东南大学，2016.

［34］周磊．空调负荷的动态需求响应理论及其应用研究［D］．江苏：东南大学，2017.

［35］ALI P S，HASHEM N M. Introducing dynamic demand response in the LFC model［J］. IEEE Transactings on Power Systems，2014，29（4）：1562-1572.

［36］FRINCU M，CHELMIS C，SAEED R，et al. Enablingautomated dynamic demand response：from theory to practice［C］//Proceedings of the 2015 ACM Sixth International Conference on Future Energy Systems，July 14-17，2015，Bangalore，India：229-230.

［37］ HUANG Hao, LI Fangxing, YATEENDRA M. Modeling dynamic demand response using Monte Carlo simulation and interval mathematics for boundary estimation ［J］. IEEE Transactings on Smart Grid, 2015, 6（6）: 2704 – 2713.

［38］ HUANG Qingqing, MARDAVIJ R, MUNTHER A D. Efficiency – risk tradeoff in electricity markets with dynamic demand response ［J］. IEEE Transactings on Smart Grid, 2015, 6（1）: 279 – 290.

［39］殷树刚，苗文静，拜克明. 准实时电价策略探析 ［J］. 电力需求侧管理，2011，13（01）: 20 – 23.

［40］黄海新，邓丽，张路. 基于需求响应的实时电价研究综述 ［J］. 电气技术，2015（11）: 1 – 6. 39.

［41］AsadiG, GitizadehM, RoostaA. Welfare maximization under real – time pricing in smart grid using PSO algorithm ［C］ //Electrical Engineering（ICEE），2013 21st Iranian Conference on，2013: 1 – 7.

［42］Weckx S, Driesen J, D'hulstR. Optimal real – time pricing for unbalanced distribution grids with network constraints ［C］ //Power and Energy Society General Meeting（PES），2013 IEEE，2013: 1 – 5.

［43］黄福全，任震，黄雯莹，等. 电力市场中考虑用户价格反应的实时电价 ［J］. 中国电力，2002（10）: 48 – 52.

［44］曾勇. 基于智能电网的实时电价研究 ［D］. 重庆: 重庆大学，2011.

［45］曲家余. 面向智能电网的基于梯度投影法的实时电价算法研究 ［D］. 辽宁: 东北大学，2013.

［46］代业明，高岩，高红伟，等. 基于需求响应的智能电网实时电价谈判模型 ［J］. 中国管理科学，2017，25（03）: 130 – 136.

［47］丁伟，袁家海，胡兆光. 基于用户价格响应和满意度的峰谷分时电价决策模型 ［J］. 电力系统自动化，2005（20）: 14 – 18.

［48］陈之栩. 节点边际电价与阻塞管理算法的研究 ［D］. 北京: 华北电力大学，2007.

［49］严春华，曹阳，高志远，等．需求响应管理系统设计［J］．电气应用，2013，32（S1）：239－242.

［50］赵鸿图，朱治中，于尔铿．电力市场中需求响应市场与需求响应项目研究［J］．电网技术，2010，34（05）：146－153.

［51］曾鸣．电力需求侧响应原理及其在电力市场中的应用［M］．北京：中国电力出版社：2011，3.

［52］清华大学能源互联网研究院，国家能源互联网产业及技术创新联盟．《国家能源互联网发展白皮书2018》［M］．北京：清华大学，2019，3.

［53］郭政，崔继峰．我国智能电网用电服务标准现状及趋势研究［J］．上海质量，2014（10）：56－59.

［54］曾鸣．基于能源互联网平台的供给侧改革与需求响应［J］．中国电力企业管理，2016（10）：38－41.

［55］The Brattle Group Freeman，Sullivan & CO Global Energy Partners，LLC. A national assessment of demand response potential［R］．USA：Federal Energy Regulatory Commisson，2009.

［56］Y. Li，K. Wang，X. Guo，J. Zhou and P. Ju，A bottom－up assessment method of demand response potential［C］//*International Conference on Power System Technology*. New York，USA：IEEE，2014：1691－1695.

［57］蔡九菊，杜涛，陆钟武，等．钢铁生产流程环境负荷评价体系的研究方法［J］．钢铁，2002（08）：66－70.

［58］ZHANGY. H，GAN F. X，LI M. Treatment of Reused Comprehensive Wastewater in Iron and Steel Industry With Electrosorption Technology［J］．Journal of Iron and Steel Research，International，2011，6（18）：37－42.

［59］刘志刚．分时电价在乌兰察布地区高载能用户中的应用研究［D］．北京：华北电力大学，2008.

［60］林海英，李建荣，宣菊琴，等．钢铁行业负荷特性及需求侧管理潜力分析［J］．华东电力，2005（11）：53－57.

［61］王金艳．工程机械行业全面预算管理的困境与对策［J］．纳税，

2019，13（24）：237 – 238.

[62] 戴琦．电力系统分行业负荷构成建模研究［D］．江苏：河海大学，2005.

[63] 李青松．纺织厂节电技术与节电产品［A］．中国纺织工程学会．"安徽潜阳杯" 2008 年全国推广应用新型纺织器材科技成果技术研讨会论文集［C］．中国纺织工程学会：中国纺织工程学会，2008：9.

[64] 焦玉成，李扬．化工企业实施电力需求侧管理［J］．中国科技信息，2009（01）：147 + 149.

[65] 杨佳．建材行业 B2B 商业模式创新研究［D］．上海：华东理工大学，2015.

[66] 王梓．立式辊磨机选粉系统应力测量与振动预测研究［D］．湖北：武汉理工大学，2016.

[67] 朱韬析．电力系统负荷预测［D］．浙江：浙江大学，2005.

[68] 戴琦．电力系统分行业负荷构成建模研究［D］．江苏：河海大学，2005.

[69] 熊传平．广域电力系统基于负荷分析与分类的负荷建模研究［D］．江苏：河海大学，2006.

[70] 潘玉婷．智能电网下电力需求侧管理［J］．中国新技术新产品，2018（22）：143 – 144.

[71] 程诚，刘璐．浅析电力市场需求响应机制［J］．中国电力教育，2010（S1）：39 – 40 + 44.

[72] 尚金成，等．电力市场理论研究与应用［M］．北京：中国电力出版社，2002.

[73] 赵晋泉，侯志俭，吴际舜．电力市场中的交易模式和传输拥挤管理［J］．电力系统自动化，1999（20）：6 – 8.

[74] 孙忠国．基于 POOL 模式的中长期电力合约交易策略及风险建模［D］．四川：西南交通大学，2003.

[75] （英）丹尼尔（Daniel，S. K.），（英）戈兰（Goran，S.）著；朱治

中译. 电力系统经济学原理［M］. 北京：中国电力出版社，2007.

［76］曾芳. 并网发电厂辅助服务研究［D］. 云南：昆明理工大学，2008.

［77］高赐威，李倩玉，李慧星，等. 基于负荷聚合商业务的需求响应资源整合方法与运营机制［J］. 电力系统自动化，2013，37（17）：78 – 86.

［78］张开宇. 智能电网环境下负荷聚合商的市场化交易策略研究［D］. 上海：上海交通大学，2015.

［79］程桥. 智能电网背景下的负荷聚合商优化调度及运行策略研究［D］. 安徽：合肥工业大学，2018.

［80］张开宇，宋依群，严正，等. 负荷聚合商市场侧投标与用户侧调度的双向决策模型研究［J］. 水电能源科学，2015，33（09）：209 – 212.

［81］张开宇，宋依群，严正. 考虑用户违约可能的负荷聚合商储能配置策略［J］. 电力系统自动化，2015，39（17）：127 – 133.

［82］盛万兴，史常凯，孙军平，等. 智能用电中自动需求响应的特征及研究框架［J］. 电力系统自动化，2013，37（23）：1 – 7.

［83］陆玉玉，王波，王晓飞，等. 考虑公平性的智能电网实时电价收益均衡模型［J］. 电力系统保护与控制，2019，47（21）：41 – 46.

［84］李扬，孙宇军，王蓓蓓. 智能电网下需求响应实施模式和激励机制研究［J］. 供用电，2014（03）：28 – 31.

［85］郭曼兰. 市场化环境下的需求响应策略研究［D］. 广东：华南理工大学，2018.

［86］翟娜娜. 基于用户需求响应的峰谷时段划分研究［D］. 北京：华北电力大学，2011.

［87］陈明灼. Opower：跨界融合的用能管家［J］. 国家电网，2017（08）：62 – 65.

［88］杰克·莱文，张东霞，马文媛. 美国奥能公司基于用电数据分析的用能服务应用［J］. 供用电，2015，32（09）：56 – 58 + 49.

［89］OPower Inc.；Patent Issued for System For Providing Remote Building Efficiency Audits For Wind Sensitivity（USPTO 10，229，464）［J］. Computers，Networks & Communications，2019.

［90］于建成，祁彦鹏，刘树勇，等. 基于积分营销和保险原理的需求响应实施机制初探［J］. 电气应用，2013，32（S2）：187－192.

［91］陈璐，杨永标，姚建国等. 基于电力积分的需求响应激励机制设计［J］. 电力系统自动化，2013，37（18）：82－87.

［92］李亚平，杨胜春，陈璐，等. 适应中国国情的需求响应激励机制设计［J］. 电气应用，2013，32（S1）：216－217.

［93］沈运帷，李扬，高赐威，等. 需求响应在电力辅助服务市场中的应用［J］. 电力系统自动化，2017，41（22）：151－161.

［94］舒晗. 能源互联背景下区域广义需求侧资源接入模式研究［D］. 北京：华北电力大学，2018.

［95］何永秀，周丽，庞越侠，等. 新电改下基于引发责任的调频辅助服务成本分摊机制设计［J］. 电力系统自动化，2019，43（18）：88－94＋144.

［96］朱继忠，喻芸，谢平平，等. 美国稀缺定价机制及对我国现货市场建设的启示［J］. 南方电网技术，2019，13（06）：37－43＋75.

［97］何永秀，陈倩，费云志，等. 国外典型辅助服务市场产品研究及对中国的启示［J］. 电网技术，2018，42（09）：2916－2922.

［98］赵筼筼. 基于风险的电力市场输电阻塞管理和电价控制策略研究［D］. 上海：上海交通大学，2009.

［99］何永秀，李欣民. 基于市场供需均衡的实时电价机制研究［J］. 华北电力大学学报（社会科学版），2016（05）：48－54.

［100］Aalami，H.，Yousefi，G. R.，Moghadam M. P. Demand Response model considering EDRP and TOU programs［J］. IEEE Transmission and Distribution Conference and Exposition，2008.

［101］Kirschen D S，Strbac G，Cumperayot P，et al. Factoring the elasticity of demand in electricity prices. IEEE Transactions on Power Systems，2000，15（2）：612－617.

［102］Jiangfeng Jiang, Yu Kou, ZhaohongBie, Gengfeng Li. Optimal Real – Time Pricing of Electricity Based on Demand Response ［J］. Energy Procedia, 2019, 159: 304 – 308.

［103］Rongshan Yu, Wenxian Yang, and Susanto Rahardja. A Statistical Demand – Price Model With Its Application in Optimal Real – Time Price ［J］. IEEE Transactions on smart grid, 2012, 4 (3): 1734 – 1742.

［104］邵瑶, 汤涌, 易俊, 等. 土耳其 "3·31" 大停电事故分析及启示 ［J］. 电力系统自动化, 2016, 40 (23): 9 – 14.